河南师范大学学术专著出版基金资助

以石为错

中美调查性报道比较研究

段勃 著

中国社会科学出版社

图书在版编目(CIP)数据

以石为错：中美调查性报道比较研究/段勃著. —北京：中国社会科学出版社，2019.1
ISBN 978-7-5203-3999-5

Ⅰ.①以… Ⅱ.①段… Ⅲ.①新闻报道—对比研究—中国、国外 Ⅳ.①G219.1

中国版本图书馆 CIP 数据核字(2019)第 018468 号

出 版 人	赵剑英
责任编辑	陈肖静
责任校对	牛 玺
责任印制	戴 宽

出 版	中国社会科学出版社
社 址	北京鼓楼西大街甲158号
邮 编	100720
网 址	http://www.csspw.cn
发 行 部	010-84083685
门 市 部	010-84029450
经 销	新华书店及其他书店
印 刷	北京明恒达印务有限公司
装 订	廊坊市广阳区广增装订厂
版 次	2019年1月第1版
印 次	2019年1月第1次印刷
开 本	710×1000 1/16
印 张	21.5
插 页	2
字 数	288 千字
定 价	88.00 元

凡购买中国社会科学出版社图书，如有质量问题请与本社营销中心联系调换
电话：010-84083683
版权所有　侵权必究

目 录

前言 …………………………………………………………（1）
FOREWORD …………………………………………………（1）

第一章 绪论 ………………………………………………（1）
　第一节　研究缘起 ………………………………………（1）
　　一　调查性报道地位特殊 ……………………………（1）
　　二　进一步认识调查性报道的需要 …………………（6）
　　三　为什么选择美国作为比较对象 …………………（8）
　第二节　研究意义 ………………………………………（9）
　　一　理论意义 …………………………………………（9）
　　二　现实意义 …………………………………………（10）
　第三节　文献综述 ………………………………………（11）
　　一　国内关于调查性报道的研究 ……………………（12）
　　二　国内关于中美调查性报道比较方面的研究 ……（19）
　　三　国外关于调查性报道的研究 ……………………（21）
　第四节　核心概念界定 …………………………………（26）
　　一　西方学者对调查性报道概念的界定 ……………（26）
　　二　中国学者对调查性报道概念的界定 ……………（29）
　第五节　研究方法与研究思路 …………………………（33）
　　一　研究方法 …………………………………………（33）

二　研究思路及框架 …………………………………………… (34)
　　三　研究重点难点和创新点 …………………………………… (36)

第二章　中美调查性报道源流梳理 ……………………………… (38)
　第一节　中国调查性报道的源流 ………………………………… (38)
　　一　中国调查性报道的滥觞 …………………………………… (38)
　　二　中国调查性报道的早期发展（19世纪中后期至
　　　　1949年） …………………………………………………… (42)
　　三　中国调查性报道缓慢发展（1949年—20世纪
　　　　70年代末） ………………………………………………… (44)
　　四　中国调查性报道逐步成熟（20世纪70年代末—
　　　　90年代中期） ……………………………………………… (44)
　　五　调查性报道的蓬勃发展（20世纪90年代中期至今）…… (45)
　第二节　美国调查性报道的源流 ………………………………… (49)
　　一　美国调查性报道的发端（17世纪末—19世纪末）……… (49)
　　二　美国调查性报道的诞生——黑幕揭发运动
　　　　（1900年—1917年） ……………………………………… (56)
　　三　美国调查性报道的平淡期（1917—1960） ……………… (69)
　　四　美国调查性报道的成熟（1960—1990） ………………… (75)
　　五　美国调查性报道在传统媒体的式微和在新兴媒体的
　　　　勃兴（1990至今） ………………………………………… (88)

第三章　中美调查性报道采访实务观照 ………………………… (108)
　第一节　中美调查性报道题材选择比较 ………………………… (109)
　　一　中美调查性报道题材选择的同一 ………………………… (110)
　　二　中美调查性报道题材选择的差异 ………………………… (114)
　第二节　中美调查性报道采访对象比较 ………………………… (124)
　　一　中美调查性报道采访对象的同一 ………………………… (124)

目 录

  二 中美调查性报道采访对象的差异 …………………（127）
 第三节 中美调查性报道采访特点比较 ……………………（134）
  一 中美调查性报道采访特点的同一 …………………（134）
  二 中美调查性报道采访特点差异 ……………………（140）

第四章 中美调查性报道写作实务辨析 ……………………（145）
 第一节 中美调查性报道写作特点比较 ……………………（146）
  一 中美调查性报道写作特点的同一 …………………（146）
  二 中美调查性报道写作特点差异 ……………………（156）
 第二节 中美调查性报道叙事比较 …………………………（167）
  一 中美调查性报道叙事的同一 ………………………（168）
  二 中美调查性报道叙事差异 …………………………（190）
 第三节 中美调查性报道写作语言比较 ……………………（199）
  一 中美调查性报道写作语言的同一 …………………（199）
  二 中美调查性报道写作语言的差异 …………………（206）

第五章 中美调查性报道相关培养和激励机制比较 …………（217）
 第一节 中美调查记者学校培养机制比较 …………………（217）
  一 中美两国调查性报道专业与课程设置差异 ………（218）
  二 中美两国调查性报道专业教师背景差异 …………（224）
  三 中美两国大学生调查性报道实践能力培养差异 ………（227）
 第二节 中美调查记者社会培养机制比较 …………………（231）
  一 中国调查记者的社会培养机制 ……………………（231）
  二 美国调查记者社会培养机制 ………………………（233）
 第三节 中美调查记者激励机制比较 ………………………（246）
  一 中美调查性报道相关奖项概述 ……………………（246）
  二 中美调查性报道相关奖项的差异 …………………（248）

第六章　中美调查性报道的差异归因 （256）
第一节　中美新闻传播观念差异对调查性报道的影响 （256）
　　一　传媒性质观念差别对调查性报道的影响 （257）
　　二　传媒功能观念差别对调查性报道的影响 （258）
　　三　舆论监督观念差别对调查性报道的影响 （262）
第二节　中美新闻体制差异对调查性报道的作用 （269）
　　一　中美新闻事业所有制性质差异对调查性报道的作用 （269）
　　二　中美新闻管理体制差异对调查性报道的作用 （272）
第三节　中美新闻调控规制对调查性报道的制约和保障 （277）
　　一　美国新闻法律法规对调查性报道的制约和保障 （278）
　　二　中国新闻法律法规和宣传纪律对调查性报道的制约和保障 （280）

第七章　他山之石　可以为错 （285）
第一节　中国调查性新闻事业要有独立个性 （286）
第二节　中国调查性新闻事业相对不成熟 （289）
　　一　重视程度有待提高 （289）
　　二　人才相对不足 （294）
　　三　调查技术需要提升 （296）
　　四　调查记者要形成合力 （301）
第三节　网络时代的中美调查性新闻事业 （302）
　　一　网络丰富了调查记者的采访手段 （302）
　　二　网络改变了调查性报道主体 （304）

参考文献 （308）

前　言

　　调查性报道是新闻研究领域的一个热点学术话题。在中国，调查性报道被视作最能够彰显新闻品质的报道方式之一。在国外尤其是美国，它和客观报道、解释性报道三足鼎立。过去的相关研究主要集中在调查性报道的个案分析、源流梳理、实务探究方面，在中外比较研究领域成果较少。本书主要以中国新闻奖和普利策新闻奖中的获奖调查性报道作品为样本，从概念、历史、采访、写作等方面全景扫描中美调查性报道异同，并从传播观念、新闻体制、调控规制等方面解析造成差异的原因，以求寻找中国调查性报道的个性和不足，并尝试提出建议和策略。

　　研究发现，中美两国调查性报道都诞生于19世纪中后期，中国以外商中文报刊出现为契机，美国则以黑幕揭发运动为标志。在以后的发展中，中国调查性报道命运多舛，直到20世纪90年代才郁郁勃发，尤其在2003年至2013年进入黄金十年。美国调查性报道在黑幕揭发运动结束后也归为平淡，直到20世纪60年代才步入第二个高峰期，从90年代开始式微，伴随着网络媒体的勃兴迎来又一次发展机遇。

　　在采访实务上，中美调查性报道都关注被掩盖的新闻价值含量较大且具有冲突性的负面选题，采访难度高、危险大、相对独立。相较而言，中国调查性报道题材中含有关于社会问题的中性选题，采访对象相对单纯，调查记者面对较大的法律风险；美国调查记者更富有挑战性，大量报道敏感和富有争议的国际选题，调查过程更加复杂，面临较大的人身风险。

就作品文本而言，中美调查性报道都趋向于精确、平衡、大篇幅、碎片化、富有逻辑、凸显调查的写作特点。热衷于"寻宝"叙事母题，偏爱线性结构、悬念制造手法以及外焦点叙事视角和二元对立模式。写作语言简洁、准确又富有张力，平实、自然又生动鲜明，客观、公正且表达主题。相较而言，中国调查性报道作品以独立式报道为主，文体多元，经常采用记者加政府调查的模式，叙事结构更加朴直，语言感情色彩相对浓厚，较多运用间接引语。而美国调查性报道以组合式报道为主，文体单一，调查作品由记者单独完成，叙事结构更加曲折，文体互渗现象相对突出，更多运用直接引语。

在培养和激励机制的建构方面，美国更加重视调查记者的培养。美国高等新闻院校有的设置相关专业，有的开设调查性报道课程，大量新闻行业组织也通过提供培训、采制报道、编发书刊、技术支持、供给资金、促进协作等途径为调查性新闻事业提供多元支撑。中美两国虽然都建设有调查性报道的激励体系，但是专注程度、获奖比例、主导机构存在巨大差异。

研究发现，中美调查性报道出现上述差异并不完全是调查性报道自身造成的，中美之间新闻传播观念、体制和调控规制等不同是造成差异的根本原因。

对比中美两国调查性新闻事业既要看到同一又要看到差异，既要看到中国在重视程度、人才支撑、调查技术等方面存在一些差距，同时更要拥有自信，遵循扬弃原则，保持独立个性，尤其要摒弃美国调查性报道单纯揭丑、制造噱头、过分依赖工商业资本等缺陷。

FOREWORD

Investigative report is a hot academic topic in the field of news research. In China, investigative report is regarded as one of the best ways to reveal news quality, in America, investigative report, objective report and interpretative report form together the situation of tripartite confrontation. In the past, the related research mainly focused on the case analysis, source and course combing, practical inquiry of investigative report, the research in its comparative studies in China and foreign countries is rare. Taking the winning investigative report in Chinese News Awards and the Pulitzer Prize as sample, this thesis gives an overall view to the similarities and differences between Chinese and American investigative reports from the aspects of concept, history, interview, writing, and cultivation, etc, and analyzes the causes of differences from the aspects of dissemination ideas, news system, regulation rules, etc, in an attempt to find the personality and deficiency of investigative report in China and put forward some suggestions and strategies.

The study shows the investigative report in China and America both originate in the mid and late nineteenth century, China takes the emergence of Foreign Chinese Newspapers and Periodicals as an opportunity and the United States is marked by the Muckraking Movement. In the later development, the investigative report in China suffers many mishaps and booms until 1990s, especially from 2003 to 2013 stays its golden ten years. The investigative report in America also returns to plain after Muckraking Movement and steps into the second peak period until 1960s, later, it declines from 90s and ushers another developmental opportunity along with the booming of network media.

In the practice of interview, the investigative report in China and America both pay attention to the negative topics whose covered news value content is large and conflict. The interview is difficult, dangerous and relatively independent. Comparatively speaking, there are neutral topics on social issues in Chinese investigative reports, the interview object is relatively simple and investigative reporters face greater legal risk; American investigative reporters face more challenges, they report a large number of sensitive and controversial international topics, they face greater personal risk and investigative process is more complicated.

In terms of work text, the investigative report in China and America both tend to have the writing features of accuracy, balance, great length, fragmentation, logic and highlighting investigation. They are keen on the narrative motif of "Treasure Hunts", and they prefer to linear structure, suspense making technique, the external focus narrative perspective and binary opposition model. Its writing language is concise, accurate, full of tension, plain, natural, vivid, objective, fair and can express the theme. Comparatively speaking, independent report is the main way of Chinese investigative report works, these works have diverse stylistic and frequently adopt the model of reporters plus governmental investigation, their narrative structure is more simple and straightforward and language emotional color is relatively heavy, more indirect speeches are used in them. While American investigative reports are mainly combined reports, their stylistic is single, the investigative works are comple-

FOREWORD

ted by reporters alone, the narrative structure is more tortuous, and the phenomenon of style mutual infiltration is more prominent, more direct speeches are used in these reports.

In the construction of cultivation and incentive mechanism, America attaches greater importance to the cultivation of investigative reporters. Some News colleges and universities in America set up the relevant professional, and some open investigative reporting courses, a large number of social organizations also provide multiple supports for investigative news career by providing training, preparing reports, editing books, technical support, supply of funds, promoting cooperation and other ways. Although China and America both have the incentive system of investigative reports, there are great difference in concentration degree, award proportion and the leading organizations.

The study reveals that the differences between Chinese and American investigative reports are not entirely caused by investigative report itself, root causes are the differences between Chinese and American news dissemination ideas, system and regulation rules, etc.

The sameness and differences should both are emphasized when comparing the investigative news career between China and America, China not only should realize that there is a gap between it and America in valuing degree, talent support and investigative techniques, but also adhere to the principle of developing what is useful or healthy and discard what is not, besides, China should also maintain independent personality, especially abandon the American investigative report's defects of pure recrimination, making gimmick and over relying on industrial and commercial capital.

第一章

绪 论

第一节 研究缘起

一 调查性报道地位特殊

调查性报道是众多新闻报道方式中一颗璀璨的明珠,受到中外新闻媒体和记者的青睐。它是新闻中的"史诗",记录着一个国家民主、自由、法制的进程;它是新闻中的"斗士",充满着调查记者和不义、非公、腐败的斗争;它是新闻中的"贵族",篇幅长、耗时多、困难大、分量重、影响广是它的特质。

1. 调查性报道是历史演进的记录者

美国记者 T. D. 奥尔曼(T. D. Allman)在纪念调查记者维尔福雷德·波切特(Wilfred Burchett)时说:"真正客观的新闻不仅要准确记录事实,还要揭示事实背后的意义,它不仅在当时令人叹服,还要经得起岁月检验。而这种检验并不是仅仅来自新闻来源的可靠,而是要被历史所证明，10年、20年、50年过去，新闻还能够提供真实可信和见识卓越的借鉴。"①

奥尔曼谈到的就是调查性报道的历史甄别和记录功能。这在中外许多国家的历史中屡见不鲜。《申报》关于"杨乃武与小白菜案"的报道、沈荩因为揭露《中俄密约》被杖毙、《工人日报》、《人民日报》对"渤海二号"事件的披露、《南方都市报》等媒体对"孙志刚案"的报道等等串联起百年中国民主和法制的演进。

它同样映现在国外近代和现当代史中。作为调查性新闻事业的源头，黑幕揭发运动成为美国进步主义时代的催化剂，《华盛顿邮报》（The Washington Post）等对"水门事件"的曝光反映20世纪六七十年代美国政治和外交的动荡、分化、改组。《文艺春秋》、《每日新闻》、《朝日新闻》等对田中角荣本人、"洛克希德事件"、"里库路德事件"的揭露展现了20世纪七八十年代日本金权政治的腐败。而《卫报》（The Guardian）、《世界在行动》（World in Action）对英国核武政策和军情五处的曝光则是中西方冷战的真实写照。如果说今天的新闻就是明天的历史，调查性报道就是一部比较史，从它身上可以看到人类在争取文明、民主和自由方面的点滴进步。

2. 调查性报道是舆论监督和权力制衡的实践者

马克思在1849年《新莱茵报》审判案的发言中就说过："报刊按其使命来说，是社会的捍卫者，是针对当权者孜孜不倦的揭露者，是无处不在的耳目，是热情维护自己自由的人民精神的千呼万唤的喉舌。"在所有的报道方式中，调查性报道是最能够履行这一使命的。英国学者雨果·德·伯格（Hugo de Burgh）说："调查记者们最关注的是安全事务和丑行，这是公共权威两个被触及到的要害，调查记者们还报道集体腐败、公共管理、社会政策、正义沦丧、历史问题、环境保护、重大的

---

① John Pilger, *Tell Me no Lies, Investigative Journalism and Its Triumphs*, London：Vintage，2005，p. 11.

第一章 绪论

政治和外交事务。"[1] 在中国，调查性报道更多以舆论监督者的面目出现。展江认为，日常的客观报道、调查性报道和时评是中国舆论监督的三大形式，而源自西方国家的调查性报道，即媒体对权利滥用导致的重大腐败案例开展独立的采访报道是一种亡羊补牢式的监督，也被认为是最重要的监督。[2] 中国共产党高度重视舆论监督的作用，习近平在2016年会见中国记协和中国新闻奖、长江韬奋奖代表时强调坚持正确的舆论导向，不是只有表扬，没有批评、揭露，有的时候，正能量也来自于批评、揭露。这进一步肯定了舆论监督在当今中国的重要作用。

在西方国家，调查性报道不仅扮演监督者的角色，还是重要的权力制衡者。对人性本恶的传统认知导致基督教文明成为一种罪感文化，由此衍生出对政府的极度不信任，认为它是一种"必要的邪恶"，需要对其权力制约和平衡，把握话语权力的新闻媒介被界定为其中的一支关键力量。埃德蒙·伯克（Edmund Burke）将其表述为"第四等级"、托马斯·杰弗逊（Thomas Jefferson）将其称为"第四权力"。张妤玟认为："'第四等级'报刊观念包括了代表民众、引导舆论、监督权力实施、维护社会安定的作用。报刊业作为一个整体，表达公众舆论，反对政府蒙骗民众，使权力持有者屈从公众舆论，于是，它成为了政治治理体系中的关键组成部分，构建了统治者与被统治者间防御性的平衡。"[3] 天然具有斗争品格和揭露意识的调查性报道是实现"第四等级"和"第四权力"的绝好选择。为了扮演好这两个角色，中西方调查记者前赴后继、以笔为枪同不义、非公、腐败进行了卓绝的斗争。

3. 调查性报道更能够彰显新闻品质

调查性报道和一般报道不同，它篇幅长、耗时多、困难大、分量

---

[1] Hugo de Burgh: *Investigative Journalism*, Milton Park, Abingdon, Oxon: Routledge, 2008, pp. 63-64.

[2] 展江:《舆论监督在中国的发展历程》，见皇甫中主编《把权力关进制度的笼子里——与领导干部谈权利监督与制约》，红旗出版社2013年版，第117页。

[3] 张妤玟:《第四等级：一个关于英国报刊观念的历史——从记者席到报刊业集体认同的探析》，博士学位论文，复旦大学新闻学院，2010年，第78页。

重、影响广，是舆论监督的重型武器，更能够彰显新闻品质和新闻人价值。

在中国，调查性报道属于深度报道；在西方国家，调查性报道则是专稿的一类。它们的篇幅普遍较长，尤其在美国表现更甚，获得普利策新闻奖的调查性报道几乎都是连续报道或者系列报道，少则几篇、十几篇，多则几十篇、上百篇。

同时，调查性报道的采访难度大，耗费的时间也较多。《申报》关于"杨乃武与小白菜案"的报道是中国最早带有调查性报道色彩的新闻作品之一。这一报道前后历时3年零4个月，《申报》一共刊登各类相关文章72篇，仅消息就有44篇，而且记者在当时的历史背景下开展调查采访可谓困难重重：路途遥远、交通不便、封锁严密、证人暴毙、案情迷离等都成为记者采访的阻碍，尤其清朝官府对案情"严密谨慎，外间无从闻知，讯后口供亦尚难以访悉"[①]，成为报道的最大困难。但是《申报》并没有就此罢笔，而是调动北京、南京、杭州多地记者参与采访，不仅成功地采访到事实真相，而且成为这一案件最后能够平反昭雪不可或缺的因素。

再看美国最著名的调查性报道——《华盛顿邮报》等媒体对"水门事件"的调查报道。调查采访历时22个月，媒体在此期间受到来自政府和司法机关的多次威胁、恐吓。《华盛顿邮报》发行人凯瑟琳·格雷厄姆（Katharine Graham）甚至受到当时的司法部长威胁要将她的奶头送进绞肉机里，但她没有屈服，而是鼓励参与报道的调查记者："我们已经游到深水区，前面没有任何退路了"。最后，媒体终获胜利，"水门事件"的主角尼克松成为美国历史上第一位也是迄今唯一一位被新闻记者中途赶下台的美国总统。

调查性报道更能够彰显新闻品质和新闻人价值。李希光曾说："最崇高的职业是记者，最优秀的记者是调查记者，最出色的调查记者是让

---

① 《审杨氏案略》，《申报》1875年1月28日。

第一章 绪论

害人者难受的记者。"① 詹姆斯·奥库安（James L. Aucoin）在分析"水门事件"的报道时也说："虽然他们夸大了媒体和记者在国家经受磨难时所发挥的作用，但是显而易见的是华盛顿的记者们，特别是伯恩斯坦（Bernstein）和伍德沃德（Woodward）对故事无情的挖掘以及对非法收入、肮脏把戏、死亡威胁以及其他政治阴谋的揭露给国会以及其他华盛顿机构造成了巨大的公众压力，导致尼克松总统被驱逐下台……调查记者们成为美国的新英雄。"② 调查性报道不同于一般报道，它不止给受众提供普通新闻信息，还提供新闻背后的新闻，揭示新闻事实幕后真相和现实意义，因此新闻价值更特殊。调查记者也不是普通的新闻记者，雨果·德·伯格就认为调查记者的工作既区别又类似于警察、律师和审计师。③ 它需要有更高的新闻素养、法律素养、知识素养、心理素养，要通过对腐败、不义、非公的揭露和曝光，对社会问题的揭示和阐析来实现对公众利益的维护和对社会进步的推动。

正是因为调查性报道能够彰显新闻品质和新闻工作者价值，所以调查性报道往往分量较重、影响较大，这从调查性报道的获奖情况就可见一斑。美国的新闻奖励十分关注调查性报道，既有专门或者主要奖励调查性报道的奖项，又有在新闻奖中设立调查性报道类别的。前者如 IRE 奖、哥德·史密斯调查性报道奖（Goldsmith Prize for Investigative Reporting）、塞尔登调查性报道钟声奖（Selden Ring Award for Investigative Journalism）、菲利普·梅耶新闻奖（The Philip Meyer Journalism Awards）、沃斯宾厄姆奖（The Worth Bingham Foundation）等等；后者像普利策新闻奖、爱德华·默罗奖（Edward R. Murrow Award）、职业记者协会的

---

① 白红义：《以新闻为业：当代中国调查记者的职业意识研究》，上海交通大学出版社 2013 年版，第 13 页。
② James L., Aucoin: *The Evolution of American Investigative Journalism*, Columbia: University of Missouri Press, 2005, pp. 17 – 18.
③ Hugo de Burgh: *Investigative Journalism*, Milton Park, Abingdon, Oxon: Routledge, 2008, p. 10.

杰出新闻奖（Sigma Delta Chi Awards for Excellence in Journalism）、周日杂志编辑协会的新闻奖（Sunday Magazine Editors）以及斯克利普斯·霍华德基金会的全国新闻奖（The Nation Journalism Awards）都设有调查性报道奖。普利策新闻奖十分关注调查性报道。据统计，普利策新闻奖在1917—1950年间虽然没有设立调查性报道奖，但是在所有4000件获得提名的报道中有609件，也就是14%的报道属于调查性报道。获奖比例则更高，从1917年至1990年的获奖作品中有40%即580件作品属于调查性报道。① 据笔者统计，从1990年—2015年，普利策新闻奖获奖比例为25.4%。在中国，虽然"中国新闻奖"中仅有一年设立调查性报道奖，获奖比例也仅为5.2%，但是在一些媒体设立的相关奖项中，调查性报道地位崇高，例如在《南方日报》的"致敬，中国传媒"以及中央电视台曾经评选的"中国记者风云榜"中，获奖的绝大部分是调查性报道和调查记者。

正是因为调查性报道不是普通的新闻报道方式，它在彰显新闻价值、维护公众利益、促进社会进步、保障文明民主等方面具有特殊意义，所以笔者将其作为了自己的研究对象。

二 进一步认识调查性报道的需要

如果说调查性报道的特殊地位是开展此项研究的客观条件，那么按照辩证唯物主义认识论的基本观点，揭开调查性报道神秘的面纱还需要人的主观意识，只有在认识过程中主观思想和客观事物达到辩证统一，人们才能有正确的认识。

笔者对调查性报道的热爱源于儿时的侠义梦。李白的"十步杀一人、千里不留行。事了拂衣去，深藏身与名"，熊亨翰的"大地春入海，男儿国是家。龙灯花鼓夜，仗剑走天涯"成为笔者魂牵梦萦的游

---

① Gerry Lanosga: *The Press, Prizes Power: Investigative Reporting In The United States*, 1917 - 1960, Indiana University, December, 2010, pp. 3 - 16.

第一章 绪 论

侠情结，在参加新闻工作乃至于从事新闻学研究以后，这种情节仍然挥之不去，甚至影响了我的研究选题。在2007年至2009年，我曾经对中国调查性报道进行过研究，初步探讨了中国调查性报道的概念、历史，并从实践层面对中国调查性报道进行了解读。但正如英国剧作家萧伯纳所言："好书读得越多，人越会感到无知"，笔者在研究中除了感到收获的快乐外，更多的是一种不满足。

第一种不满足是因为研究中还有不少空白点。虽然研究涉及国外调查性报道，但是研究很不充分，缺少中外，尤其是中西调查性报道的比较研究。德国哲学家莱布尼茨说："世界上没有完全相同的两片叶子，也没有完全相异的两片叶子"。黑格尔也认为："假如一个人能看出当前即显而易见的差别，譬如，能区别一支笔和一头骆驼，我们不会说这人有了不起的聪明。同样，另一方面，一个人能比较两个近似的东西，如橡树与槐树，或寺院与教堂，而知其相似，我们也不能说他有很高的比较能力。我们所要求的，是要能看出异中之同和同中之异"。[①] 尽管中西媒介生态存在巨大差异，但是作为一种独立的新闻报道方式，调查性报道肯定存在一些普遍、稳定的内在规律以及核心的外在识别标志；同时，尽管同为调查性报道，由于历史背景和现实条件差别，调查性报道在中西方国家幻化出不同姿态，因此运用比较视角对中国以及美国的调查性报道开展研究会得到一种"跳出山中，识别真相"的别样收获。

第二种不满足来自于对中国调查性报道发展现状的认知。虽然调查性报道的概念对于中国是舶来品，而且出现较晚，但是调查性报道本身并不是新生事物，其源头可以追溯到十九世纪中晚期，和美国出现时间基本一致。百年过后，中美调查性报道的发展大相径庭，美国调查性报道是"东风夜放花千树"，而中国调查性报道则是"芦花深处泊孤舟"。调查性报道在美国已经和客观报道和解释性报道三足鼎立，成为主流报道方式之一，而在中国由于多种原因，调查性报道显得曲高和寡，特别

---

① [德]黑格尔：《小逻辑》，贺麟译，商务印书馆1980年版，第253页。

是中国新闻奖在 2013 年设立了调查性报道奖,但是在 2014 年又取消了这一奖项,反映出对待调查性报道的态度莫衷一是、进退维谷。

调查性报道这种发展态势无法满足受众的期许。笔者曾经针对中国调查性报道进行过问卷调查,受访人有 79.9% 认为调查性报道很重要或者比较重要,54.2% 的人认为它维护了公众利益,49.2% 的人认为它是舆论监督的重要方式,41.1% 的人认为调查性报道社会影响大,还有 6.2% 的人认为它能够凸显记者素质。在关注度方面,有 26.4% 的人经常关注这一报道方式,有 46.1% 的受众偶尔关注调查性报道。在满意度方面,21.1% 的人群对调查性报道表示满意或者比较满意,22.4% 的人群对它不满意或者很不满意。从这些数据可以发现,公众认为调查性报道是一种非常重要的报道方式,尤其在保障公众权益和舆论监督方面作用巨大,但是他们对目前中国调查性报道的发展现状较不满意,导致关注度也较低。

另外,在面对西方尤其是美国调查性报道时,中国需要采取扬弃的态度:一方面保持独立个性;另一方面意识到自身的不成熟,包括调查性报道线索的获得,调查性报道的采访手段、写作手法,培养和鼓励调查记者的机制建构,面对新媒体和媒介融合趋势下的应对策略等等,只有经过客观、认真、实事求是的审视后,才能更好地认清自己,扬长避短,使这一报道方式更好地服务社会、服务受众。

三 为什么选择美国作为比较对象

在研究中笔者选择美国作为比较研究的对象是因为美国传媒业相对发达,代表了世界传媒尤其是西方传媒的最新发展动态和趋势。更关键的是调查性报道概念源于美国,其调查事业同样先进,它的历史脉络、媒介生态、法律架构、采制流程、新闻呈现最能够代表西方国家制作调查性报道的规律和标准。在美国,仅仅印刷媒介就拥有调查记者 2500 多名,电子媒介中也有《60 分钟》、《20/20》、《前线》等为代表的一大批蜚声世界的调查性报道栏目，更有ProPublic、《赫芬顿邮报》(The Huffington Post)等网络调查性报道机构。无论是社会还是媒介组织和个人都非常重视这一报道方式，以普利策奖为首的各大新闻奖项大多关注调查性报道，普利策新闻奖将近半数奖项颁给了调查性报道。再一个，美国也建立了相对比较健全的调查记者培养模式和机构，可以为这一事业提供人才支持。正是因为美国调查性新闻事业比较发达，而且具有典型性、代表性、可比性，所以本研究将比较对象定位在美国调查性报道。

第二节 研究意义

一 理论意义

1. 从比较视角观察调查性报道

中国的调查性报道研究开始于20世纪90年代，截至目前出现了一大批有建树的文章、著作，为调查性报道的更深层次研究提供了很好基础。综观这些成果，主要集中在调查性报道的概念辨析、历史梳理以及具体的新闻采写业务上，也有一些单纯介绍西方调查性报道的著述，但很少从中西比较视角观察和研究调查性报道。

无论从认识论还是方法论看，比较研究都非常重要。东汉哲学家王充曾说："两刃相割，利钝乃至；两论相订，是非乃见。"德国著名诗人歌德也认为："我们的发展要归功于广大世界千丝万缕的影响。从这些影响中，我们吸收我们能吸收的对我们有用的那一部分"。[1] 德国哲学家黑格尔对比较的认识尤为深刻："任何差异物都是在这种'比较'中存在的，并且在这种'比较'中使人们获得认识。因此，这种'相等'或'不相等'的'比较'关系，就是一种对立统一关系。如果否

---

[1] [德]艾克曼:《歌德谈话录》，洪天富译，译林出版社2002年版，第178页。

认了这种对立统一关系，否认了差异在'比较'中的联系，就势必陷入形而上学思想"。① 因此，在研究调查性报道时开展比较研究有较大的理论意义。由于中国现代调查性报道理念和形式大多来源于美国，美国又是世界上调查性报道最发达、最成熟的国家，所以在中美之间开展比较研究能够更好地揭示中国调查性报道发展规律，丰富相关理论。

2. 从宏观视野考量调查性报道

"横看成岭侧成峰，远近高低各不同。不识庐山真面目，只缘身在此山中"。苏轼的《题西林壁》告诉我们一个哲理，观察某种事物不能深陷其中，而应该隔开一段距离，从宏观视野把握和考量这一事物，这样才能更加全面和客观地了解它。对于调查性报道也是这样，开展中西调查性报道比较研究一方面要通过占有大量资料比较二者之间的差异，更重要的是要把这一报道方式放入整个媒介生态中进行研究。媒介生态理论把社会看成一个有机结构，这个结构中存在着媒介系统、政治系统和其他系统等等互相依存、互相影响的稳定关系……媒介生态实际上就是由媒介环境和传播环境两部分构成的。② 对中西调查性报道展开比较研究，势必要综合考量一个国家的政治、经济、法律环境，要分析这些因素和调查性报道之间的互动作用，而这种宏观的视角正是以往关于调查性报道研究所缺少的。

二 现实意义

1. 更好发挥舆论监督作用

舆论监督是新闻媒体运用舆论的独特力量，帮助公众了解政府事务、社会事务和一切涉及公共利益的事务，并促使其沿着法制和社会生活公共准则的方向运作的一种社会行为权利。从 20 世纪 80 年代开始，舆论监督进入我国政治话语体系后愈来愈受到重视，从党的十三大报告

---

① 外国哲学编委会：《外国哲学》第四辑，商务印书馆 1983 年版，第 311 页。
② 童兵：《比较新闻传播学》，中国人民大学出版社 2006 年版，第 3 页。

到十八大报告，都将舆论监督写入文本，在十七大和十八大报告中，又将包括舆论监督在内的监督权作为了一种政治权利，使舆论监督的意义建构在国家政治话语体系中达到了前所未有的新高度。调查性报道是中国舆论监督的重要组成部分，"渤海二号事件"、"孙志刚案"、"张金柱事件"、"三鹿奶粉事件"、"周老虎事件"等等这些舆论监督的标志性事件都是由调查性报道完成。经常播出调查性报道的中央电视台《焦点访谈》栏目被三任总理视察，并得到赠言和题词，这份殊荣是其他任何一个栏目没有得到过的，这些都说明调查性报道对于舆论监督的不可分割和举足轻重。因此，研究调查性报道对改进和完善我国的舆论监督工作有十分重要的现实意义。

2. 缩小中美调查性报道的差距

由于美国对调查性报道研究较早，发展相对成熟，在基本理念、调查方式、方法、职业道德、法律法规、培育机制、行业组织等方面都已经形成一套完整的体系。以调查性报道的行业组织为例，美国比较著名的相关组织有调查性报道记者编辑组织（IRE）、美国公众诚信中心（CPI）、调查性报道中心（CIR）、调查性报道基金（FIJ）、加利福尼亚观察（CW）等等。这些组织为记者提供相应的文件、数据和调查技巧，为他们营造相互交流、对话、学习的论坛。有的组织为了激励调查记者，还设立了数额不菲的奖励。正是由于大量业务组织的存在，才使得美国调查记者整体调查水平较高，能力较强。在我国，类似这样的调查性报道组织还较少，很多记者还处于单打独斗的状态。因此，在保持个性基础上研究和学习美国调查性报道先进经验可以使中国调查性报道更快发展，缩小和先进国家的差距。

第三节　文献综述

作为一种广受关注的报道方式，调查性报道无论在中国还是在国外都有大量学者和新闻从业者分析和研究它,有不少相关成果。

一 国内关于调查性报道的研究

中国调查性报道研究开始于 20 世纪 80 年代,截至 2015 年,笔者在知网输入篇名"调查性报道"、"调查记者"、"揭黑报道"可以查阅到的学术论文一共有 368 篇,其分布如图表:

表1　　　　　　　　调查性报道学术论文年度分布

年代	调查性报道	调查记者	揭黑报道	合计
1982 年	1	0	0	1
1983 年	1	0	0	1
1993 年	0	1	0	1
1994 年	1	0	0	1
1995 年	2	0	0	2
1996 年	6	0	0	6
1997 年	1	0	0	1
2000 年	8	0	0	8
2002 年	4	0	0	4
2003 年	5	1	0	6
2004 年	14	0	0	14
2005 年	25	3	1	29
2006 年	21	2	0	23
2007 年	26	0	0	26
2008 年	20	3	0	23
2009 年	32	4	0	36
2010 年	23	2	0	25
2011 年	30	5	0	35
2012 年	23	12	0	35
2013 年	22	3	0	25
2014 年	24	9	0	33
2015 年	30	3	1	34
合计	320	46	2	368

第一章 绪 论

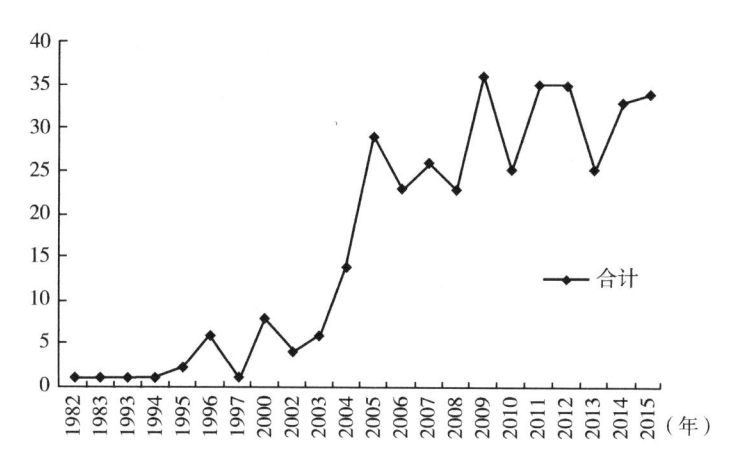

图1 调查性报道学术论文年度分布折线图

从图表中可以看出，我国关于调查性报道的研究可以分为三个阶段：20 世纪 80 年代是起步期，1993 年到 2003 年调查性报道研究有了初步发展，2004 年以后调查性报道逐渐成熟并且成为热点。

1. 调查性报道研究的起步

中国最早关于调查性报道的两篇文献分别是明安香 1982 年在《社会科学战线》上发表的《美国的调查性报道评介》和周致 1983 年在《现代传播》上发表的《客观报道·解释性报道·调查性报道——谈西方资产阶级新闻报道手法与原则》。明安香在论文中围绕调查性报道的基本情况、作用和实质进行了探讨，并且简单整理了美国调查性报道的发展史。由于改革开放刚刚开始，对西方国家的新闻学主要立足于批判，因此作者在文章中认为：调查性报道的本质是垄断资本集团之间相互斗争、相互制约的重要手段；是缓和阶级矛盾，安抚人民群众的渠道；是统治阶级为改变政策制造舆论的方法。《客观报道·解释性报道·调查性报道》一文主要对资本主义国家在进入大众化报刊时期后陆续出现的客观报道、解释性报道和调查性报道进行分析和研究。针对调查性报道，作者认为它是伴随着新兴新闻学而出现的一种报道方式，认为它和客观报道、解释性报道不同，并不严守客观和公正的信条，是新兴新闻学的改头换面。作者还认为，调查性报道的目的是为了维护资本主义制度，小骂大帮忙，不敢触及引起资本主义社会危机的根本问题。① 总体来说，这两篇论文全是对美国调查性报道的介绍，囿于时代原因对调查性报道从根本上持否定态度，认为它只不过是资产阶级维持统治的工具，对调查性报道也缺乏深入分析，但它们是中国调查性报道研究的开山之作，对调查性报道研究有一定理论贡献。

2. 调查性报道研究的早期发展

20世纪90年代直到2003年以前是中国调查性报道的早期发展时期。这一时期的相关论文一共有近30篇，除了介绍西方国家的调查性报道以外，开始对中国调查性报道展开研究。最重要的是孙世恺在《新闻与写作》上发表的5篇系列论文。他从中国传统的新闻观念来诠释调查性报道的概念和特点，从目的、内容和方法三个维度探讨中西调查性报道之间的差异。他将调查性报道分为消息式、通讯式、组合式以及附记式四种。他还认为中国调查记者的调查途径有三种：一是记者根据报道任务和一定线索下去直接进行调查，包括显性调查和隐性调查；二是报社就某一热点问题或者重大事件直接向社会进行专题调查，或者是委托专业性调查机构进行民意测验，然后写成调查性报道；三是报社采用有关部门、单位和专业调查机构（公司）的调查成果。而其方法主要有问卷法、抽样法、访谈法。最后他还探讨了调查性报道写作中的一些技巧。② 孙世恺是中国著名新闻记者，也是中国较早系统研究调查性报道的人，对调查性报道的很多基本问题进行了分析研究，对新闻实践有一定指导作用，但是有些观点值得商榷，例如调查性报道更多是正面报道，记者可以采用其他单位、部门现成的调查结果作为调查性报道的全部和主体等等。笔者认为这些都会使调查性报道失去其"形象识

---

① 周致：《客观报道·解释性报道·调查性报道——谈西方资产阶级新闻报道手法与原则》，《现代传播》1983年第5期。
② 孙世恺：《谈调查性报道》等5篇系列文章，《新闻与写作》1996年5、6、7、8、9月刊。

别标志",这些报道不属于调查性报道的范畴。

20世纪90年代另外一篇比较重要的论文是张威在1999年发表的《调查性报道：对西方和中国的透视》。这篇文章一方面对西方调查性报道的概念进行辨析，对调查性报道的概念创造性地提出了广义和狭义之分；另一方面对中国调查性报道进行探讨。在这篇文章中，最重要的是他引用了格瑞斯的调查性报道的三个要件：一是必须是新闻媒体的独立、原创工作，而不是新闻媒体报道的他人行为；二是它的主题是重要的，公众关心的；三是一些人或者组织企图掩盖事实真相。这是判断调查性报道很有效的方法和标准。[①] 另外，这篇文章还是我国最早比较研究中西调查性报道的专论。

进入21世纪后，调查性报道研究出现新特点：开始针对一些典型案例开展个案研究，比如《小记者扳倒了大总统——调查性报道典型一例》、《事件新闻异化：调查性报道的傲慢与偏见—以"黑哨"的新闻调查为例》、《从浙江卫视〈新闻观察〉看调查性报道的构成特点》、《电视新闻调查性报道的叙事分析——〈新闻调查〉个案研究》、《调查性报道函须规范和创新——〈女大学生卖淫调查〉的启示》等等。这些论文都是以一则报道或者一个栏目为样本来分析研究调查性报道。另外，这一时期一些学者开始利用新闻传播学理论对这一报道展开分析，例如清华大学的刘宏宇在《电视新闻调查性报道的叙事分析——〈新闻调查〉个案研究》一文中运用叙事理论从"故事"、"话语"和"时间安排"三个方面对《新闻调查》播出的调查性报道进行较深入的研究。

另外，这一时期关于调查性报道的研究还可以散见于一些专著和教材中。例如王蕾的《外国优秀新闻作品评析》、杜俊飞、胡翼青的《深度报道原理》、刘明华的《西方新闻采访与写作》、李良荣的《西方新闻事业概论》、展江的《中国社会转型的守望者：新世纪新闻舆论监督

---

① 张威：《调查性报道：对西方和中国的透视》，《国际新闻界》1999年4月刊。

的语境和实践》等等。前四部著作分别介绍了调查性报道的概念、初步探讨了调查性报道的采访和写作，有的还将调查性报道和批评报道、调查报告等廓清了界限。展江的《中国社会转型的守望者：新世纪新闻舆论监督的语境和实践》则对英国和美国的调查性报道进行了详细介绍，对本研究具有较大参考价值。

3. 调查性报道研究的成熟

2004年以后，中国调查性报道研究渐趋成熟，这主要体现在以下几个方面：

一是论文数量大量增加。从过去的每年不足10篇，增加到了每年20多篇甚至30多篇。13年中，共发表论文296篇。这说明，调查性报道渐渐成为新闻传播学的研究热点，越来越多的学者加入到研究行列中。

二是开始有硕士和博士将调查性报道作为自己的研究方向。在知网中共查阅到1篇博士论文和49篇硕士论文，特别是白红义的博士论文《当代中国调查记者的职业意识研究（1995—2010）》说明调查性报道研究的系统性增强，学者已经不满足于针对调查性报道某个环节、问题展开研究，而从较为宏观的视野考察这一重要的报道方式。

三是调查性报道的著作数量增加。例如《调查性报道采访与写作》、《调查性报道概论》、《揭秘新闻调查：电视调查性报道的策划与运作》、《解构深度：中外电视调查性报道研究》、《新闻内幕与调查性报道》、《调查性报道》、《中国式调查报道》、《国外媒体记者谈新闻调查性报道》等等。这些著作和上一阶段相比一个很明显的变化就是直接将调查性报道作为自身的研究对象，而不是在研究深度报道或者国外媒体时捎带介绍一下调查性报道。《调查性报道采访与写作》主要探讨调查性报道的采访与写作，如何规避法律风险以及调查性报道的分类，文本侧重实务，具有较强的操作性。《调查性报道概论》重在系统全面，既有对调查性报道概念的辨析，又有对中国调查性报道历史的梳理，既包括对新闻采访业务的研究，又涉及中西调查性报道的比较，但是囿于作者学识方面的欠缺，著作流于浅显，并且有一些重要问题没有触及。由资深调查记者刘万永所著的《调查性报道》既有理论总结，又有案例分析，特别是探讨了新媒体背景下调查记者如何进行调查采访，是一本非常"接地气"的调查性报道专著。

四是研究方向呈现多样化趋势。在个案研究方面，一些学者把中央电视台《新闻调查》作为研究样本，例如《试析调查性报道的话语纬度与观察责任——以中央电视台〈新闻调查〉为例》、《从调查节目到调查性报道》、《目标：做真正的调查性报道——访中央电视台〈新闻调查〉制片人张洁》、《中国电视调查性报道的本土特色——以〈新闻调查〉为例》、《〈新闻调查〉应加强调查性报道》、《非揭露性题材的电视调查性报道策略——以央视〈新闻调查〉为例》等等。除此之外，普利策获奖作品、国内和国外一些经典调查性栏目，一些有影响的调查性报道作品都成为学者们分析和研究的对象，尤其以美国 CBS 开办的《60 分钟》节目为最。像《〈60 分钟〉节目主持人的素养》、《美国电视栏目〈60 分钟〉与〈20/20〉的差异化竞争》、《美国〈60 分钟〉节目发展对中国调查新闻节目的启示》等等。这些文章本着"解剖麻雀"的态度研究一个作品或者栏目，有的还通过量化研究的方法意图通过分析个案变化来推测和揭示调查性报道的一般规律，研究具有典型性和具体性，但是有些研究在方法论上缺少推断一般性质结论的科学依据。

也有专注介绍西方国家调查性报道的，像程道才的《西方调查性报道的特点与采写要求》、傅海的《国外新闻理论中的"调查性报道"》、张征、冯静的《〈明镜周刊〉与调查性报道》、姜江的《无形之网：美国调查性报道的制约性因素简析》、郜书锴的《探析西方报纸调查性报道复兴的原因》、展江的《俄罗斯调查性报道管窥》等等，这一时期的此类文章已经和 20 世纪 80 年代有了很大变化，学者们能够脱离政治语境更加客观地分析国外调查性报道现状、优势以及困境。张征、冯静介绍说："调查性报道成为《明镜》周刊的标志性内容是因为从开始周刊就定位在'民主的冲锋炮'和'和平时代的社会守望者'的角色……在民主社会中新闻周刊特殊的意义在于：不仅应该帮助建立一个批判和监督的社会环境，而且要让政治和经济的统治者直接接受公开的批评和监督。"①

探讨调查性报道实务是这一时期调查性报道研究的重要方面，《调查性报道中的平衡技巧》、《电视调查性报道叙述方式浅探》、《调查性报道的采访侧重及要求》、《调查性报道的调查路径设计》、《调查性报道采访技巧》、《调查性报道的视觉语言》、《电视调查性报道的七种叙述路径辨析》、《调查性报道"事实建构"的机制与特征》都属于此类论文。随着网络媒体的广泛运用，一些学者开始研究网络在调查性报道中的运用，例如：《如何利用网络拓展调查性报道——从"闫德利事件"说起》、《博客应用与调查性报道的生产变革》、《网络传播为调查性报道带来的机遇和挑战》、《如何利用互联网拓展调查性报道》、《网络时代调查性报道的困境和发展》、《众筹新闻：社会化网络时代调查性报道的新探索》等等。王俊荣认为在网络条件下："国内很难出现'赞助式'、'众筹式'的调查性报道生产模式，未来还会以专业媒体的独立式生产为主。只不过在网络时代，这种专业式的生产会借助于网络获得更多的报道线索与相关资料，并且借助于多个终端实现多次传播。"②

也有一批学者针对调查记者的职业状态展开分析，诸如《当代中国调查记者的职业意识研究》、《中国调查记者行业生态报告》、《调查记者的职业满意度及影响因素研究》、《媒介环境与组织控制：调查记者的媒介角色认识及影响因素》等等，张志安、沈菲运用普查的方法对中国调查记者的总体特征、职业意识、职业状态进行了分析研究，绘

---

① 张征、冯静：《〈明镜〉周刊与调查性报道》，《国际新闻界》2005 年 3 月刊。
② 王俊荣：《网络时代调查性报道的困境与发展》，《当代传播》2015 年第 5 期。

制了中国调查记者的一副生态图谱。① 白红义则通过"理解"行动者的质化研究方法，探讨中国调查记者如何建构职业意识，以及这种职业意识是如何形塑的。②

二 国内关于中美调查性报道比较方面的研究

虽然国内关于调查性报道的研究相对成熟，但是关于中美调查性报道比较方面的研究比较少，还属于一块研究洼地。较早对中美调查性报道展开比较研究，也是在这一领域较有建树的是学者张威。他在1999年后分别发表了《调查性报道：对西方和中国的透视》、《拷问慈善机构：中美调查性报道趋同性研究》、《IRE、调查性报道与中国观照》，认为中美调查性报道存在趋同的趋势："近年来，在改革开放和舆论监督的大旗下，中国的调查性报道明显增多了。在主题上，表现出与西方调查性报道惊人的相似：二者都注重揭露政府官员的腐败和社会上的罪恶，都力图为公民们伸张正义和主持公正。"③ "尽管美国和中国的社会制度不同，新闻价值观也多有未合，但慈善事业却先后成为双方媒体共同关注的对象，这种调查性报道主体方面的趋同性暗示了某种历史之必然，也证明了不同社会制度下的新闻媒体在共同性方面具有的空间，从而奠定了双方交流借鉴的基础。"④ "正是建立在这样一个相同和趋同的认知下，认为中国也将会出现像美国IRE（调查记者与编辑组织）一样的调查性报道机构。"⑤

此外还有一些相关论文，段勃在《论中西调查性报道题材的分野》中认为西方国家调查性报道的题材主要局限在对内幕的披露和丑闻的揭

---

① 张志安、沈菲：《中国调查记者行业生态报告》，《现代传播》2011年第10期。
② 白红义：《当代中国调查记者的职业意识研究（1995—2010）》，博士学位论文，复旦大学，2011年。
③ 张威：《调查性报道：对西方和中国的透视》，《国际新闻界》1992年第2期。
④ 张威：《拷问慈善机构：中美调查性报道趋同性研究》，《新闻记者》2005年第3期。
⑤ 张威：《IRE、调查性报道与中国观照》，《新闻与传播研究》2005年第12卷第3期。

露，几乎全部是负面新闻。而中国调查性报道的视野较宽，既可以揭露和鞭挞社会不义的现象，实现新闻传媒的舆论监督功能，也可以对社会问题进行深入剖析。这一现象的出现主要是由于中西方在传媒性质、传媒功能、新闻理念、新闻体制、传播调控等方面存在的差异所导致的。①《中美电视调查性报道比较——以〈60分钟〉和〈新闻调查〉为例》、《从〈新闻调查〉和〈60分钟〉比较中美电视调查性报道之异同》、《美国〈60分钟〉节目对中国调查新闻节目的启示》等运用个案研究的方法比较中美电视调查性报道的异同，认为媒体的不同功能导致了中西调查性报道的差异，不同的新闻体制导致了不同的话语空间。②

国内关于调查性报道比较研究的书籍很少。《解构深度：中外电视调查性报道研究》是最早对中外电视调查性报道之间展开比较的著述，作者选取了中国、美国、英国、澳大利亚有代表性的电视栏目，尝试从新闻传播学和社会学双重角度加以分析，并且对中国电视调查性报道的现状和未来提出有建设性的评价和建议。③《比较新闻学：方法与考证》中有一个章节谈到了中美调查性报道的异同，认为调查性报道在中国是"软着陆"，表现有：早期大多以报告文学形式出现，多发表在书刊上；记者独立性弱化，深入报道受到局限；调查性报道时间性严重滞后；调查性新闻负面性弱化、正面因素加强。④

总之，国内关于中美调查性报道的比较研究已开展多年，出现了一批高质量研究成果，为本研究提供了十分可贵的研究资料，但是研究成果偏少，尤其缺乏宏观视野的比照，成果多是从某个栏目、案例，或是从调查性报道的发展历史去观照二者之间的异同，缺少系

---

① 段勃：《论中西调查性报道题材的分野》，《新闻界》2008年第5期。
② 李嫒：《从〈新闻调查〉和〈60分钟〉比较中美电视调查性报道之异同》，《东南传播》2009年第6期。
③ 吴乐珺、唐泽：《解构深度：中外电视调查性报道研究》，湖南人民出版社2007年版。
④ 张威：《比较新闻学：方法与考证》，清华大学出版社2013年版，第288—291页。

统、全面、深入的研究和分析。对采写实务的探讨也流于表面，缺乏深度思考和理论分析。

三 国外关于调查性报道的研究

国外关于调查性报道的研究开始于20世纪六七十年代。1961年，劳里·科利尔·希尔思特姆（Laurie Collier Hillstrom）的《扒粪者与进步时代》对进步运动时期调查记者的新闻实践活动进行了回溯和总结。1975年，大卫·安德生（David Anderson）和皮特·本杰明（Peter Ben Jamison）所著的《调查性报道》是世界较早关于调查性报道的专著。专著第一次尝试对调查性报道的概念进行界定，认为"调查性报道是报道那些被掩盖的信息……是一种对国家官员行为的调查，调查对象有腐败的政治家、政治组织、企业、慈善机构、外交机构和经济领域的欺诈活动。"[1]

20世纪80年代后，调查性报道的研究成果越来越多。1980年，美国、日本、加拿大、澳大利亚等国纷纷建立新闻中心，不但对调查性报道的理论开展研究，还对新闻工作者的新闻实践提供指导和借鉴。另外，一些调查记者行业组织也对调查性报道有深入研究。比如目前在IRE网站上就陈列着近30本相关著作，有关于如何利用计算机进行辅助报道的，有探讨如何调查报道环境污染问题的，有研究如何调查经济问题的，有分析美国调查新闻事业是如何发展变化的，有解析调查性报道获奖作品的。IRE还办有调查性报道刊物《IRE杂志》，每年出版四期，包括记者档案、如何写调查故事、评论，如何设计调查构想以及后台处理技巧等等。富兰克林政府与公共诚信中心（Franklin Center for Government & Public Integrity）也办有《富兰克林年刊》，对每年的调查性新闻事业进行盘点和研究。

---

[1] David Anderson and Peter Benjiaminson, *Investigative Reporting*, Indianan University Press, 1975, p. 5.

在历史研究方面：詹姆斯·L. 奥库安（James L. Aucoin）追溯了美国调查性报道的传统，分析了1960年后调查性报道的重现，尤其分析了IRE的创始和演变过程。① 格里·莱瑙斯卡（Gerry Lanosga）的博士论文《新闻、奖项和权力：1917年至1960年之间的美国调查性报道》梳理了1917年至1960年之间美国调查性报道的历史，认为："1917年至1960年间的调查性新闻事业充满了活力，报纸上充斥着大量调查性报道。在新闻奖项的刺激下，新闻媒体咄咄逼人，新闻记者频繁地报道政府腐败、有组织的犯罪和社会问题，也卷入了纷繁复杂的政治纷争。"② 马克·费尔德斯坦（Mark Feldstein）试图通过美国调查性报道的历史分析找到这一报道方式的兴替规律，他认为调查性报道和公共需求和媒介供应这两个因素相关，公共需求和政治、经济、社会动荡密不可分；媒体供应由传播科技和法律宽容度决定，当需求和供应同时达到高点时，调查性报道就会迎来顶峰，像18世纪六七十年代、1902年至1912年以及20世纪六七十年代；相反，当需求和供应处于低点时，调查性报道将处于低谷。③ 哈利·斯泰因（Harry H. Stein）对50年来关于扒粪运动的研究做了详细的梳理。④ 另外，在《公共媒体：美国新闻史1900—1945》⑤、《世纪末的美国新闻事业：1965—今》⑥、《新闻业流动的眼睛：美国对外报道历史》⑦、《美国媒介史》⑧等著作中都有关于

---

① James L., Aucoin: *The Evolution of American Investigative Journalism*, Columbia and London, University of Missouri Press, 2005, p. 185.

② Gerry Lanosga: *The Press, Prizes Power: Investigative Reporting In The United States*, 1917-1960, Indiana University, December, 2010, p. 179.

③ Mark Feldstein: *A Muckraking Model: Investigative Reporting Cycles in American History*, The Harvard International Journal of Press/Politics, March, 2006.

④ Harry H., Stein: *American Muckrakers and Muckraking: The 50-year Scholarship*, Journalism Quarterly.

⑤ Leonard Ray Teel: *The Public Press*, 1900-1945, Westport: Praeger Publishers, 2006.

⑥ James Brian Mcpherson: *Journalism At the End of the American Century*, Westport: Praeger Publishers, 2006.

⑦ John Maxwell Hamilton: *Journalism's Roving Eye: A History of American Foreign Reporting*, Lonisiana State University Press, 2009.

⑧ Anthony R., Fellow: *American Media History* Second Edition, Michael Rosenberg, 2010.

第一章 绪 论

调查性报道的历史研究。雨果·德·伯格研究了英国调查性报道的发端并且梳理了英国调查性报道四十年的发展历史,为调查性报道的普遍研究提供了重要资料。①

关于调查性报道实务方面的研究较多,已经翻译成中文的有威廉·C. 盖恩斯(William C. Gaines)的《调查性报道》和布兰特·休斯顿(Brant Houston)等所著的《调查记者手册》。《调查性报道》由资深调查记者盖恩斯所著,他运用平实、通俗、简单的语言,通过大量真实案例,凸显情景写作和提供调查"模式",使《调查性报道》成为一本具有高度实用性、指导性和操作性的著作。②《调查记者手册》是 IRE 编写的一本调查性报道的百科全书,它既有调查性报道的一般技巧,又根据调查报道领域细分为 16 个部分,在每个部分再列出相应调查的特点、技巧、对象,既有理论思考,又有实用技巧,还在第四版增加了记者使用信息技术的内容,对记者的调查实务和相关研究都有较大帮助。③《调查性报道指南》探讨了如何寻找调查性报道线索以及设定主题,调查性报道的障碍和相关法律,列举了调查性报道常用的网站和数据库,德里克·福布斯(Derek Forbes)认为:"调查记者遇到的障碍主要有报道对象的保密和拖延战术、繁文缛节、不配合的新闻线人、调查中的危险关系、出版压力、调查技能缺失等等。"④ 为了培养调查记者的采访技能,联合国教科文组织在新闻教育丛书中还专门编印了一本《全球调查性新闻事业个案调查》,搜集了关于社会现象、环境、政府危机、全球一体化、体育、经济等方面的 20 余个案例展开剖析,通过个案研

---

① Hugo de Burgh: *Investigative Journalism*, Milton Park, Abingdon, Oxon: Routledge, 2008, pp. 32 – 70.

② [美] 威廉·C. 盖恩斯:《调查性报道》第二版,刘波、翁昌寿译,中国人民大学出版社 2005 年版。

③ [美] 布兰特·休斯顿、莱恩·布卢兹斯、史蒂夫·温伯格:《调查记者手册》第四版,张威、许海滨主译,南方日报出版社 2005 年版。

④ Derek Forbes: *A Watchdog's Guide to Investigative Reporting-A Simple Introduction to Principles and Practice in Investigative Reporting*, Dunkeld: Published by Konrad Adenauer Stiftung Media Programme, 2005, pp. 47 – 53.

究的方法使调查记者掌握采访和调查技巧。① 《不要对我撒谎：调查性新闻事业的胜利》撷取了1945年以后世界闻名的20余篇调查性报道，通过这些报道说明："调查性新闻为什么如此重要？因为没有了它，当我们面对不公时就会失去话语，就会失去和它斗争的信息武器"。② 《全球扒粪报道：世界百年调查性新闻事业》从劳动力滥用、反殖民主义、腐败、石油和矿业、环境和自然灾害、食品短缺和饥荒、军队和警察、乡村生活、妇女问题9个方面选取了47则相关报道，通过这些报道使人们更好地理解新闻渊源，了解新闻记者的揭丑行为已经进行了100多年。③ 詹姆斯·L.奥库安研究了20世纪美国调查性报道的叙事策略，认为20世纪中期美国调查记者在左翼杂志刊登了一些文章，这些文章通过使用各种叙事技巧，包括直接的倡导来扩大事实真相，这种策略可以为后来的调查记者提供一种可以替代的模式。④ 《通往老根里的桥：调查性报道，隐藏的历史和普利策新闻奖》通过对美联社获得普利策新闻奖的关于揭露朝鲜战争期间美军士兵屠杀朝鲜平民的调查性报道展开个案分析，详细展示美国新闻记者的调查过程。⑤

另外，《扒粪新闻之死》和《看门狗不再叫了》论述在新媒体的冲击和商业压力扩大的背景下，美国的高质量、负责任的新闻报道数量在减少，威胁着调查性新闻事业的发展。⑥ 《在线调查性新闻事业》、《政治调查性报道中的数据新闻项目》等论文阐述了在新媒体环境下调查

---

① Edited by Mark Lee Hunter: *The Global Investigative Journalism Casebook*, United Nations Educational, Scientific and Cultural Organization, 2012.

② John Pilger: *Tell Me no Lies*, *Investigative Journalism and Its Triumphs*, London: Vintage, 2005, p. 14.

③ Edited by Anya Schiffrin: *Global Muckraking 100 Years of Investigative Journalism from Around the World*, New York: The New Press, 2014.

④ James L., Aucoin: *Journalistic Moral Engagement: Narrative Strategies in American Muckraking*, *Journalism*, August, 2007.

⑤ Charles J., Hanley and Martha Mendoza: *The Bridge at No Gun Ri: Investigative Reporting, Hidden History and Pulitzer Prize*, *Harvard International Journal of Press/Politics*, 2000.

⑥ Dean Starkman: *The Watchdog That Didn't Bark: The Financial Crisis and the Disappearance of Investigative Journalism*, New York: Columbia University Press, 2014.

第一章 绪 论

性报道如何应对。艾伦·奈特（Alan Knight）认为：Internet 为调查记者们提供了新的获取信息的工具，使他们可以迅速进入全球数字社区，从而代替过去政府提供的信息源，这对记者来说既是机遇又是挑战。它会对传统媒体造成巨大影响，会出现一个全新的网络调查新闻业，它拥有运行更快的电脑、更新的课题、更宽的频率、更复杂的能够和传统媒体互动的网络出版物。[1]《调查调查记者》则检视了网络时代美国调查记者的职业态度、认知和体验，发现在互联网时代调查记者中有严重的矛盾情绪，有经验的新闻记者对互联网影响表示担心，对非盈利组织和记者在未来调查性新闻事业中扮演的角色存在相当大的怀疑。[2]

国外直接比较中美调查性报道的文章和著作目前还没有见到，但是出版有研究中国调查性报道的文献。童静蓉的《调查性新闻事业：环境问题与中国现代化》和《调查性新闻在中国》、詹妮弗·格兰特（Jennifer Grant）的《中国调查记者的内部参考对政府政策的影响》、雨果·德·伯格的《无冕之王？中国调查性报道的重现》等从全新视角观察中国调查性新闻事业。雨果认为：新闻记者的角色是记者和公民共同赋予的。在应对西方影响时，尽管中国调查性报道有很多方面和西方相似，但是中国调查记者更多的是传统角色继承而不是西方模式转化，那种认为调查性报道重现是西方化的例子是一种错误。[3]

总体来看，国内外关于调查性报道的研究成果较为丰硕，尤其在调查性报道的实务指导和经验总结方面成果颇多，但是中外调查性报道的比较研究方面还是薄弱环节，中国关于这一方面有分量的前期研究寥寥无几，在国外这一领域更是空白，这就更加凸显了本研究的意义和价值。

---

[1] Alan Knight: *Online Investigative Journalism*, http://www.Ejournalism.au.com.

[2] Andrew D., Kaplan: *Investigating The Investigators: Examining The Attitudes, Perceptions, and Experiences of Investigative Journalists in the Internet Age*, University of Maryland, 2008, p.3.

[3] Hugo de Burgh: *Kings Without Crowns? The Re-emergence of Investigative Journalism in China*, Media Culture & Society, 2003.

第四节 核心概念界定

一 西方学者对调查性报道概念的界定

调查性报道（Investigative Reporting）一词最早出现在20世纪40年代美国新闻专业杂志《羽毛笔》（Quill）上。在为《亚特兰大日报》的记者乔治·古德温（George Goodwin）撰写的颁奖词中有这样的文字："乔治·古德温报道了乔治亚州立法机构的选举欺诈，这是众多调查性报道中杰出的一篇作品"。[1]

条分缕析西方学者关于调查性报道的概念，可以归纳为3类：

一类主要从调查性报道题材和调查对象出发抽象这一报道的内核和外观。

大卫·安德生和皮特·本杰明第一次尝试对调查性报道的概念进行界定，认为"调查性报道是报道那些被掩盖的信息……是一种对国家官员行为的调查，调查对象有腐败的政治家、政治组织、企业、慈善机构、外交机构和经济领域的欺诈活动。"[2]

英国学者霍华德·巴雷尔（Howard Barrell）认为调查性新闻就是新闻记者出于公共原因而去报道那些被掩盖的事实。[3]

IRE采用了调查记者罗伯特·格林斯（Robert Greene's）的定义："调查性新闻实质上指那些由新闻记者主动揭露的由个人或组织意图掩

---

[1] Gerry Lanosga: *The Press, Prizes Power: Investigative Reporting In The United States*, 1917 – 1960, Indiana University, December 2010, p. 10（Cite from "*Top Journalists: SDX Names Eleven for 47 Awards*", *Quill*, July 1948.）

[2] David Anderson and Peter Benjiaminson, *Investigative Reporting*, Indianan University Press, 1975, p. 5.

[3] Derek Forbes: *A Watchdog's Guide to Investigative Reporting-A Simple Introduction to Principles and Practice in Investigative Reporting*, Dunkeld: Published by Konrad Adenauer Stiftung Media Programme, 2005, p. 3.

第一章　绪论

盖的事实，揭露行为必须对公众有重要意义并且刊播在大众传播媒体中，它必须是公平、准确、有效、探究到底和符合标准的。这个定义第一次在美国调查记者中形成共识，调查性报道开始有了自己的通用标准。"①

第二类概念强调调查记者在报道中的主动性和独立性。

盖恩斯在《调查性报道》一书中开宗明义讲："调查性报道是一个强有力的报道领域。它所报道的是没有记者的进取心就不能披露的新闻。它对多样的和不确切的消息来源进行整合，为读者提供具有公共意义的报道。他披露的也许是与政府和企业官员所公布的版本截然相反、而他们本来也许会试图掩盖事实真相的新闻。它所形成的通常是见诸报纸的显要位置，或晚间电视新闻播报的头条新闻。"②

雨果则认为，"调查性新闻就是在任何媒体都可以见到的调查记者发现真相或者鉴别失误的行为，这种行为和警察、律师、审计师十分相似但又有所不同。"③

奥库安则给调查性报道归结了5个要素：一是曝光信息；二是关于重要公共问题的话题；三是有一些人或者组织不想其被曝光；四是要调查记者通过独创性工作并且耗费大量时间去挖掘和揭露；五是报道目的是为了促成鼓舞人心的改革。④ 奥库安还创造性地解读了"严肃调查性报道"和"小报式调查性报道"的区别，他认为严肃的调查性报道是全面、详尽地看待问题，它会对受众生活产生不小影响。⑤ 而小报式调查性报道以娱乐为目的，在调查时会采用卧底、隐形采访等有争议的调

---

① James L., Aucoin: *The Evolution of American Investigative Journalism*, Columbia and London, University of Missouri Press, 2005, p.179.
② ［美］威廉·C.盖恩斯：《调查性报道》第二版，刘波、翁昌寿译，中国人民大学出版社2005年版，第1页。
③ Hugo de Burgh: *Investigative Journalism*, Milton Park, Abingdon, Oxon: Routledge, 2008, p.10.
④ James L., Aucoin: *The Evolution of American Investigative Journalism*, Columbia and London, University of Missouri Press, 2005, p.91.
⑤ Ibid.

查技术，其影响有限。显然，奥库安本人更欣赏严肃调查性报道，这也正是本研究关注的对象。

第三类则强调调查性报道和其他报道在形式方面的区别，强调它是一种篇幅长、分量重、耗时多、危险大和影响广的报道。

密苏里新闻编写组编写的经典新闻学著作《新闻写作教程》将调查性报道看成是一种更为详尽、更带有分析性、更要花费时间的报道，因而它有别于大多数日常性报道。调查性报道目的在于揭露被隐藏起来的情况，其题材相当广泛，广泛到涉及人类活动的各个方面。①

埃德温·埃默里（Edwin Emery）则说："调查性报道是指（调查记者）利用长时间积累起来的足够的消息来源和文件，向公众提供的对某一事件的强有力解释。"②

这三类定义各有千秋，归纳起来恰恰是西方调查性报道的几个要件：西方调查性报道首先强调报道对象是被掩盖的，不是一览无余和真相大白的，它必须被某些人或者组织有意遮蔽，不愿意被新闻记者曝光于天下；其次，报道对象是损害公众利益的行为和事件，诸如政治腐败、经济垄断、行业黑幕、环境污染、人权侵犯等等。美国调查性报道尤其关注政治黑幕，IRE的核心价值就在于它形成了一个以揭露腐败、渎职和无能官员的调查记者社区。③ 第三，强调记者新闻采写行为的独立性和能动性。调查性报道不像其他报道，资料俯拾即是，或者有现成的新闻蓝本修改一下就可以发表，它的各个环节诸如线索发现、记者选材、调查采访、素材核实等等都需要记者相对独立完成，依赖他人调查结果完成的报道不是调查性报道，就像盖恩斯所讲："调查性报道是这样一种作品：它们是记者原创的作品，而不是公共机构的调查报告；它

---

① ［美］布鲁克斯等：《新闻写作教程》，褚高德译，新华出版社1986年版，第384页。
② ［美］迈克尔·埃默里、埃德温·埃默里、南希·L. 罗伯茨：《美国新闻史——大众传播媒介解释史》第九版，展江译，中国人民大学出版社2004年版，第533页。
③ James L., Aucoin: *The Evolution of American Investigative Journalism*, Columbia and London, University of Missouri Press, 2005, pp. 12 – 13.

第一章 绪论

们所提供的是没有记者的进取精神就不能披露的信息,它们对公众具有重要意义"。① 四是调查性报道费事、费时、费力、费钱同时又分量重、影响巨大。美国调查记者关于"水门事件"、"越南战争屠杀案"、"牧师性虐案"②、"斯诺登事件"的调查性报道无不属于这样的新闻。在西方国家,调查性报道就是新闻工作者针对被掩盖的损害公众利益的行为和事件通过相对独立、系统科学的调查采访完成,并通过大众传播媒体传播的一种报道形式,它通常篇幅长、分量重、耗时多、危险大、影响广。

二 中国学者对调查性报道概念的界定

虽然调查性报道在中国滥觞于十九世纪中后期,但是调查性报道概念在中国出现较晚,是20世纪80年代后和深度报道的概念一起东来的。

中国学者对调查性报道的界定大体可以分为两类,一类是直接引入西方国家调查性报道概念;另一类是对其进行本土化解读。

首先来看第一类:

甘惜分教授主编的《新闻学大辞典》将调查性报道定义为一种较为系统的以揭露为主旨的报道形式。本书认为,调查性报道是西方新闻学学术用语,中国类似的提法是"批评性报道"。③

刘万永认为,对调查性报道公认的界定是:(1)涉及公共利益。即调查对象是损害公共利益的行为;(2)真相被掩盖。有些行为尽管损害了公共利益,但被政府部门及时公开,也就不再需要记者进行调查了;(3)记者独立进行调查。有些事件,政府部门会发布相关调查结

---

① [美]威廉·C.盖恩斯:《调查性报道》第二版,刘波、翁昌寿译,中国人民大学出版社2005年版,第1页。

② 2015年,美国导演托马斯·麦卡锡(Thomas McCarthy)根据这一报道导演了电影《聚焦》,该片获得第88届奥斯卡金像奖最佳影片奖和最佳原创剧本奖。

③ 甘惜分主编:《新闻学大辞典》,河南人民出版社1993年版,第153页。

果，媒体就此进行报道，算不上调查性报道。①

这一类概念在中国调查记者的意识中体现得更加明显。《新闻调查》制片人张洁认为："调查性报道必须具备三个条件：第一，记者独立展开的调查；第二，损害公众利益的行为；第三，这种行为被掩盖……特指揭露内幕、黑幕、独立调查。"②

资深调查记者王克勤说："调查性报道和深度报道不一样，深度报道包括组合报道、人物访谈等，这些不是调查性报道，以媒体独立调查为基本方式、以揭露政界和商界黑幕为基本内容的报道才能叫调查性报道。"③

第二类概念强调将中国新闻传统理念嫁接到西方调查性报道上，更看重报道调查手段的复杂性，忽视报道题材的特殊性。

这一类最具代表性的是孙世恺的定义。他认为："从写作角度来分析，中国的调查性报道并非以'揭露问题为主旨'的报道形式，而是对新闻事件、新闻人物或热点问题经过调查后写出具有一定权威性的一种报道，对所报道的事实'为什么发生'或'怎么回事'及其'事实可靠的程度'等问题，用活生生的事实和可靠的数字，向读者进行必要的回答，以增强新闻报道的力度和深度。"④

四川人民出版社编辑出版的《新闻传播百科全书》对调查性报道是这样规定的："调查性新闻是指以新闻传播媒介为主体，记者为主要调查人员，通过较一般采访更加有针对性、专门性、专题性、系统性的调查研究活动而产生的新闻。这种新闻，将上述调查研究结果更直接地转化为新闻作品。有时，直接在标题上标明属某种调查性新闻。它具有较强的新闻性、针对性、指导性、参与性、政策性、接近性。它是调查

---

① 刘万永：《调查性报道》，人民日报出版社2015年版，第3页。
② 张洁、吴征：《调查〈新闻调查〉》，文化艺术出版社2006年版，第43页。
③ 张志安、王克勤：《以调查性报道推动社会进步——深度报道精英访谈之十》，《青年记者》2008年6月。
④ 孙世恺：《谈调查性报道》，《新闻与写作》1996年第5期。

第一章 绪论

性消息、调查报告、调查汇报、调查后记、调查附记等等的统称。"①

考察这两类概念，笔者认为第一类概念的可贵之处在于它把西方调查性报道理念介绍到中国，尤其通过介绍西方调查性报道的价值取向、报道样式、调查方法、文本特征，使中国调查记者拓宽了视野，丰富了思想，具有强大的启蒙作用。这一类概念的缺点是没有考虑中国特有的媒介生态，没有看到中西之间在新闻理念、传播规制、新闻体制等方面存在巨大差异，就像童兵所讲："中西两国的新闻传播实务由于国情不同、传媒所扮演的社会角色不同，以及历史文化背景不同，实务本身的内涵及其显示的特点也有所不同。"② 作为新闻报道方式的一种，调查性报道也概莫能外。在西方国家，调查性报道又名"揭黑报道"、"扒粪报道"。其题材严格限定在损害公民利益的行为和事件，尤其以政治黑幕、经济垄断、选举丑闻、人权侵犯为主。固然很多调查性报道的目的是为了促进社会进步和改革，但是也有些媒体和个人采写调查性报道的目的是制造焦点、哗众取宠从而提高发行量和收视率，最终为自己和传媒牟利。奥库安界定的"小报式调查性报道"就属于此类，这也让调查性报道和"黄色新闻"之间的泾渭不再那样分明。中国新闻传媒是党、政府、人民群众的耳目喉舌，处于中国共产党直接领导下，承担着信息传播、政策宣传、舆论监督、大众娱乐、文化传承等多种功能。就调查性报道最主要的舆论监督功能而言，它和西方国家的揭丑有很大区别，强调"舆论监督包含批评监督，但不是简单地等同于批评报道，它在我国已经成为人民群众行使社会主义民主权利的一种有效形式。人民的利益和愿望，人民的意志和情绪，人民的意见和建议，都是党和政府所必须时刻重视和考虑的内容，通过新闻报道把这些反映出来，形成舆论，也就是舆论监督"，③ 要求"新闻媒体要直面工作中存在的问题，

---

① 邱沛篁等主编：《新闻传播手册》，四川人民出版社1998年版，第175页。
② 童兵：《比较新闻传播学》，人民大学出版社2002年版，第329页。
③ 郑保卫：《马克思主义新闻经典论著导读》，人民大学出版社2007年版，第443—444页。

直面社会丑恶现象,激浊扬清、针砭时弊,同时发表批评性报道要事实准确、分析客观。"①

综上所述,在中国,把调查性报道的题材严格定义为一种揭丑报道或者说一种批评报道是不符合实际的。笔者认为,对损害公众利益行为的报道和揭露无疑是调查性报道的核心所在,也是调查性报道最强生命力的体现,除了这些,调查记者可以把视角放得更宽。特别是中国目前正处于社会转型加速期,矛盾凸现、问题暴露、利益交错,调查记者可以将一些社会问题,改革矛盾的选题纳入视野,只要这个选题还没有真相大白,不论它是被一些人或者组织故意掩盖还是被人忽视,只要它具有强烈的影响力和社会关注度,具有调查的空间,具有矛盾的碰撞和文本的张力,就可以成为调查性报道的对象。

第二类概念的优点是考虑了中西差异,没有照搬西方调查性报道概念,注重结合中国实际在选题、采访、内容等方面进行探索和阐述,是非常有益的尝试。可是这一类概念过于泛化调查性报道,抹杀了它和其他报道的区别,使其失去了"形象识别标志"。无论是一种新闻体裁,还是一种报道方式,个性都十分重要,个性就是"形象识别标志",就是它的基本属性,是它之所以为它的根据,如果一种新闻体裁或者报道方式失去了"形象识别标志",那么它也就随之消失了。

综合中西方调查性报道概念的阐述,笔者认为调查性报道概念有狭义和广义区分,狭义调查性报道特指新闻工作者针对被掩盖的损害公众利益的行为和事件通过相对独立、系统科学的调查采访完成,并通过大众传播媒体传播的一种报道形式,通常篇幅长、分量重、耗时多、危险大、影响广。也就是西方国家通常遵循的概念形式。而广义调查性报道特指以揭示真相为宗旨的报道方式,是新闻工作者针对被掩盖或者被忽视的损害公众利益的行为以及社会问题,通过独立、系统、科学、有针

---

① 习近平:《坚持正确方向创新方法手段 提高新闻舆论传播力引导力》,新华网,2016年2月,http://news.xinhuanet.com/zgjx/2016-02/20/c_135115968.htm。

第一章 绪论

对性的调查而完成，通过大众传播媒体传播的报道方式，这种报道通常篇幅长、份量重、广泛关注。这一种定义更适合概括中国调查性报道，虽然它仍然强调对损害公众利益行为的曝光，但是显然其视野更加宽泛，将大量社会问题的调查采访纳入外延之中。

第五节 研究方法与研究思路

一 研究方法

本研究采用的研究方法有文献研究法、内容分析法、比较研究法、语料库分析研究法。

1. 文献研究法

文献研究是一种基础而有效的研究方法。在研究中，笔者搜集和整理了大量文献资料。搜集中文资料主要通过知网、读秀、超星移动图书馆、万方数据、大成故纸堆、爱如生《申报》、百链云图书馆、中国年鉴资源全文数据库、人民数据库、台湾学术期刊等电子数据库和真实图书馆或者购买。外文资料主要从SAGE、PQDT学位论文、SPRINGER、国道数据外文专题、读秀（外文）等数据库查阅以及同学、同事在国外邮寄或者代为查阅，尤其从 library genesis 查阅了大量新闻传播学专业书籍。除了自己调研以外，从皮尤研究中心（Pew Research Center）、广视索福瑞（CSM）等调研机构查阅了一些调查数据。

2. 内容分析法

内容分析法是本研究最重要的研究方法。笔者主要以中国新闻奖1990年以来特等奖、一等奖中和普利策新闻奖中的调查性报道作品作为分析样本，然后确定分析单位，编制编码类目，测量信度，进行数据统计，再通过得出的数据对中美调查性报道的特点、异同等进行归纳总结，得出结论。

3. 比较研究法

比较研究是贯穿本研究始终的研究方法。比较研究是根据一定规则，把彼此有某种内在联系的两个或者多个事物加以类比和分析，确定其相似和相异之处，从而把握事物的本质、特征及其规律性的一种思维过程和科学方法。[①] 在本研究中，除了将中国新闻奖和普利策新闻奖的获奖作品进行比较以外，还对中美调查性报道的概念、历史、培养机制、激励机制、应对新媒体冲击等开展比较研究，以求对中美调查性报道的异同有全面认知，能够更好地审视中国调查性报道的个性和优缺点，并秉承扬弃的态度更好地发展中国调查性报道。

4. 语料库分析研究法

语料库分析研究法就是运用特定的词频分析工具对文本进行分析的一种量化研究方法。在本研究中，笔者分别通过"语料库在线"、"Count Characters, Words, Sentences, Lines-Text Mechanic"和"Claws Pos Tagger"等词频分析工具对获得中国新闻奖和普利策奖的调查性报道文本进行词频和词性研究，分析二者之间的差异。

二 研究思路及框架

结项报告共分七章，思路如图2所示。

第一章绪论，主要介绍研究缘起、研究意义、文献综述，对核心概念进行阐释，并介绍研究方法、重点、难点、创新点。

第二章分别梳理中国和美国调查性报道历史。由于中国调查性报道的历史在笔者2010年出版的《调查性报道概论》一书中已有详细介绍，本章主要勾勒其发展线路，对近期中国调查性报道发展情况整理和分析。美国调查性报道历史是一个重点，本章追溯了美国调查性报道的源头和它的发展曲线，并且从政治、经济、社会的综合语境去分析调查性报道的起落。

---

① 童兵:《比较新闻传播学》，中国人民大学出版社2006年版，第9页。

第一章 绪论

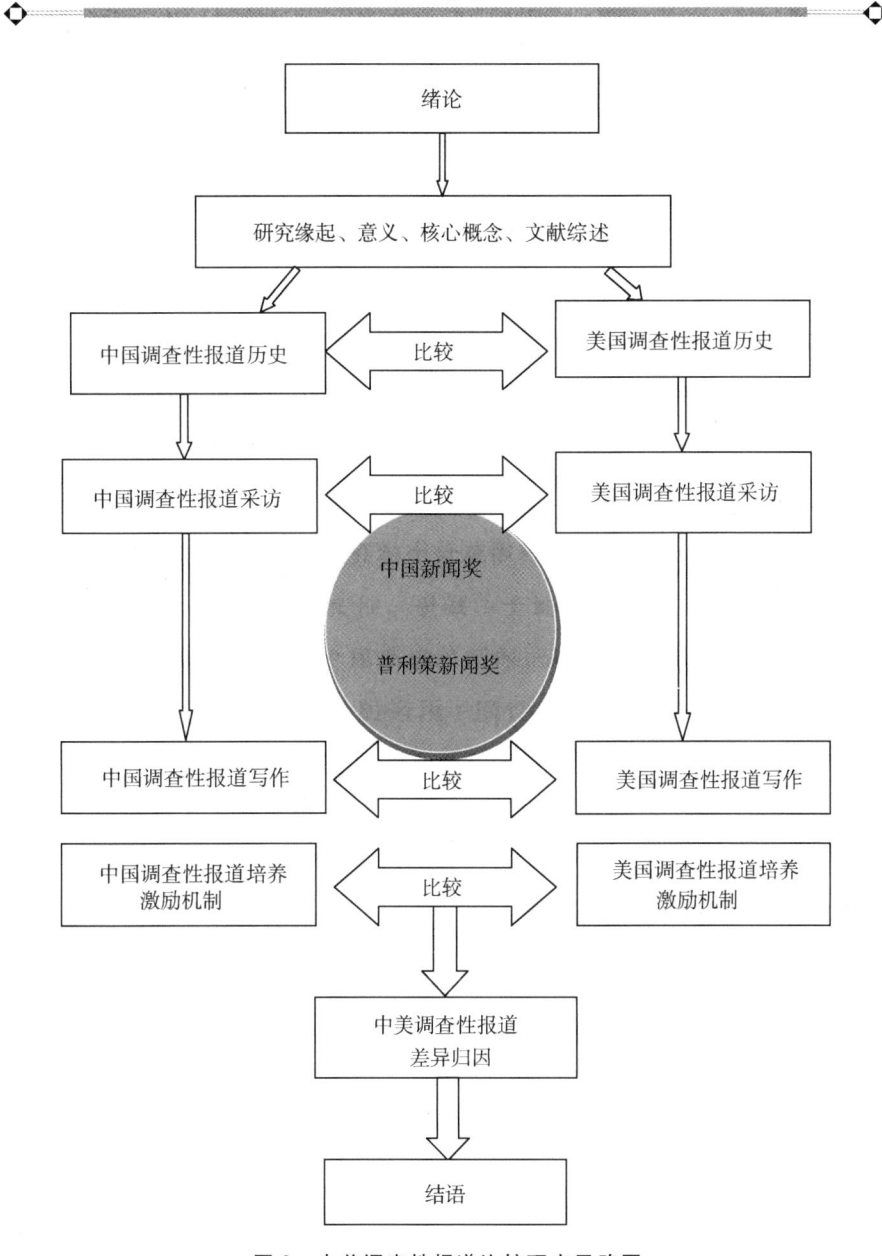

```
                    ┌─────────┐
                    │  绪论   │
                    └────┬────┘
                         ↓
           ┌─────────────────────────────┐
           │研究缘起、意义、核心概念、文献综述│
           └──┬──────────────────────┬───┘
              ↓                      ↓
     ┌──────────────┐  比较  ┌──────────────┐
     │中国调查性报道历史│←────→│美国调查性报道历史│
     └──────┬───────┘        └──────┬───────┘
            ↓                       ↓
     ┌──────────────┐  比较  ┌──────────────┐
     │中国调查性报道采访│←────→│美国调查性报道采访│
     └──────┬───────┘        └──────┬───────┘
            ↓      ╱────────────╲    ↓
            │     │  中国新闻奖   │   │
            │     │  普利策新闻奖 │   │
            │      ╲────────────╱    │
            ↓                       ↓
     ┌──────────────┐  比较  ┌──────────────┐
     │中国调查性报道写作│←────→│美国调查性报道写作│
     └──────────────┘        └──────────────┘
     ┌──────────────┐  比较  ┌──────────────┐
     │中国调查性报道培养│←────→│美国调查性报道培养│
     │   激励机制    │        │   激励机制    │
     └──────────────┘        └──────────────┘
                         ↓
                 ┌──────────────┐
                 │ 中美调查性报道 │
                 │   差异归因    │
                 └──────┬───────┘
                        ↓
                    ┌───────┐
                    │ 结语  │
                    └───────┘
```

图 2 中美调查性报道比较研究思路图

第三章是中美两国采访实务比较。运用内容分析方法将中国新闻奖和普利策新闻奖的相应获奖作品进行比较研究，主要从报道题材、采访对象、采访特点三方面比较，分析其相同点和不同点。

第四章比较中美两国调查性报道作品，同样也主要针对中国新闻奖和普利策新闻奖的获奖作品展开，从写作特点、叙事结构和方法、写作语言的视角对比调查性报道。在这一章，调查性报道的叙事比较更为重要，笔者运用叙事学理论分析中美两国在叙事母题、结构、方法、技巧，包括意识形态建构方面的异同，既是对两国调查性报道写作的对比，同时也是调查性报道和其他报道方式的对比研究。

第五章分析中美调查记者的培养和激励机制。首先研究中美两国调查记者的学校培养和社会培养机制，接着又探讨了两国激励机制构建方面的异同。

第六章分析中美调查性报道出现差异的原因，主要从新闻传播观念、体制和调控规制展开相关研究。

第七章是结语，分成3部分：一是中国调查性报道要保持自己独立的个性特征。对待美国调查性报道，中国应该遵循扬弃原则，既看到自己的稚嫩，同时也要看到由于媒介环境、传播规制、新闻理念存在诸多差异，中国调查性报道必然有独特一面，不可能和美国完全一样，特别是要摒弃它单纯揭丑、制造噱头、过分依赖工商业资本等缺陷；二是对比美国调查性报道，中国调查性报道在某些方面还不成熟，例如人才支撑不足、重视程度不够、调查技术有待提高、没有形成合力等等，需要今后着力改进；三是网络等新媒体对调查性报道的冲击以及如何应对。

三 研究重点难点和创新点

1. 重点

本研究的重点是中美两国调查性报道在采访和写作方面的异同，尤其差异是什么，并分析出现这些差异的原因，进一步探讨哪些是中国传媒组织和调查记者必须坚持的，哪些是需要改革和发展的，通过研究能够为中国调查性报道未来发展提供建设性意见。

2. 难点

本研究的难点一是开展比较研究需要掌握的资料多、范围广，不但要搜集中国资料还要搜集以美国为主的其他国家资料，要寻找和阅读大量外文资料，这些资料既包括书籍、论文，还包括一定数量的外国新闻作品、统计数据、历史文献等等，阅读量大，难度高；二是中国新闻奖和普利策新闻奖虽然都是新闻奖项，但是评选规则、范围、机构、内容等等都有差异，这就给抽取样本、编订类目等带来了困难；三是比较研究中要分析相关国家的政治制度和法律道德规范，这需要一定的鉴别力和洞察力，才能由表及里，分析深刻。

3. 创新点

内容创新：国内过去有一些关于美国调查性报道的研究成果，但是相对来说，这些成果比较片段，缺乏系统性。以调查性报道历史为例，大量成果集中于美国调查性报道的诞生——黑幕揭发运动时期，也有一些成果涉及20世纪70年代调查性报道的高涨期，缺少完整的历史追溯。包括采写实务和激励机制的研究也是这样。再一个，中美调查性报道的异同更是相对空白，尤其缺少中美调查性报道差异的归因，缺少从政治、经济、社会角度研究这一报道形式。

视角创新：以往成果多是单独研究中国或者美国调查性报道，运用比较研究视角观察调查性报道的成果很少，有也是聚焦在一个栏目或者一种媒体，没有从宏观比较视野去观察中美两国调查性报道，本研究力图呈现出一幅更加广阔、立体、真实、全面、别致的调查性报道图景。

价值创新：对比研究中美调查性报道具有很大价值。中国调查性报道虽然起源较早，但是发展缓慢、一波三折，缺乏成熟的经验和技巧，而这一方面前人研究的较少，因此秉持"扬弃"的态度既保持个性，同时学习经验、弥补不足对中国调查性报道非常重要，也是一个全新课题。

第二章

中美调查性报道源流梳理

梳理中美调查性报道的历史就是运用历史研究的方法,将汩汩而出的调查性报道历史串联起来,不仅展示其现象,还要解释其意义,推测历史事件之间的因果联系,比较不同语境下调查性报道的发展脉络和内部动因。

第一节 中国调查性报道的源流[①]

一 中国调查性报道的滥觞

调查性报道之所以能在中国生根发芽的历史动因可以一直追溯到中国新闻的两大传统之一——史官记事。史官是专门记载和编撰历史记录的古代官员,史官自古就有"秉笔直书"的传统。唐代史学家刘知几在《史通·直书》中说:"如董狐之书法不隐,赵盾之为法受屈,彼我无忤,行之不疑,然后能成其良直,擅名今古。至若齐史之书崔杼,司

---

① 中国调查性报道的历史在笔者《调查性报道概论》中已有详述,这里简要勾勒其发展脉络。

第二章 中美调查性报道源流梳理

迁之述汉非,韦昭仗正于吴朝,崔浩犯讳于魏国,或身膏斧钺,取消当时;或书填坑窖,无闻后代……概烈士徇名,壮夫重气,宁为兰摧玉折,不作瓦砾长存。"[①] 中国古代新闻记者延续了史官不虚美、不掩恶、直陈其事的风骨与传统,尤其在古代的民报——小报中体现尤为明显,敢于揭露当时官报不敢报道的宫廷秘闻。但是由于中国古代新闻事业处于原始阶段,报刊性质多属于抄报,内容多为宫廷官文书,缺少独立和专职的新闻工作者,统治者通过"定本"等制度严格约束报刊采制和发行,导致调查性报道在古代中国无法破土而出。

带有调查性报道色彩的新闻作品出现在 19 世纪中后期外商中文报刊诞生以后,尤以《申报》为代表。1872 年创刊的《申报》注重新闻改革,大量刊登评论,追求新闻时效,在国内一些城市派驻特约记者,为调查性报道诞生提供了物质和人员准备。1874 年,《申报》接连刊登两篇带有明显调查性报道色彩的新闻作品:一篇是 1874 年 1 月至 1877 年 5 月对"杨乃武与小白菜案"长达 3 年多的连续报道;另外一篇是 1874 年对日军侵台事件的报道。这两篇报道即使用严苛的西方调查性报道要件来审视也符合标准。

第一,两篇作品都含有对公众利益的侵害和践踏

在《申报》对"杨乃武与小白菜案"的报道中,县衙判处杨乃武与小白菜死刑构成了对二人利益的最大侵犯,更重要的是杨乃武不是一般庶民,他是天子门生、举人出身,加诸其身的冤狱和酷刑构成了对清末知识阶层的蔑视和威胁。《申报》就曾经发表评论:"……查被屈者本有科名之人也,以枉例使有科名无罪幸之人陷法,死于非命,又于死前极加五刑,使之七次昏厥,残虐冤抑更孰甚于此耶?……"[②] 其次,在此案中含有大量司法不公和政治腐败,涉案官员草菅人命、刑讯威逼,《申报》评论:"设使此案实系杨乃武受屈,县官全不顾忌,放胆

---

① (唐)刘知几:《史通》,时代文艺出版社 2008 年版,第 112—113 页。
② 《论余杭案》,《申报》1874 年 12 月 10 日。

肆私以枉例害民，古今天下之冤实无甚于此也。可谓奇而益奇之。"①
"况如杨乃武一案，事尚未实而历受之刑已难枚举，即令刑部复讯不至于冤，似已难免刑逼，若果为冤，则从前所受诸刑岂非冤极乎，故吾等终不敢谓刑讯为善法也。"②

《申报》1874年对日军侵台事件的报道记录了日本对台湾的侵略，侵略行为是对全中国人民利益的侵害，因此这篇报道也符合这一要件。

第二，两篇作品都是对被掩盖事实的揭露

《申报》关于"杨乃武和小白菜案"的报道包括两类被掩盖的事实：一是案件本身；二是案件的审理过程。

从案件本身看，它是一桩冤案，小白菜的丈夫葛品连是暴病而亡，和杨乃武没有任何关系，杨乃武和小白菜是被屈打成招，而且案件过程波谲云诡、疑窦重重。例如关键证人药店老板钱宝生在审理中离奇死去，使案件失去一个重要人证。《申报》在1876年4月4日刊登的《论钱宝生之死》这样评论："杨乃武案中要证为药业钱宝生，乃当提案进京之际适以病死，何若是其巧也？死时究患何症？曾否延医服药均未缕悉。岂非拖累讼庭忧愤致死耶？夫钱宝生特为问官所优容，并未屡次到堂，此案中拖累较重者正复不少，何以余皆不死，专死钱宝生一人乎？又闻其死甚速，似系疫症，然其时并无疫气流行，又难为据，岂冥漠鬼神不欲此案之昭雪故褫其魂魄耶？"③ 评论暗示钱宝生之死疑点重生，有力量不想让本案大白于天下。

再看审理过程，本案从开始到最后历经三年，经过余杭知县、浙江巡抚、学政和刑部数重审理，所有审理过程都是在秘密状态下进行。1875年1月在水利厅衙门审理时的状态是："提集人犯，封门讯问，约

---

① 《论余杭案》，《申报》1874年12月10日。
② 《论复审余杭案》，《申报》1874年8月14日。
③ 闻闻迦罗越：《论钱宝生之死》，《申报》1876年4月4日。

第二章 中美调查性报道源流梳理

有一时之欠,严密谨慎,外间无从闻知讯后口供,亦尚难以访悉。"①《申报》对清朝政府这种秘密审理行为非常不满,"盖此案既经提讯,则是是非非自有公论,又何必秘密而不使外人与闻乎?夫各衙门即设有公堂,而此又系极大之案,众人于未提审时不无各有疑意,今既复审,则正当咸使闻知,而必仍问于私室者,何也?⋯⋯。"②

在《申报》1874年对日军侵台事件的报道中也存在真相被遮蔽。日本侵略台湾的借口是"向有民船两艘以遇险,飘至台湾,为生番所残害"。③但实际真相却是"东兵此举实因台湾山岛中宝藏颇多,欲拒是以开掘耳,其谓伐生番者亦托词也",④一个"托词"将日军掩盖事实真相的行为生动地描述出来。

第三,两篇报道都有记者独立调查

《申报》关于"杨乃武与小白菜案"的报道尽管有转载《京报》等其他报纸的报道,有像《详述禹航某生因奸谋命事细情》一样以讹传讹的报道,但大多是记者相对独立的调查采访。美查创办《申报》后就开始聘有本埠和驻外访员,⑤到1875年,《申报》已经在北京、杭州、南京、武昌、汉口、扬州、宁波等26个城市设立了特约记者,这些记者为《申报》采访"杨乃武和小白菜案"提供了人力支持,翻阅相关报道可以发现,北京、南京、余杭等地的记者撰写了大量报道,《闻杨乃武案已定》由杭州记者撰述,《余杭案传言》出自余杭记者笔下,《余杭案新闻》、《浙案纪实》、《部审余杭案情形》是北京记者所写,《余杭案续闻》、《余杭案要证猝毙续闻》由南京特约记者报道。

---

① 《审杨氏案略》,《申报》1875年1月28日。
② 《杨氏案略》,《申报》1875年4月12日。
③ 《台湾军务实录》,《申报》1874年7月22日。
④ 《述台湾近略》,《申报》1874年7月27日。
⑤ 记者当时的称呼很多,例如友人、访事、访友、笔者、访员、笔受者、笔耕者、采访等等。

《申报》关于日本侵略台湾的报道更离不开记者相对独立的调查，为"居心务求其实"，《申报》"专派友人赴台郡记录各事"，① 记者通过调查采访了解台湾战争内幕并且及时发回新闻。

综合以上分析，《申报》关于这两个事件的报道明显带有调查性报道色彩，它昭示着19世纪中后期中国已经存在调查性报道。

二 中国调查性报道的早期发展（19世纪中后期至1949年）

从19世纪中后期至1949年是中国调查性报道的早期发展阶段，这一阶段主要有3个特点：

一是记者采访环境恶劣。这一阶段中国自由、民主度较低，报纸被停刊，报人被捕杀现象屡见不鲜。1903年，清政府欲同俄国签订《中俄密约》，通过这一条约，俄国可以将势力渗透进东三省。记者沈荩费尽周折得到密约文本并且公诸报端，这一事件引起舆论哗然，沈荩被清政府残忍杀害。于右任所办的《神州日报》、《民呼日报》、《民吁日报》报道贪官污吏罪行，曝光列强觊觎中国蒙古、西藏、东北地区的阴谋，揭露甘肃地方官吏侵吞救灾款，其中刊登的《如是我闻》真实揭露灾区人吃人的惨剧，令人触目惊心。这些报道导致于右任所办的报纸接连被停刊、查封。《民呼日报》仅存活92天，《民吁日报》只办了48天。民国时期，《申报》秉承"无偏无党、经济独立"方针，敢于揭露真相和抨击黑幕，1927年揭露"四一二"惨案真相，1932年又披露教育部长朱家骅挪用3万元洪灾捐款。蒋介石在接到报告后十分震怒，批示："《申报》禁止邮递。"当时报刊主要依靠邮发，禁止邮递给《申报》发行带来了危机。

二是报人敢于直面危险和重大选题。尽管时局黑暗，这一时期的报人仍然敢于曝光重大、敏感事件。1910年，《晋阳公报》披露山西官员以禁烟为名，屠戮交城、文水平民百余人。中国新闻时代的开拓者黄远

---

① 《台湾军务实录》，《申报》1874年7月22日。

第二章　中美调查性报道源流梳理

生以通讯闻名遐迩,他的《政界内形记》、《最近之秘密政闻》、《借款里面之秘密》等通讯披露了袁世凯、唐绍仪等人的复杂关系,各政党之间争权夺利的斗争,以及袁世凯政府不惜以领土主权为抵押向六国银行团借款的内幕。① 名记者邵飘萍调查"三一八"惨案真相,亲自到现场调查采访,访问知情者,短短 12 天就发表相关文章 113 篇,《京报》将采写的《首都大流血写真》刊印 30 万份,翔实披露惨案内幕。1947年,国民党中央党报《中央日报》揭露孔祥熙和宋子文以"扬子"、"孚中"两公司名义从中央套汇购买严禁进口的汽车、无线电,再运往上海销售,获取巨额利益,报道令蒋介石和宋美龄十分恼怒,后由美国驻华大使司徒雷登协调后才最后平息。

三是调查基本技能已经开始显现。邵飘萍认为报馆应该设立"调查部",它们十分重要,"不但需要调查事实,且得将零星的事实编为有系统的小册子,这就得穷流溯源,将片段的碎的东西凑在一起。"② 另外,邵飘萍还是中国调查性报道经常采用的隐性采访的鼻祖。隐性采访就是隐瞒记者身份和实际采访目的的采访方式。邵飘萍在调查"金佛朗案"的时候就通过隐性采访了解到独家材料,令世人惊骇他的超常采访技能。他不仅实际应用隐性采访还从理论上对它归纳总结:"又外交记者显示其资格与否,当视情形不同而临机决定。有若干人不喜彼所言者披露于报纸,亦有若干人惟恐报纸不采其所言,苟误用则两失矣。故探索新闻,问及附近之知其事者,有时直告以我乃某社社员,有时又只能作为私人询问,而勿令知我为新闻记者。"③ 又说:"最有关系之秘密消息,每闲谈中无心出之,在谈者或未因新闻记者在前而特加戒备也。故优良之外交记者,听到重要处,心中十分注意,而外形毫不惊诧,惟泰然首肯,使人敢于尽

---

① 黄瑚:《中国新闻事业发展史》,复旦大学出版社 2001 年版,第 114 页。
② 散木:《乱世飘萍——邵飘萍和他的时代》,南方日报出版社 2006 年版,第 209 页。
③ 邵飘萍:《实际应用新闻学》,见肖东发、郑绍根编《邵飘萍新闻学论集》,北京大学出版社 2008 年版,第 51 页。

量发表，及至握手道别。"①

三　中国调查性报道缓慢发展（1949 年—20 世纪 70 年代末）

1949 年以后，中国调查性报道进入缓慢发展期，除了 50 年代开始的在报纸中开展批评与自我批评运动中出现了少量调查性报道外，其余时期调查性报道基本无从寻觅。

1950 年，《关于在报纸刊物上展开批评与自我批评的决定》颁布后，报纸和刊物的批评文章多了起来，以《人民日报》为例，从 1949 年至 1953 年，《人民日报》共发表批评文章 5617 篇。②《中国青年报》、《工人日报》也刊登了大量此类稿件，但是这些稿件要么是群众来信来稿，要么是有关部门调查结果的通报，通过记者独立调查展开的调查性报道凤毛麟角，十分稀少。

20 世纪 50 年代末到 70 年代末，左倾思潮泛滥，反右运动、大跃进、文化大革命等运动严重破坏了新闻舆论监督工作，中国调查性报道的历史脉络到此暂时中断，在只报喜不报忧，信源和媒体严重同化的情势下，调查性报道销声匿迹，直到改革开放后才重新焕发生机。

四　中国调查性报道逐步成熟（20 世纪 70 年代末—90 年代中期）

改革开放后，随着批评性话语重新在新闻报道中出现，调查性报道开始了一条重生之路。1979 年，《人民日报》刊登的《蒋爱珍为什么杀人》，1980 年，《工人日报》、《人民日报》关于"渤海二号事件"的曝光，新华社对山西昔阳县"西水东调工程"的批评报道都具有调查性报道的典型特点。

---

① 邵飘萍：《实际应用新闻学》，见肖东发、郑绍根编《邵飘萍新闻学论集》，北京大学出版社 2008 年版，第 33—34 页。
② 方汉奇：《中国新闻传播史》，中国人民大学出版社 2002 年版，第 342—343 页。

从 20 世纪 80 年代初,各大报纸都开设了带有"调查"字眼的专栏,像《人民日报》的《调查汇报》、《信访调查》,《工人日报》的《调查附记》,《中国青年报》的《调查报告》等等,这些专栏都刊登有一定数量的调查性报道。

20 世纪 90 年代"中国质量万里行"活动的启动使调查性报道聚焦在经济领域,主要对质量黑幕、制假贩假开展舆论监督。这一时期比较有代表性的是《中国青年报》,它登载的《"常柴"产品假冒案寻踪》、《向四周施"线"的毒蜘蛛——巩义市劣质电线考察记》、《假五粮液曝光之后——首都 7 家国营商场假冒酒探源》、《生命在呼唤——来自家用燃气快速热水器死亡事故的报告》都非常典型。另外,《中国青年报》这一时期的调查性报道已经不局限于经济领域,而是从更宏观的视野观察和影响转型中的中国。《中青年教师流失现象透视》对这一时期特有的脑体倒挂现象从劳动价值观念的角度进行解读;《4000 元买来一张纸片 鹰卡搅起一场发财梦》是对市场经济初期人们金钱欲望膨胀的透视;《四省记者说"三陪"》经过四省记者联合采访,揭露"三陪"现象对社会文化消费的亵渎。

20 世纪 70 年代至 90 年代是中国调查性报道的逐步成熟期。随着"舆论监督"在中共"十三大"被首次表述并且成为中国政治生态和监督机制的组成部分,调查性报道越来越得到媒体青睐,记者的报道题材更加广泛,涉及政治、经济、社会等各领域,有的媒体还敢于直面困难和重大选题。新闻记者也开始具备现代调查记者的专业素养,他们秉承客观、公正、真实的新闻职业理念,重视公众诉求,拥有较高的业务素质和调查技能。

五 调查性报道的蓬勃发展(20 世纪 90 年代中期至今)

20 世纪 90 年代以后,调查性报道在中国迎来蓬勃发展,尤其 2003 年至 2013 年是调查性报道的黄金十年。

1. 晚报、都市类报纸中的调查性报道渐成主体

晚报和都市报是具有强烈市民化、城市化、地域性的报纸，是市场经济的产物，因此必须遵循丛林法则才能在市场竞争中生存下来。这类报纸将"内容为王"奉为圭臬，精心打造新闻版面，一种普遍做法就是通过调查性报道扩大报纸影响，赢得公信力。这一时期比较有代表性的作品有《大河报》关于张金柱案和白沟打工者苯中毒事件的报道、《新快报》关于韶关卖花女被强奸案的报道、《华商报》关于夫妻在家看黄碟事件的报道、《南方都市报》关于孙志刚、郭美美事件的报道、《新京报》关于湖南嘉禾拆迁事件和农民新圈地运动的报道、《东方早报》关于毒奶粉事件的报道等等。对于传媒，这些报道发挥了轰动效应，使传媒能够在短时间声名鹊起；对于管理层，这些报道有力地推动了社会改革，进一步健全社会规制；而对于公众，这些报道能够保护他们的切身利益，保证他们的知情权。

除了晚报和都市类报纸以外，《经济日报》的《新闻调查》、《中国青年报》的《冰点》周刊以及《南方周末》、《财经》都刊登过非常有影响的调查性报道，对于中国调查性报道的历史发展具有里程碑式意义。

2. 电子媒介中的调查性报道异军突起

从20世纪90年代开始，电子媒介中的调查性报道随着中央电视台新闻改革尤其是"焦点类"节目的拓广成为一支新军，中央电视台的《焦点访谈》、《新闻调查》、《每周质量报告》，中央人民广播电台的《新闻纵横》是代表性栏目，含有大量调查性报道，特别是《新闻调查》在经历了主题式调查、新闻性事件调查后转向调查性报道，[①] 播出了一大批高质量的新闻作品。

同时，省级卫视和城市电视台也开办了一批含有调查性报道的栏目，如下表：

---

① 张洁：《〈新闻调查〉：从调查节目到调查性报道》，《新闻记者》2005年第10期。

第二章 中美调查性报道源流梳理

表 2　　　　　　　省级卫视和城市电视台调查性报道栏目

电视台名称	栏目	备注
上海东方电视台	《深度105》、《1/7》	
广东电视台	《社会纵横》	
北京电视台	《第7日》、《特别关注》	
天津电视台	《今日观察》	
河北电视台	《新闻广角》	
辽宁电视台	《新发现》	
福建电视台	《新闻启示录》	
江西电视台	《社会传真》	
安徽电视台	《新闻观察》	
广西电视台	《焦点报道》	
贵州电视台	《今日视点》	
湖南电视台	《新闻观察》	
河南电视台	《特别调查》、《中原焦点》、《今日关注》	
山西电视台	《特别追踪》、《记者调查》	
重庆电视台	《看了再说》	
四川电视台	《特别十点》、《今晚十分》《非常新闻》、《黄金30分》	
新疆电视台	《记者调查》	
云南电视台	《今日话题》	
甘肃电视台	《今日聚焦》	
陕西电视台	《今日点击》	
黑龙江电视台	《今日话题》、《新闻夜航》深圳电视台	《第一现场》

3. 网络调查性报道后来居上

在这一阶段，对调查性报道发展影响最大的就是网络媒介兴起。根据 CNNIC 第 37 次调查报告，截止 2015 年 12 月，中国互联网网民规模已经达到 6.88 亿，互联网普及率为 50.3%，手机上网率达到 71.5%。网络兴起对调查性报道的影响是多重的，调查主体从记者转向记者+网民，报道内容从结果转向过程，报道传播从单向转向互动，报道媒体从传统媒体为主转向新媒体或者融合媒体为主,报道受众从读者、观众转向网民。

网络和调查性报道发生关系开始于较早的"报网结合"或者"台网结合。"2001年,《人民网》、《人民日报》关于"南丹矿难"的报道是其中较早一篇。当年7月,人民网记者在互联网了解到广西南丹矿难存在严重瞒报的新闻线索后克服重重封锁和困难搜集、调查到第一手资料,在人民网发表了第一篇调查性报道《广西南丹矿区事故扑朔迷离》,以后又采取"版网结合,以网为主"的方法,网上"铺天盖地",版上"循序渐进",①先后推出150多篇报道和10多篇述评。以后在"孙志刚事件"、"周老虎事件"、"虐猫事件"、"山西黑砖窑事件"、"霍宝干河煤矿封口费"等事件中都体现了传统媒体和网络媒体的结合。

网络对于调查性报道的影响呈加速状态,随着2007"网络民意年"、2008"网络舆论年"、2009"网络反腐年"等的接踵而至,网络调查性报道已经不甘于寄人篱下,开始出现大量采制和传播调查性报道的网站:新语丝、中华舆论监督网、晒黑网、中国揭黑网、人民舆论监督网、中国百姓喉舌网、中国民间举报网、中国正义反腐网、凯迪社区、天涯论坛、强国论坛、西祠胡同、人民维权网、人民监督网、中国反腐维权网等等②。这些网站虽然大都是民间网站,但是也采制过一些重磅调查性报道,像中华舆论监督网和"下跪副市长李信案"、"阜新退休高官王亚忱案",人民监督网和"雷政富事件"、"山西疫苗事件"等等。

总之,从中国网络调查性报道的发展可以看到,网络就是一把双刃剑。一方面,它冲击着调查性报道过去赖以生存的传统媒体,尤其最能够把它理性、深度、求实的特长发挥到极致的纸质媒体;另一方面,网

---

① 赵兴林:《灿烂的星河 人民日报记者部新闻实践与思考》(中),人民日报出版社2010年版,第409—410页。
② 部分参考吴廷俊《新媒体时代中国舆论监督的新议题:网络揭黑》,《现代传播》2011年第1期。

络媒体虚假信息泛滥，公众比以往更加渴求能够揭示真相的客观信息，这又是调查性报道能够在网络中生存的最大动力。因此，调查记者应该摆脱传统窠臼，适应新的媒介科技，使调查性报道通过网络注入生命力。

第二节 美国调查性报道的源流

一 美国调查性报道的发端（17世纪末—19世纪末）

1. 美国调查性报道的源头

正如美国扒粪运动主将林肯·斯蒂芬斯（Lincoln Steffens）所说："我不是最早的扒粪者。"① 调查性报道重要的精神品质就是对权贵的蔑视以及对公众利益的维护，如果从这个路径关照美国新闻事业就可以看到在其发端时就已经具备调查性报道的可能。

美国报刊首创者本杰明·哈里斯（Benjamin Harris）是具有强烈反抗精神的英国移民，在他英国所办的出版物《从乡村到城市的诉求》（*Appeal from the Country to the City*）中，就有大量反天主教和英王的文章。1686年，他为躲避英国政治迫害乘坐"五月花号"漂洋过海来到美洲。在他创办的《国内外公共事件》（*Public Occurrences Both Foreign and Domestic*）中仍然延续了犀利的风格，揭露法国虐待战俘以及法国国王和儿媳私通，倒逼儿子造反的新闻。哈里斯认为"新闻是历史的记录者，而且各个地方的公众，包括国内的和海外的，最好对公共事务的周围环境有一个较好了解……。"② 它揭示了媒介的环境监视功能，而这正是调查性报道的根本。不幸的是，《国内外公共事件》只发行了一期就被迫停刊，它好像预示着美国调查性报道的发端将是命运多舛、

---

① Mark Feldstein: *A muckraking Investigative Reporting Cycles in American History*, The Harvard International Journal of Press/Politics, March, 2006, p.107.

② 马陵：《共和与自由 美国近代新闻史研究》，复旦大学出版社2007年版，第145页。

坎坷艰难。

2. 美国调查性报道出现的法律准备

预言很快因美国新闻自由第一案的出现变成了现实。1733年，德裔美籍报人约翰·彼得·曾格（John Peter Zenger）在只有10000人的纽约创办了《纽约新闻周报》（New York Weekly Journal）。在第2期报纸上，曾格刊登了一篇颂扬新闻自由的文章，将矛头指向总督威廉·克斯比（William Cosby）。在第4期又阐述了地方政府的职责是"至高无上的政府要尊重包括被监押的犯人在内的所有人民，要保证大家的安全和利益，应当遵守法律和法规，如果他逃避法律也就是伤害了全体人民。"① 12月，《纽约新闻周报》刊登消息攻击总督听任法国军舰侦查南部海湾的防御工事以及一名愤怒的新泽西移民谴责殖民地官僚当局的无能，② 这篇报道带有一些调查性报道色彩。《纽约新闻周报》的这些报道和评论惹怒了总督科斯比，科斯比组成委员会调查曾格和他的报刊，认为报纸含有诋毁政府和煽动骚乱的内容，将他投入监狱。

案件在辗转了一年后才开庭，当时在费城非常有名的律师安德鲁·汉密尔顿（Andrew Hamilton）被选作曾格案的律师。汉密尔顿在辩护中承认报纸刊登了批评政府官员的内容，但是他认为基于事实的批评是无罪的，是人们与生俱来的权利。③ 在当时的英国和北美，凡是对政府的批评都构成诽谤，而且内容越属实则煽动性越强，罪罚认定也越严重，所以出现了事实比谎言具有更大的诽谤的悖论，汉密尔顿的这一论断无疑是颠覆性的。

紧接着，汉密尔顿又论述了批评政府及官员的合理性以及保护自由的重要性，他说："权利可以恰当地比作一条大河，当它保持在河道里

---

① Rutherfurd Livingston: *John Peter Zerger, His Press, His Trial and a Bibliography of Zenger Imprints*, Hardpress Publish, 2013, p. 30.

② [美]迈克尔·埃默里、埃德温·埃默里、南希·L. 罗伯茨：《美国新闻史——大众传播媒介解释史》第九版，展江译，中国人民大学出版社2004年版，第45—46页。

③ Gard, Carolyn: *John Peter Zenger and the defense of the press*, Cobblestone, 1999, No. 1, p. 5.

第二章 中美调查性报道源流梳理

时,是既美好又有用;但是当它溢到岸上,便迅猛不可挡。它冲走前方的一切,所到之处尽带去毁灭和荒芜。如果这就是权力的本性,我们至少要尽自己的责任,像智者(他们珍惜自由)那样尽我们所能维护自由,自由是对付无法无天的权力的唯一堤防,这种权力历来以世上最优秀的鲜血来作为其疯狂贪欲和无限野心的牺牲。"①

在数轮激烈的论辩之后,汉密尔顿以一番慷慨激昂的话语结束了自己的辩护,他说:"尽管我老了,而且身体很虚弱,我仍然认为,如果需要我,我宁愿走到天涯海角去扑灭那邪恶的火焰,去制止政府剥夺人民权利的做法,对高压政府提出抗议是每一个人的权利,是那些利用手中的权力伤害和迫害人民的人逼迫人民发出愤怒的呐喊;他们的呐喊又激起新的压迫和迫害……陪审团的先生们……你们现在审判的不是一个可怜的事业,也不是纽约的事业。不是!它的结果会影响在英国政府统治下的美国大陆上的每一个自由人。这是最伟大的事业,是自由的事业。我毫不怀疑你们今天正义的举动赢得的不仅是你们国人的爱戴和尊敬,而且,每一个渴望自由不想做奴隶的人都将为你们祝福,都将传送你们的美名,都将把你们看作抗击暴政的英雄。"② 汉密尔顿的雄辩为曾格赢得了自由,他最后被无罪释放。

用这么多篇幅记录这场著名的审判不是因为它创造出"有困难就找费城律师"的谚语,而是因为它为调查性报道带来两方面保护:一是他肯定包括新闻记者在内的民众有批评和监督政府及官员的权利,这种表达自由是人的基本权利之一,它可以通过防止权力滥用而构造一个善的政府。在美国调查性报道中,揭露和曝光政府官员的案例比比皆是,如果没有曾格案,这些报道很可能会胎死腹中;二是诽谤必须是虚假和捏造的事实,基于事实的批评和报道不构成诽谤,如果控告某人或

---

① 钱满素主编:《美国文明读本——缔造美利坚的40篇经典文献》,中央编译出版社2014年版,第27页。
② [美]爱德华·W. 耐普曼:《美国要案审判:有史以来最重大法庭论战实录》(上),于卉芹、李忠军译,新华出版社2009年版,第26页。

某出版物诽谤必须有事实真伪的证据,这条原则无疑为调查性报道撑起了一把保护伞。

除了曾格案,奠定了美国新闻自由基石的《权利法案》第一条也规定:"国会不得制定下列法律:确立宗教或禁止宗教自由;剥夺人民言论自由,侵犯新闻自由;剥夺人民和平集会及向政府请愿申冤的权力"。19 世纪初的克罗斯威尔审判也为调查性报道出现提供了法律保护,使调查记者不会随意因为报道而被提起诽谤诉讼。

3. 美国调查性报道出现的物质和人员准备

如果说这些法案或者判例为调查性报道诞生创造了制度准备,那么 19 世纪 30 年代廉价报刊出现以及新式新闻事业勃兴为调查性报道诞生做好了物质和人员准备,美国这时已经开始出现调查性报道的雏形。

1858 年的"泔水运动"中,弗兰克·莱斯利(Frank Leslie)在《插图新闻》中周复一周地刊载插图,描绘病弱垂死的母牛被迫勉强起身产奶,而这些污染的牛奶最终会送到纽约婴儿口中。① 内战结束后,美国进入重建时期,贪污腐败成为普遍的社会问题,联邦政府和各州立法机构几乎都与铁路公司等企业有寻租行为,如纽约市特威德集团案、费城煤气公司麦克梅内斯集团贪污案、联合太平洋铁路"莫比利尔公司案"及"威士忌酒集团案"都牵涉到大量政府要员。② 《纽约时报》等报刊对这一时期的腐败现象进行了义无反顾的揭露。1871 年,《纽约时报》获得了有关特威德集团侵吞公款的书面证据,随即把这个令人震惊的故事公之于众。同时,政治漫画家托马斯·纳斯特(Thomas Nast)在《哈泼斯周刊》(*Harper's Weekly*)开办了漫画专栏,用自己的笔墨攻击特威德,欲置特威德于死地。③ 这一时期的揭黑文章还有斯特

---

① [美]大卫·斯隆:《美国传媒史》,刘琛等译,上海人民出版社 2008 年版,第 338 页。
② 刘绪贻、杨生茂主编:《美国通史 第 3 卷 美国内战与镀金时代》(本册主编丁则民),人民出版社 1990 年版,第 60 页。
③ [美]迈克尔·埃默里、埃德温·埃默里、南希·L. 罗伯茨:《美国新闻史——大众传播媒介解释史》第九版,展江译,中国人民大学出版社 2004 年版,第 149 页。

第二章 中美调查性报道源流梳理

德（W. T. Stead）的《要是基督来到芝加哥》、亨利·德马雷斯特·劳埃德（Henry Demarest Lloyd）的《财富与国民的对立》、马克·吐温（Mark Twain）的《镀金时代》、汉尼拔·哈姆林·加兰德（Hannibal Hamlin Garland）的《渎职》等等①。1888 年 1 月，爱德华·米拉米（Edward Bellamy）出版《回望：2000—1887》（*Looking Backward*，2000—1887）揭露垄断资本造成了富人的天堂和穷人的地狱间"更大的悬殊"，认为资本暴政"比任何暴政更为可怕"，大公司为人们"准备了一种人类有史以来最下贱的奴役的枷锁。"② 这本书出版后影响深远、读者众多，一年竟然销售了两万本，在当时，销量仅次于《汤姆叔叔的小屋》。"扒粪记者"的先驱亨利·德马雷斯特·劳埃德在 1881 年的《大西洋月刊》（*The Atlantic*）上发表《大垄断企业的故事》，曝光洛克菲勒标准石油公司垄断暴行，认为"垄断这种形式和制度像病菌一样传播到整个美国工商业系统，腐蚀美国经济"，他还把这篇文章和其他案例充实成名著《财富与国民的对立》，这些作品后来引发调查记者塔贝尔（Ida Tarbell）对标准石油公司的进一步曝光。

19 世纪末 20 世纪初，美国进入"新式新闻事业时代"。所谓新式新闻是相较于政党新闻而言，其特点是在新闻理念上信奉政治超然、客观独立；在新闻功能上坚持信息传播、社会服务和舆论监督；在事业经营上秉承经济独立、自负盈亏原则，摒弃政府和政党资助，以广告经营为主；在新闻业务方面以煽情新闻和黄色新闻为主；在新闻从业者培养方面开始尝试专业化培养。

普利策（Pulitzer）是美国新式新闻事业领军人，他早在《西方邮报》上就展开过所谓的讨伐性报道。1869 年夏天，圣路易斯县在建造一所精神病院时超出预算近一倍，腐败问题严重，普利策一直关注并且报道这一问题，他抨击政客和法官："市民们想让臭名昭著的县政府使

---

① 张健：《自由的逻辑：进步时代美国新闻业的转型》，复旦大学出版社 2011 年版，第 57 页。
② 黄安年：《美国经济社会史论》，山西人民教育出版社 1993 年版，第 335 页。

用障眼法吗？市民们想要让步、默许所发现的问题，对此漠然处之，任由县政府挪用公款来为所欲为吗？难道精神病院之前花的钱还不够吗？"①除了这个事件，在普利策升任本地新闻编辑主任后又对另一起承包商费用过高以及监狱内以次充好的砌砖工作进行了揭露报道。

1878年，普利策赋予他创办的第一份报刊《邮讯报》以桀骜不驯的战斗风格：《邮讯报》不为党派服务，而为人民服务；不是共和党的喉舌，而是真理的喉舌；不追随任何主张，只遵循自己的结论；不支持"行政当局"，而是批评它；反对一切骗局，不管发生于何处，也不管它是何种性质的；提倡原则和思想，不提倡偏见和党派性。②普利策不满足于一般的新闻事实，而是要求他的记者揭开事实背后的真相。当他得知圣路易斯警察委员会的两名成员和赌场有关联并且州参议院正在派一个委员会悄悄调查此事时，他派记者秘密潜入召开关于此案听证会的酒店旁边的一个诊室中偷听会议内容。当委员会当天工作接近尾声时，《邮讯报》的早报版已经出现在城市街头，其中一篇的标题是《〈邮讯报〉记者冲破重围探秘》。③

在接手《世界报》后，普利策一如既往地曝光和关注社会阴暗面，他聘请《匹兹堡快讯报》（Pittsburgh Dispatch）记者伊丽莎白·科克伦（Elizabeth Cochran）卧底布莱克威尔斯岛疯人院调查虐待女病人的事实。一天早上，一夜未眠并在镜子面前练习了一晚上的科克伦见人就说别人疯了，后来她自己被送进精神病院"体验生活"，她在这里看到病人吃着腐烂的牛肉，喝着肮脏的水，病人坐在冰冷的板凳上靠体温抵御寒冷，病情严重的还被绳索锁在一起，老鼠在医院爬来爬去，护

---

① ［美］詹姆斯·莫瑞斯：《普利策传——一代新闻大亨的传奇人生》，粟志敏译，浙江人民出版社2015年版，第42—44页。
② ［美］迈克尔·埃默里、埃德温·埃默里、南希·L.罗伯茨：《美国新闻史——大众传播媒介解释史》第九版，展江译，中国人民大学出版社2004年版，第219页。
③ ［美］詹姆斯·莫瑞斯：《普利策传——一代新闻大亨的传奇人生》，粟志敏译，浙江人民出版社2015年版，第158—159页。

第二章 中美调查性报道源流梳理

士对病人非打即骂,她还发现有些病人情况并不严重,甚至有的病人理智是健全的。10 天后,科克伦离开了疯人院,她以《疯人院十天》为题报道了这次难忘的经历,报道引起地方政府重视,政府增加了 85 万美元的预算,并且保证只有严重到一定程度的病人才能够被送到疯人院。

丹麦裔新闻记者雅各布·里斯(Jacob August Riis)曾经为《太阳报》和《论坛报》报道新闻。1890 年,他深入纽约市贫民窟采访,写作了《那一半人怎样生活》,深刻揭露贫民窟里穷人的悲惨生活:"我们睁眼看到的是,城市中的劳动妇女一天工钱只有六十美分,生产一打短裤才得四十美分,贫民墓地夺走城里十分之一的人,每年有十分之一的人死于战乱,这恰恰是贫民窟里婴儿的死亡率……在穷街陋巷里,一堆堆目不识丁、缺吃少穿的人挤在一起。外国压迫者已被赶跑,国内黑人的铁镣已被打开,可处于水深火热之中的白人兄弟正在发出痛苦的呐喊,呐喊声带有明显的威胁性。"[①] 值得一提的是,里斯在采访中运用照相机拍摄贫民窟的真实图景,是将摄影尤其是闪光灯技术较早引入公共传媒的人。摄影技术对于调查新闻意义非凡,一方面图片增加了报道的真实性和趣味性,更重要的是调查记者可以通过照相机留取证据,更好地保护自己。

总体来看,20 世纪前的美国新闻事业为调查性报道诞生做了三方面准备:一是法律方面的准备,从曾格案中对"越是事实,越构成诽谤"荒缪观点的反诘从而确立的新闻自由传统,到第一修正案中"国会不得制定法律,剥夺言论自由和新闻出版自由"从而对新闻自由的严格保护使调查记者探寻事实真相成为可能,并且在监督者和权力之间涂上了一层润滑剂;二是新闻业务方面的准备,在这期间虽然没有成熟的调查性报道出现,但是媒体和记者已经开始注重发挥新闻舆论监督作用,将垄断、腐败、环境保护问题作为主要曝光对象,尤其新

---

① 陆建德:《二十世纪外国散文经典》,北京师范大学出版社 2004 年版,第 530 页。

式新闻事业的出现在新闻理念、新闻功能、新闻采写、报业经营方面为调查性报道诞生做了准备；三是新闻从业人员准备，虽然20世纪以前美国还没有受过高等新闻教育的专业人才，但是由于报刊业在19世纪30年代后的迅猛发展积聚起了一大批新闻从业者，1870年，美国新闻工作者数量是5800余名，到了1880年已经翻了一番多，达到了12308人，其中女性工作者288名①，这为黑幕揭发运动出现提供了人力支撑。

二 美国调查性报道的诞生——黑幕揭发运动（1900年—1917年）

黑幕揭发运动是美国20世纪初由新闻记者和作家为主体共同发起和参与的一场以揭露社会弊端，促进社会变革为宗旨的社会批判运动。这场运动不仅对新闻事业产生了深远影响，更重要的是它唤醒了公众意识，和这一时期的进步运动相辅相成，汇聚成一股强大的社会改革洪流。

1. 黑幕揭发运动的历史动因

美国在经历了独立革命、南北战争等重大历史阶段以后在19世纪末20世纪初又迎来了一个前所未有的社会转型和变革时期，无论政治、经济、社会还是新闻事业本身都在碰撞、激荡、融合、重组中经历着痛苦的嬗变。

在政治领域，虽然美国进行了文官制度改革，但是很不彻底，把持政坛的主要还是党魁势力。各党党魁在参选前向骨干人员封官许愿，从而控制各级选举，一旦参选成功，获得职务的党员会将各种利益输送给支持党派的企业老板，这样政治分赃、恩赐庇护、党魁实力的三位一体成为当时美国政治腐败的最大根源②。

---

① ［美］大卫·斯隆：《美国传媒史》，刘琛等译，上海人民出版社2008年版，第315页。
② 刘绪贻、杨生茂总主编，丁则民、黄仁伟、王旭等：《美国通史 第3卷 美国内战与镀金时代1861—19世纪末》，人民出版社2008年版，第214页。

第二章　中美调查性报道源流梳理

在经济领域，美国在这一时期工业高度发达，实现了从农业国向工业国，从自由放任的资本主义国家向垄断资本主义国家的两个转变。据1900年普查报告，投入工业的资本在10年内增加50%。1900年拥有100万美元资本的工业公司已不少见[①]。工业的快速发展带来美国经济垄断。统计资料表明，1904年美国各经济部门的440个大托拉斯共拥有资金204亿美元，其中的1/3的资金掌握在最大的7家托拉斯手中。同年，产值在100万美元的企业有1900家，只占整个制造业企业总数的2.2%，但其产值却占制造业总产值的49%，所雇用工人数占行业职工总数的1/3[②]。

工业的快速发展使越来越多的人进入城市，美国城市化进程在这一时期速度明显加快。1860年—1900年，美国百万人口大城市由1个增加到5个，50—100万人口的中型城市由2个增加到5个，1—10万人口的小城市由84个激增到402个[③]。与此同时，农村人口呈现下降趋势，1860年至1900年，美国农村人口由占全国总人口比例由81.23%下降到60.23%[④]。

美国工业经济发展和城市进程加快使美国积聚了大量财富，从1850年到1900年，美国国民财富增加12.57倍，增加到880亿美元，但是这些财富主要集中于金融寡头手中，据查理斯·B.斯布尔在1896年统计，1%的美国人占有近一半的国家财富，12%的美国人拥有近90%的国家财富[⑤]。与此同时，大量工人、农民却陷入贫困，鳞次栉比的高楼大厦和破旧不堪的贫民窟比邻而存，衣着光鲜的大亨和衣衫褴褛的贫民形成鲜明对比。1890年，仅纽约市就有50万居民住在贫民窟

---

① 刘绪贻、杨生茂总编，余志森等：《美国通史 第4卷 崛起和扩张的时代（1898—1929）》，人民出版社2008年版，第7页。
② 同上。转引自《列宁选集》第2卷，人民出版社1972年版，第740页。
③ 黄安年：《美国的崛起》，中国社会科学出版社1992年版，第373页。
④ 同上书，第360页。
⑤ [美]帕特南：《独自打保龄——美国社区的衰落与复兴》，刘波译，北京大学出版社2011年版，第433页。

中。著名社会活动家罗伯特·亨特估计,在世纪之交,美国至少有1000万人(约占总人口的14%)长期处于贫困状态①。

美国垄断资本主义的激烈竞争以及社会的两极分化尤其是19世纪70年代和90年代两次严重的经济危机使这一时期工人运动高涨,并在90年代达到高潮。

再来看这一时期的新闻事业。城市化进程加快和教育程度提高为新闻事业提供了越来越多的受众,与此同时,工业革命在新闻事业的投射使排字机、彩色印刷术、高速轮转印刷术、速印机、铸版术、电铸术、照相凸版印刷术等先进技术层出不穷,刺激报纸发行量剧增。报纸二重销售的特性又吸引了企业主向报刊投放大量广告,报刊具备了彻底摆脱政党桎梏迈向独立的经济条件。在这一时期还有一个突出现象就是杂志数量激增,例如1865年美国有大约700家期刊,20年后,已经增加到3300个左右。杂志的快速发展和黑幕揭发运动的出现有直接关系,大卫·斯隆(Sloan. D)认为:黑幕揭发运动至少在一个方面是20世纪的特别现象:它与全国发行的、拥有数百万读者的廉价杂志的发展紧密相连。全国性杂志适合黑幕揭发者目标的实现。和日报相比,杂志为复杂事实的描写提供了更好的连贯的空间。许多揭发行为都试图超越一城一池的范围,全国性杂志正是合适的媒介。②

2. 黑幕揭发运动的历史过程

关于黑幕揭发运动的起源有很多论述。大卫·斯隆将19世纪80年代至90年代期间农业激进分子发起的新闻改革看做是黑幕揭发运动的前兆③。肖华锋把1889年创刊的《竞技场》看作是黑幕揭发运动的先行军④。吴廷俊甚至认为,揭黑最早可以追索到19世纪50年代的"新

---

① 陆学艺主编:《当代中国社会建设》,社会科学出版社2013年版,第326页。
② [美]大卫·斯隆:《美国传媒史》,刘琛等译,上海人民出版社2008年版,第445页。
③ 同上书,第444页。
④ 肖华锋:《舆论监督与社会进步——美国黑幕揭发运动研究》,上海三联书店2007年版,第109页。

第二章 中美调查性报道源流梳理

闻声讨。"①

笔者认为：在19世纪后期，美国报纸已经开始出现揭露黑幕的文章。1872年，《纽约论坛报》新闻记者尤里乌斯·钱伯斯（Julius Chambers）揭露了布鲁明戴尔精神病院虐待病人的丑闻，这则报道直接导致美国修改了关于精神病诊治的相关法律。《世界报》新闻记者伊丽莎白·科克伦采写的《疯人院十天》也属于这一类型的报道。从时间序列看20世纪前的这一段时间是黑幕揭发运动的孕育期；1900年至1904年黑幕揭发运动正式形成；1905年至1912年黑幕揭发运动步入高潮，此后逐渐衰落。从传播媒介和传播者看，黑幕揭发运动先是从杂志拉开序幕然后蔓延到报纸，一些文学家通过文学作品的加盟使运动向更深层次延伸。

杂志中的黑幕揭发

使黑幕揭发形成一场大规模运动的开始是《麦克卢尔》杂志（*McClure's Magazine*）在1903年1月号同时刊登了3篇风格类似的文章：林肯·斯蒂芬斯（Lincoln Steffens）的《明尼阿波利斯之羞》、艾达·塔贝尔的《美孚石油公司史》以及雷·斯坦纳德·贝克（Ray Standard Baker）的《工作的权利》。

林肯·斯蒂芬斯无疑是那个时代最突出的新闻记者，对"扒粪运动"做出了最突出的贡献②。他原来是《纽约晚邮报》的一名记者，1901年到《麦克卢尔》杂志担任编辑。斯蒂芬斯特别关注市政方面的腐败，在明尼阿波利斯市，他通过周密调查发现这个城市存在大规模腐败行为，从市长到普通警员都卷入其中，于是他采写了《明尼阿波利斯之羞》。在此期间，斯蒂芬斯一共调查了17个城市和13个州，1904年结集成书《城市的羞辱》（*The Shame of the Cities*），将美国一些主要

---

① 吴廷俊：《理念·制度·传统——论美国"揭黑运动"的历史经验》，《传播与中国·复旦论坛》2010年12月9—11日。

② R. V. Sampson: *Lincoln Steffens: an Interpretation*, Political Research Quarterly, August, 1955.

城市的腐败黑幕曝光于天下。在该书的前言，斯蒂芬斯言道："无论单独写，还是系列写，抑或现在结集重印，其目的只有一个：为了唤醒一个明显无羞耻的公民的自豪，从前是，现在也是。"①

塔贝尔对洛克菲勒美孚石油公司的揭丑多少带有一些复仇情结。她的父亲曾经开办一个小型石油公司，后来在美孚公司扩张中破产，这给她的父亲带来终生难以消除的阴影，在他得知塔贝尔对美孚公司开始调查时，他还劝说女儿不要和洛克菲勒做对，因为他的力量太过强大，但是侠肝义胆的塔贝尔却不甘屈服，在1900年到《麦克卢尔》后就着手对美孚公司进行调查。塔贝尔从全国搜集了数百本资料，采访了洛克菲勒公司在职和离职的职工、竞争者、政府部门管理者、律师以及学者，最后写出了《美孚石油公司史》并在《麦克卢尔》连载。② 这篇作品在1999年纽约大学评选出的影响20世纪优秀新闻作品中排名第5。

在关注市政腐败和企业垄断的同时，《麦克卢尔》也将目光投射在美国劳工身上，贝克的《工作的权利》在调查了美国煤矿工人的现状后揭露很多煤矿工人尤其是没有加入工人联合组织的工人缺乏专业训练，工作条件非常恶劣，安全措施不完善，而且面临激烈的就业竞争。

在这一时期参与黑幕揭发的杂志还有《竞技场》（Arena）、《美国人杂志》（American Magazine）、《世界主义者》（Cosmopolitan）、《柯里尔氏周刊》（Collier's Weekly）、《人人杂志》（Everybody's Magazine）、《汉普顿》（Hampton's）、《独立者》（The Independent）、《展望》（Outlook）、《皮尔逊杂志》（Pearson's Magazine）、《二十世纪》（Twentieth Century）、《世界工作》（World's Work）。从1903年至1912年，仅在《麦克卢尔》、《世界主义者》、《美国人杂志》等10多家大众化杂志上就刊登了2000

---

① Lincoln Steffens: *The Shame of the Cities*, New York, 1960, p.1. 转引自肖华锋《舆论监督与社会进步——美国黑幕揭发运动研究》，上海三联书店2007年版，第170页。

② Steve Weinberg: *Ida Patron Saint*, *The Investigators*, *Columbia Journalism Review*, 2001, May/June, p.29.

第二章 中美调查性报道源流梳理

多篇黑幕揭发文章。其主要发动者和参加者是一批新闻记者。黑幕揭发运动研究者查默斯认为,堪称职业黑幕揭发者的是 12 位男记者和 1 位女记者,他们撰写了约 600 多篇黑幕揭发文章和 90 本著作,几占黑幕揭发文章的 1/3。① 其中有代表性的是大卫·格雷厄姆·菲利普斯(David Graham Phillips)等人撰写的《参议院的叛国罪》(*The Treason of Senate*)、查尔斯·爱德华·拉塞尔(Charles Edward Russell)发表在《人人杂志》的《三一教会的公寓》(*The Tenements of Trinity Church*)、《世界上最大的托拉斯》(*The Greatest Trust in the World*)、路易斯·布兰迪斯(Louis D. Brandeis)在《独立者》上刊登的《人身保险的误区》(*The Great Life Insurance Wrong*)、威廉·英格利希·沃林(William English Walling)同样发表在《独立者》上的《发生在北部的种族战》(*The Race War in the North*)、瑞特·路易斯·查尔德·杜尔(Rheta Louise Childe Dorr)撰写的《八百万妇女的需要》(*What Eight Million Women Want*)以及《妇女家庭杂志》(*Ladies' Home Journal*)针对专利药品进行的斗争等等。

"扒粪新闻"的来历

有人曾经把调查性报道称作对抗性报道、辩护性报道、公共服务新闻和曝光新闻,但它有一个最常用的别称就是扒粪新闻或者揭丑新闻(Muckrake)②,这个名字来源于"扒粪者"(Muckraker)这个称呼。

1906 年 3 月,大卫·格雷厄姆·菲利普斯在《世界主义者》刊登了题为《参议员的叛国罪:奥尔德里奇,他们的老大》一文,文章披露美国参议院的腐败,尤其来自罗德岛的参议员奥尔德里奇(Nelson W. Aldrich)的腐败行径。文章第一段指出:"但是普莱特和迪普只是表

---

① David Mark Chalmers: *The Social and Political Ideas of the Muckrakers*, New York, p. 15. 转引自肖华锋《美国黑幕揭发运动:大众化杂志、进步知识分子与公众舆论》,《历史研究》2004 年第 4 期。
② Mark Feldstein: *A Muckraking Model: Investigative Reporting Cycles in American History*, The Harvard International Journal of Press/Politics, March, 2006, p. 106.

明他们是如何代表纽约——45个州中最重要的州……在他们进入参议院之前,对国家的不忠已经在参议员中横行,他们的加入只能是更好地为这种叛国行为服务,当然,要彻底了解这种叛国行为,必须要审视一下来自罗德岛的参议员奥尔德里奇了。"① 在这篇文章中,菲利普斯还捎带着批评了时任美国总统西奥多·罗斯福(Theodore Roosevelt)的挚友昌西·迪皮尤(Chauncey De Pew),让这位本来和新闻记者合作良好的总统十分恼怒,于是罗斯福在1906年4月4日②美国众议院大楼奠基演讲时将扒粪者的绰号送给了当时的调查记者:"你可能还能回忆起那个除了天天低着头拎着粪耙四处找粪以外其他事情都不会做的人吧,即使有人给他提供了一顶光彩夺目的冠冕,但是由于他天天将目光盯在地板上的污秽之物,他仍然会一叶障目,不见泰山……这些扒粪者是一个良好的社会中不可或缺的,但是只有在他们知道何时要停止扒动手中的粪耙并且抬头仰望天空的冠冕时……。"③

罗斯福口中的扒粪者来自于17世纪作家约翰·班扬(John Bunyan)的《天路历程》(*Pilgrim's Progress*),在这部小说中,班扬刻画了一个只知道在污秽中扒来扒去但是从来不知道仰望天上圣光的人,罗斯福用它形容调查记者只把目光盯在社会阴暗面上,从来不去关注社会的进步。

调查记者们在听到总统的这个称呼后非但没有恼怒反而欣然接受了这一加冕。林肯·斯蒂芬斯在写给罗斯福总统的一封信中说:"总统先生,你看到我们总是在污秽中扒来扒去,我们却是在仰望美国的民主,

---

① David Graham Phillips: *The Treason of the Senate*: Aldrich, *The Head of It All*, *Cosmopolitan*, March, 1906.

② 本日期引自Judson A. Grenier: *Muckraking and the Muckrakers*: *An Historical Definition*, *Journalism & Mass Communication Quarterly*, 1960, 37, p.552。在维基百科以及肖华锋的《美国黑幕揭发运动研究中》显示的都是4月14日。

③ Issac F., Marcosson: *David Graham Phillips and His Times*, New York: Dodd, Mead and Company, 1932, p.204. Quoted in Judson A. Grenier: *Muckraking and the Muckrakers*: *An Historical Definition*, *Journalism & Mass Communication Quarterly*, 1960, 37, p.553.

您要求官员们诚实,我要求他们为公众服务"①。他们认为正是他们将社会的污物暴晒在日光下接受紫外线消毒,才能够让社会更加洁净。

报纸和作家的黑幕揭发

在20世纪初黑幕揭发运动中,杂志并不是孤军作战,报纸中的新闻记者以及一批作家也参与了这场声势浩大的社会批判运动。《纽约世界报》(*New York World*)、《纽约邮报》(*New York Post*)、《堪萨斯城明星报》(*Kansas City Star*)、《罗利新闻与观察》(*Raleigh News and Observer*)、《圣弗朗西斯科公报》(*San Francisco Bulletin*)以及斯克里普斯(Scripps)的一些报纸都参加了这场运动。

1908年,《纽约世界报》在头版刊登巴拿马运河项目存在腐败的重磅新闻,这则新闻立刻引起轩然大波,罗斯福总统在写给印第安纳州的一位朋友的私人信件称:"那些躲在巴拿马运河报道背后的都是出钱找来的骗子,目的是提高发行量……不管是最腐败的金融家还是最腐败的政客,对国家的危害性都不及进行了这些报道的记者……不管他们隶属于黄色新闻还是被收买的新闻,不管他们的诽谤和谎言是出于什么目的,而且不管他们披着什么外衣,这些都无关紧要,他们所代表的只是社会上一股较大的邪恶势力。"②他还给司法部施加压力,要求他们调查普利策。同时,普利策也在积极准备,下令《世界报》驻英国记者到巴黎搜集证据,招募华尔街调查员在美国展开调查,经过数次激烈交锋后,普利策安然度过了这次调查新闻带来的危机。

文学界的揭丑运动可以追溯到19世纪90年代美国开始兴起的自然主义文学。正像法国作家左拉所言,社会就是一个生物的有机体,人们的本能支配着自己的社会行为,因此自然主义文学作家注重在社会生产、流通、消费过程中表现主体对自然和社会的生理和心理反映,标志

---

① Lincoln Steffens: *Letter to Theodore Roosevelt of March 6, 1907. in Letters of Lincoln Steffens*, New York: Harcourt Brace and Co, 1938, p.183.

② [美]詹姆斯·莫瑞斯:《普利策传——一代新闻大亨的传奇人生》,粟志译,浙江人民出版社2015年版,第415页。

着社会文化意识从理想化到工具化的价值观转变。而且美国作家将自然主义和现实主义交融互通，从艺术形式和思想主题和法国纯现实主义表现出不同风格，直接促生了20世纪初的揭丑文学。

这一时期的揭丑作家主要有托马斯·劳森（Thomas Lawson）、弗兰克·诺里斯（Frank Norris）、不思·塔金顿（Booth Tarkington）、布兰德·惠特洛克（Brand Whitlock）、温斯顿·丘吉尔（Winston Churchill）和戴维·格雷厄姆·菲利普斯（David Graham Philips）等等。当然，20世纪初揭丑文学中最具代表性的还要属厄普顿·辛克莱（Upton Sinclair）和他的《屠场》（*The Jungle*）。1904年，辛克莱应《理智的呼唤》期刊社邀请到美国西部的罐头城了解屠宰场工人工作和生活情况，他在那里调查采访了7周，了解到屠宰场恶劣的卫生条件以及工人阶级的悲惨命运，最后辛克莱通过文学笔法用立陶宛移民尤吉斯的悲惨遭遇将这些黑暗现实淋漓尽致地表现出来。《屠场》的发表沉重打击了美国畜牧业，欧洲削减一半从美国的肉类进口，美国国内的肉类消费量也大幅下降。据说，罗斯福总统一天边吃早餐边阅读《屠场》，突然，他大喊一声："我中毒了"，然后将手中的香肠扔向窗外。当然，罗斯福对这本书的反应不仅于此，他还将辛克莱请入白宫，进一步了解情况，并促使国会在1906年通过了《关于纯净食品和药物管理法》和《肉类检查法》。《屠场》也被译成50多种文字出版。

黑幕揭发运动的衰落

声势浩大的黑幕揭发运动在1906年达到顶峰后开始走下坡路，除了在塔夫脱（William Howard Taft）总统执政期间有所恢复外，到第一次世界大战爆发时，这一运动已经全面衰落。

有学者认为黑幕揭发运动的衰落主要有5方面原因：公司阴谋压制、广告收买、司法威胁、读者厌倦以及战争来临。[①] 除此以外，黑幕

---

① 肖华锋：《舆论监督与社会进步——美国黑幕揭发运动研究》，上海三联书店2007年版，第207—227页。

第二章　中美调查性报道源流梳理

揭发运动与美国进步主义运动相生相伴，当进步主义运动式微时，黑幕揭发运动也不可避免地进入下降通道。具体来说，当美国进步主义运动进行了一段时间后，黑幕揭发运动矛头指向的社会弊端有了较好改革：企业垄断行为受到政府约束，工人工作条件和环境有了改善，社会利益得到更好分配，环境和资源有明显改善和较好保护。总体来看，伴随着社会自我调节和修复机制的加强，社会内部的各种关系得到一定程度调整，中下层的愿望和要求得到了部分满足，各种利益冲突和阶层矛盾日趋缓和，公众要求改革的呼声也就相应地逐渐平息下去。① 这是美国进步主义运动以及黑幕揭发运动衰落的最重要原因。另外，这一时期报刊整合淘汰了一部分专注于黑幕揭发的杂志，一些报刊为增加发行量而大肆采制扒粪新闻，甚至在采制过程中不惜造假也造成了揭黑报刊和读者的疏离。②

3. 黑幕揭发运动的结果与评价

持续了 10 余年的美国黑幕揭发运动无论对于新闻事业本身以及美国社会都具有非常重要的意义，特别是在这一场运动中，调查性报道成为报刊批判社会、引导舆论、展开监督的尖戈利器，并且在报道题材、调查方法、叙事模式、报道风格等方面形构自身，使调查性报道成为一种独立的新闻报道方式。

黑幕揭发运动对调查新闻事业的贡献

一木不成林，百花方为春。黑幕揭发运动以前，美国虽然已经出现了零星近代意义的调查性报道，如内利·布莱对纽约疯人院、雅各布·里斯对纽约贫民窟的调查，但这只是个别报刊、个别记者的无意识的个别行为，调查性报道并没有成为新闻记者公认并且有意为之的一种新闻报道方式。黑幕揭发运动发起后，扒粪报道成为很多媒体通用的新闻报

---

① 李颜伟：《美国改革的故事》，北京大学出版社 2009 年版，第 245 页。
② Mark Feldstein：*A Muckraking Model: Investigative Reporting Cycles in American History*, The Harvard International Journal of Press/Politics, March, 2006, p.110.

道方式，杂志、报刊和一批作家刊登了数千篇相关文章，仅杂志在此期间就刊登了2000多篇揭露社会时弊的调查性报道。而且，当时很多杂志和报纸都将调查性报道作为自身的扛鼎之作，用来吸引读者注意从而扩大报刊影响和销量，当《麦克卢尔》杂志刊登了林肯·斯蒂芬斯等三人的文章后销量激增，吸引了《世界主义者》《柯里尔氏周刊》等刊物纷纷效仿，采写了一批有代表性的调查性报道，拉开了轰动当时的揭黑潮。

其次，报道对象不再局限于某个方面而是涉及政治、经济、社会多个领域，是对美国整体的扫描和检视。林肯·斯蒂芬斯的《城市的耻辱》系列、大卫·格雷厄姆·菲利普斯的《参议院的叛国罪》、威廉·哈德的《"乔大叔"坎农》、马克·沙利文的《关于国会的评论》、约翰·L. 马修斯的《巴林杰先生与国宝囊》等等是对美国政坛黑幕的揭示和爆料。厄普顿·辛克莱的《屠场》、艾达·塔贝尔的《美孚石油公司史》、托马斯·劳森的《疯狂融资》、雷·斯坦纳德·贝克《铁路公司受审》是对这一时期美国经济垄断和非法经营的曝光和批判。雷·斯坦纳德·贝克的《一个南部城市的种族冲突》、威廉·英格里希·沃琳（William English Walling）的《北部的种族战争》、查尔斯·爱德华·拉塞尔（Charles Edward Russell）的《三一教会的廉租公寓》、威廉·哈德（William Harder）的《炼钢与杀人》等作品则是对种族歧视、宗教以及环保等社会问题的报道与揭露。

第三，新闻记者在采访和写作过程中有益尝试调查性报道这种全新报道方式，使其成为美国新闻记者常用的一种主要用于揭露那些被个人或者团体、组织有意掩盖的不公、腐败、非正义的新闻事件的手段并建构起一种新闻调查的精神和气质。例如林肯·斯蒂芬斯在采写《明尼阿波利斯之羞》时就具备了强烈的调查意识，"我想科学地研究城市，因此极力向麦克卢尔先生表明：如果我们能够从零开始，像侦探一样去寻找打开神秘之门的钥匙，挖掘事实真相，一定会大大增强我们即将着

第二章 中美调查性报道源流梳理

手的这篇报道的吸引力。"① 林肯·斯蒂芬斯还将科学中的实证主义研究范式应用到新闻实践中:"一种科学的研究方法就是先提出一种假说,然后用事实来验证,而一种验证事实真相的方法就是将预测建立在你的理论上,然后观察事件的结果。而对于新闻来说……我的理论意味着探究政治学和政府行政学的基础所在。"后来,他在纽约和洛杉矶的调查都是带着这样的假说展开调查的,虽然,这种实证主义的先验意识在新闻采访中会影响新闻的客观和公正性,有可能因为新闻记者的有色眼镜而过滤掉一些不能支持记者假设的信息,但是它毕竟说明这时的调查记者已经开始有意识地摸索调查性报道的理念和规律。艾达·塔贝尔在调查洛克菲勒公司的时候资料十分难以获得,塔贝尔克服种种困难搜集了包括国会记录、法庭文件、遗嘱、土地契税单据等在内的文字材料,她甚至后来建立了一个用来培养新闻记者搜集资料的学校。② 厄普顿·辛克莱在采写《屠场》时运用了隐性体验式采访的方法,在屠宰场里,他和工人同吃同住同劳动,看到了种种让人作呕的画面:屠宰场里浊水横流,工人穿着鞋在肉上走来走去,随地吐痰,为了掩盖过期猪肉的酸臭味道,老板让工人向肉馅里搅拌大量苏打粉,还竟然将毒死的老鼠和肉一起送进搅拌机……在接下来的 7 周时间里,厄普顿·辛克莱天天面对这样的场景,这种深刻的体验给辛克莱的笔增加了力量,使他能够刻画出美国肉类加工业的真实图景,从而造就一部世界文学经典作品。

黑幕揭发运动对美国社会的影响和意义

正如理查德·霍夫施塔特(Richard Hofstadter)所言:扒粪运动最大的贡献不在于它建构了新闻精神,最大的贡献在于相关的报道促进了

---

① [美]林肯·斯蒂芬斯:《新闻与接丑——美国黑幕揭发报道先驱林肯·斯蒂芬斯自述》,展江、万胜主译,海南出版社 2000 年版,第 298 页。
② Steve Weinberg: *Ida Patron Saint*, *The Investigators*, *Columbia Journalism Review*, 2001, May/June, p.29.

社会变革。① 美国黑幕揭发运动和进步主义运动相伴相生，它是进步主义运动不可或缺的一部分。在经历了内战以及镀金时代后，美国面临政治、经济、社会变迁带来的种种社会问题，在路径选择上，美国政治家和公众没有选择激进的革命道路，而是通过公民"自下而上"的权利诉求以及"社会自我保护运动"，政治家积极回应诉求，主动调试政策，大力进行改革，实现了社会的整体进步，它是居庙堂之高和处江湖之远者的一次良性互动。在进步主义整个过程中，黑幕揭发者扮演着启蒙者的角色，他们让公众看到在金色光环笼罩下的美国社会还有很多黑暗和不义，让公众被洛克菲勒、卡耐基、福特、贝尔等"时代伟人"刺激的已经亢奋的神经能够平静下来，理智地看到身处经济大潮中艰难困苦的自己；其次，黑幕揭发者扮演着舆论准备者的角色，一场美轮美奂的演出决不能缺少一段优美的序曲，一场声势浩大的运动也不能缺少舆论的准备。在黑幕揭发中，扒粪者的大声疾呼、无情揭露、深刻阐述造就了巨大的社会影响，为进步主义运动做了最好的铺垫和准备；第三，黑幕揭发者扮演着"公共论坛"和"舆论领袖"的角色。大多社会变革都遵循这样一种模式：

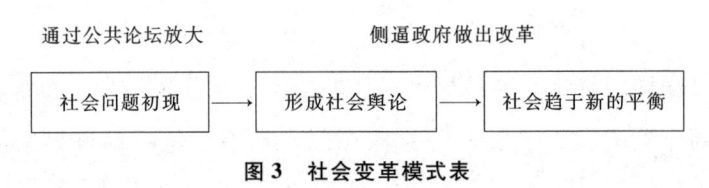

通过公共论坛放大　　　　侧逼政府做出改革

社会问题初现 → 形成社会舆论 → 社会趋于新的平衡

图3　社会变革模式表

黑幕揭发运动出现以前，公众对社会各种问题不满但是缺乏媒介映现，作为舆论领袖的黑幕揭发者广泛吸纳、聚合公众意见并且通过新闻报道反映、放大社会弊端，形成舆论，使改革成为时代主流，促生进步主义运动；第四，黑幕揭发者扮演着"看门狗"的角色。"看门狗"类似于英国的"第四等级"，是和民主、自由紧密联系，具有一种制度性

---

① Richard Hofstadter：*The Age of Reform*, New York：Alfred A. Knopf, 1955, p.185.

意涵的权利，正像美国著名记者海伦·托马斯（Helen Thomas）所言："新闻记者……是公众的看门狗。没有知情的民众，就没有民主可言。对当权者提出尖锐的问题，并且督促他们真实、完整、诚实地实践他们对公众的承诺，是记者和编辑的使命。"① 在运动中，黑幕揭发者对政治阴暗进行了无情的揭露，甚至导致一直对黑幕揭发持宽容和支持态度的时任美国总统西奥多·罗斯福大为光火，给了他们一个蔑称："扒粪者"，但这场运动对促进美国政治变革，扩大公众知情权无疑起到了巨大作用。

三　美国调查性报道的平淡期（1917—1960）

从系统论的观点看，媒介只是社会大系统中的一个子系统，它的运行轨迹、速度都会受到社会大系统的制约，在社会系统中充满了各种各样的互动：媒介与人、媒介与媒介、媒介与社会、媒介与国家等等，这些纷繁复杂的互动关系直接影响到媒介的发展历程。

1917年至1960年是人类历史前所未有的大动荡、大变革时期，两次世界大战的爆发更影响了世界进程和格局，同时也对新闻媒介乃至新闻媒介的报道方式发生作用，此时的调查性报道经历着媒介系统内外的冲击。

首先，新闻媒介受到了战时新闻检查制度的制约。第一次世界大战中，美国颁布了《间谍法》（Espionage Act）、《对敌贸易法》（Trading-with-the-Enemy Act）、《1918年煽动法》（Sedition Act of 1918）。第二次世界大战中，美国再次恢复战时新闻检查制度，并在1942年颁布《美国报刊战时行为规范》（Code of War Time Practices For the American Press）。新闻检查还一直延伸到朝鲜战争时期，军方甚至会对记者稿件中出现"撤退"这样的字眼表示不满，新闻记者认为当时实行的新闻检查不仅

---

① ［美］海伦·托马斯：《民主的看门狗？——华盛顿新闻界的没落及其如何使公众失望》，夏蓓、蒂娜·舒译，南方日报出版社2009年版，第6页。

仅停留在军事领域，还拓展到政治和心理方面。

其次，解释性报道异军突起，并且迅速成为各大媒体乐于并且广泛采用的一种新闻报道方式，当时的《基督教科学箴言报》刊登的新闻中有90%属于解释性报道。

第三，政府和公众更倾向于包含政治、经济、军事内容的新闻。由于这一时期战争频仍，经济起伏，出于政府的宣传和舆论引导意向、媒介的预警功能以及公众的趋利避祸本能，占据新闻主体的是政治新闻、经济新闻和军事新闻。

正是在政治、经济、社会和科技的冲击以及受众接受旨趣发生改变后，从1917年，调查性报道步入平淡期。有学者认为这一段时期是调查性报道的冬眠期，[①] 甚至认为这是调查性报道的黑暗时代[②]，在这期间，美国没有出现类似20世纪初那样席卷全国，涉及报纸、杂志、文学等领域，大量新闻和文学工作者集体参与的黑幕揭发运动，也没有宛如20世纪70年代《华盛顿邮报》等媒体对"水门事件"的曝光、《纽约时报》对"五角大楼秘密文件"披露等那样能够载入史册的调查性报道，但是这一时期调查性报道并不是微澜死水，调查记者也不是全无作为。正是在这一阶段，调查性报道成为了正式术语。在此之前，调查性报道有许多别称：讨伐新闻、扒粪新闻、改革新闻、曝光新闻、揭丑新闻等等，1948年，调查性报道第一次出现在一本专业新闻杂志《羽毛笔》（*Quill*）上，在为《亚特兰大日报》的记者乔治·古德温（George Goodwin）撰写的颁奖词中有这样的话："乔治·古德温报道了乔治亚州立法机构的选举欺诈，这是众多调查性报道中杰出的一篇作品。"[③]

---

① Gerry Lanosga: *The Press*, *Prizes Power*: *Investigative Reporting In The United States*, 1917 - 1960, Indiana University, December, 2010, p.9.

② Mark Feldstein: *A Muckraking Model*: *Investigative Reporting Cycles in American History*, *The Harvard International Journal of Press/Politics*, March, 2006, p.110.

③ Gerry Lanosga: *The Press*, *Prizes Power*: *Investigative Reporting In The United States*, 1917 - 1960, Indiana University, December, 2010, p.110.

第二章 中美调查性报道源流梳理

调查性报道在这一时期绵延不绝,尤其一批左翼作家和新闻工作者仍然坚守"揭丑"阵地:厄普顿·辛克莱抨击了新闻媒介的垄断现象。专栏作家德鲁·佩尔森和杰克·安德森(Drew Pearson and Jack Anderson)专门研究政治领域的腐败和丑闻。伊西多·范因斯坦·斯通(Isidor Feinstein Stone)和杰西卡·米特福德(Jessica Mitford)在《民族》(*The Nation*)杂志刊登了批评冷战政策的文章。爱德华·默罗(Edward Murrow)则运用电视媒体抨击了麦卡锡(McCarthy)主义。①

遵照美国报业大亨普利策的遗嘱,哥伦比亚大学从1917年设立普利策新闻奖,这个奖项以公开、权威、客观的特征以及不断完善的评奖项目和机制成为新闻界的诺贝尔奖,为世界瞩目。1985年,评奖委员会增设调查性报道奖,但是此举并不意味着1985年以前的获奖作品中没有调查性报道。据道格拉斯·贝茨(J. Douglas Bates)统计:在1917年至1990年的580件获奖作品中有接近40%是调查性报道。② 笔者分析、统计了1918年—1960年间普利策新闻奖中分量最重的公众服务奖,发现调查性报道占有较高比例:

表3　　1918年—1960年普利策公众服务奖统计

年份	获奖媒体	报道主题	是否属于调查性报道
1918年	《纽约时报》	报道和战争相关的官方报告、记录、声明	否
1919年	《密尔沃基日报》	关于美国选举的新闻	否
1920年	《纽约世界报》	关于1919年煤矿工人罢工	否
1921年	《波士顿邮报》	曝光"庞氏骗局"鼻祖查尔斯·庞兹	是
1922年	《纽约世界报》	关于三K党的报道	是
1923年	《孟菲斯商业诉求报》	三K党组织的运营	是
1924年	《纽约世界报》	曝光弗罗里达的罪恶劳役偿债制度	是

---

① Gerry Lanosga: *The Press, Prizes Power: Investigative Reporting In The United States*, 1917 – 1960, Indiana University, December, 2010, pp. 110 – 111.

② J. Douglas Bates: *The Pulitzer Prize: The Inside Story of America's Most Prestigious Award*, New York: Carol Publishing Group, 1991, p. 104.

续表

年份	获奖媒体	报道主题	是否属于调查性报道
1925 年	《芝加哥每日新闻》	关于一起谋杀案的报道	否
1926 年	《哥伦布询问太阳报》	报道三K党、渎职的政府官员以及滥用私刑	是
1927 年	《坎顿每日新闻报》	报道当地政府和犯罪团伙勾结	是
1928 年	《印第安纳波利斯时报》	揭露警局腐败	是
1929 年	《纽约世界晚报》	司法行政方面黑幕	是
1930 年	空缺		
1931 年	《亚特兰大宪章报》	揭露当地市政腐败	是
1932 年	《印第安纳波利斯新闻报》	报道城市管理浪费以及高税率	是
1933 年	《纽约世界电邮报》	揭露彩票诈骗,房地产债券欺骗、选举黑幕	是
1934 年	《梅福德邮件论坛报》	曝光俄勒冈州杰克逊县的不法政客	是
1935 年	《萨克拉门托蜜蜂报》	抵制任命联邦法官过程中的政治影响	是
1936 年	《西达拉皮兹市公报》	讨伐爱荷华州的管理不当和腐败	是
1937 年	《圣路易斯邮报》	报道当地投票舞弊案	是
1938 年	《俾斯麦论坛报》	关于沙尘暴中自我救助的新闻	否
1939 年	《迈阿密每日新闻报》	曝光撤销当地委员会的报道	是
1940 年	《沃特伯里共和报》	揭露市政腐败	是
1941 年	《圣路易斯邮报》	揭露当地烟雾公害	是
1942 年	《洛杉矶时报》	进一步确立报纸的出版自由是宪法赋予的基本权利	否
1943 年	《奥马哈世界先驱报》	报道公众为战争收集非金属	否
1944 年	《纽约时报》	关于美国历史教育的报道	否
1945 年	《底特律自由报》	曝光密歇根州兰辛的市政腐败	是
1946 年	《斯克兰顿时报》	对联邦法院关于宾夕法尼亚中部地区相关司法实践长达15年的调查	是
1947 年	《巴尔迪莫太阳报》	报道了马里兰当地政府在发放和处置失业保险金过程中的不端行为	是
1948 年	《圣路易斯邮报》	关于矿难以及相关改革的报道	否
1949 年	《内布拉斯加州日报》	关于总统竞选的报道	否
1950 年	《芝加哥每日新闻报》、《圣路易斯邮报》	曝光37名伊利诺依州记者从政府支取了不该得到的酬金	是
1951 年	《迈阿密先驱报》《布鲁克林鹰报》	关于犯罪的报道	是

第二章 中美调查性报道源流梳理

续表

年份	获奖媒体	报道主题	是否属于调查性报道
1952 年	《圣路易斯邮报》	揭露美国政府部门存在的广泛腐败	是
1953 年	《怀特维尔记者报》《塔博尔城市论坛报》	关于三 K 党的报道	是
1954 年	《每日新闻报》	曝光纽约的赛车场丑闻和劳工诈骗案	是
1955 年	*The Columbus Ledger and Sunday Ledger-Enquirer*	报道阿巴拉马州凤凰城普遍的腐败	是
1956 年	*Watsonville (CA) Register-Pajaronian*	报道公职人员腐败导致地方检察官辞职	是
1957 年	《芝加哥每日新闻报》	报道针对伊利诺斯州审计长高达 250 万美元的欺诈	是
1958 年	《阿肯色州公报》	关于 1957 年学校整合危机报道	否
1959 年	《尤迪卡观察家报》《尤迪卡每日新闻报》	在政治压力和暴力威胁下报道地方腐败、赌博、卖淫等乱象	是
1960 年	《洛杉矶时报》	报道美国和墨西哥之间的毒品贸易	是

从上表可以看出，1918 年—1960 年共 43 年的时间中，美国普利策新闻奖的公众服务奖除 1930 年空缺外，共有 42 件作品获奖，其中有 31 件属于调查性报道，占所有报道的 73.8%，非调查性报道作品共 11 件，占 26.2%。连续有三年非调查性报道作品获奖的情况只出现过两次，一次是 1918 年—1920 年，一次是 1942 年—1944 年，正是两次世界大战的交战期。从这两组数字可以看出，美国新闻界和公众对调查性报道十分青睐，特别关注媒介的看门狗作用，如果不是两次世界大战的干扰，调查性报道在普利策新闻奖中的获奖率会更高。而且，调查记者报道的对象十分广泛，涉及政府腐败、司法黑暗、选举内幕、经济诈骗、种族矛盾和环境保护等方面，占据比例最高的是对政府和立法、司法机构的监督，这一类调查性报道有 21 项，占所有公众服务奖的比例为 50%，占所有获奖调查性报道的比例竟高达 67.7%，可见美国新闻媒体高度关注媒介对政府机构的舆论监督作用。

当时比较有影响的是关于三 K 党的报道，1922 年、1923 年、1926 年、1953 年，关于这一题材的调查性报道曾经四次荣膺公众服务奖，

1938年，《匹兹堡新闻邮报》（*Pittsburgh Post-Gazette*）记者雷·斯普利格尔（Raymond Sprigle）采写的《他是三K党的老党员》还获得了普利策新闻奖的最佳报道奖。

这段时期还有一些调查性报道作品较有影响，例如1918年《纽约晚邮报》（*The New York Times*）记者哈罗德·里德戴尔（Harold A. Littledale）以《新泽西州立监狱——罪恶滋生之处》为题报道了新泽西州立监狱的种种乱象。1919年，《纽约世界报》（*New York World*）的记者约翰·李里（John J. Leary）揭露了西佛吉尼亚州的盖阳河谷煤矿独裁统治的黑幕。1958年，《纽约每日新闻》（*New York Daily News*）记者约瑟夫·马丁和菲利普·桑托拉（Joseph Martin and Philip Santora）报道了古巴巴蒂斯塔政权的残暴统治，第一次向美国和世界读者揭开了这个极权政体的暴政。

另外，这一段时期美国传媒科技有了质的飞跃。广播电视的出现将人类从文字传播带入了全新的电子传播阶段。1920年，美国KDKA电台正式播出。1939年，美国又开办了电视节目，但是正如广播的别称——音乐盒一样，广播电视诞生之初是以娱乐节目为主的，严肃的新闻节目出现较晚，而调查性报道出现的就更晚一些。在类似《60分钟》（*60 Minutes*）中那样中规中矩的电视调查性报道出现以前，美国著名记者爱德华·默罗主持的《现在请看》（*See It Now*）在同麦卡锡主义斗争过程中播出了一些带有调查性报道色彩的节目。1953年，默罗了解到空军军官米洛·拉杜洛维奇（Milo Radanovich）的父亲和姐姐因为阅读一份拥护南斯拉夫总统铁托的报纸而被认定为政治危险人物，默罗就派了一个编辑前去采访，这个编辑做了大量细致调查并且和米洛本人以及他的家属、邻居谈话，在他的建议和策划下，默罗专门派遣一个电视新闻摄影组拍摄了相关内容并在后来的《现在请看》栏目中披露"米洛案件"。节目最后，默罗用异常平静的语调陈述："在个人和国家之间的全部关系方面，不管发生什么事情，我们将自行其是，这不能归咎马

第二章 中美调查性报道源流梳理

林科夫、毛泽东甚至我们的盟友。在我们看来,也就是在弗兰德利和我本人看来,那是个应该永不休止地争论下去的问题……。"① 这一期节目拉开了默罗同麦卡锡主义斗争的序幕,《现在请看》在1953—1955年播出了一批揭露麦卡锡的报道,这些报道不但产生了巨大社会影响,使麦卡锡的支持率一落千丈,还使默罗继成为广播新闻节目开拓者后又成为电视新闻节目的先驱,同时也使《现在请看》成为美国电视调查性报道的先声。1960年11月,美国哥伦比亚广播公司《CBS新闻报道》播出了一期揭示农业工人困境的专题节目——《耻辱的收获》,该节目生动描写了美国工人的生活困境,以至于许多观众不相信在60年代的美国竟然还有如此贫困的人群。当时这种深刻的批评性报道报道是不能轻易进入电视的"黄金时间"的。② 哥伦比亚广播公司不是当时唯一一家涉及有争议事务的电视网,全国广播公司的《白纸》(*White Paper*)和美国广播公司的《聚焦》(*Close-up*)系列都记录了许多美国人掩盖的人文问题。③

总体来看,20世纪中前叶的美国调查性报道虽然没有狂飙式的高歌猛进,但是却静水流深一般缓流慢淌。无论30年代的大萧条还是两次大战的纷飞战火都没有阻断它的涓涓细流,它也在这种看似沉寂的状态下攒积着力量,等待着下一次爆发。

四 美国调查性报道的成熟(1960—1990)

1. 美国调查性报道成熟的背景

在经历了四十年的相对沉寂期之后,美国调查性报道在20世纪60年代迎来了又一个高峰,调查性报道成为一种成熟的报道方式。和世纪

---

① *The Case against Milo Radulovich*, A0589839, *See It Now*, CBS New, October, 20, 1953. 转引自王银桩、赵淑萍编译《美国广播电视简史》,北京广播学院新闻系1985年版,第116页。
② 王银桩、赵淑萍编译:《美国广播电视简史》,北京广播学院新闻系1985年版,第139页。
③ [美]罗伯特·L.西里亚特、迈克尔·C.基思:《美国广播电视史》,秦珊、邱一江译,清华大学出版社2012年版,第164页。

初的黑幕揭发运动一样,美国调查性报道这一时期的崛起也有深刻和复杂的历史背景。

20世纪60年代是美国政治和外交的动荡、分化、改组时期,美国政府的腐败问题表现比较严重,特别是尼克松总统日益扩大总统权力,被人称为"帝王总统"。这一时期在外交上既是美国全球霸权的巅峰,同时也是其急剧衰落的开始。经济方面,通货膨胀日益严重,经济增长速度减缓,到60年代末,美国经济第一次出现了通货膨胀和经济衰退并存的"滞胀"危机。美国当时社会动荡,群众运动高涨,黑人运动、新左派运动、妇女运动、反正统文化运动、工人运动等等一波未平一波又起,使60年代的美国青年成为继"沉默的一代"之后的"运动的一代。"这些运动同时又造成了公众和政府、权威之间的疏离,进而出现认同感和信任感的降低,营造了调查性报道出现的社会心理基础。

另外,随着《信息自由法》(Freedom of Information Act)的颁布以及"纽约时报诉沙利文案"的出现,有关调查性报道的法律气候有了明显改观。[1] 1966年,美国国会通过专门法案,对1946年《行政程序法》第3节做了修订,这就是1966年《信息自由法》。1967年,国会又通过专门法案,将修订后的第3节重新编排为《美国法典》第5编第5章第552节,这一体例沿用至今。[2] 美国《信息自由法》是关于信息自由和信息公开的一部法律,它规定了美国公众在获取行政信息方面的权利以及美国政府在公开行政信息方面的职责和义务,除了9类情况外,美国政府记录和档案可以被公众(主要是新闻记者)查阅,这项法律的颁布扩大了新闻记者的采访权,使调查记者能够更方便地获取政府方面信息,是美国民众争取新闻出版自由的一大成果。

---

[1] Mark Feldstein: *A Muckraking Model: Investigative Reporting Cycles in American History*, The Harvard International Journal of Press/Politics, March, 2006, p.111.

[2] 后向东:《美国联邦信息公开制度研究》,法制出版社2014年版,第172页。

第二章 中美调查性报道源流梳理

1960年，美国又发生了和调查性报道联系紧密的"《纽约时报》诉沙利文案"（*New York Times Co. v. Sullivan*）。当年3月，64名维权人士联合在《纽约时报》刊登政治宣传广告《请听他们高涨的呼声》（*Heed Their Rising Voices*），描述南部民权运动现状，支持黑人领袖马丁·路德·金。阿拉巴马州蒙哥马利市负责警察事务管理的民选委员沙利文（L. B. Sullivan）认为广告有很多地方存在不实，有些甚至损害了他的名誉，于是将《纽约时报》和几名黑人控告到阿拉巴马州法院，要求《纽约时报》赔偿损失50万元。州法院和州最高法院判处《纽约时报》败诉，《纽约时报》上诉到联邦最高法院，1964年，联邦最高法院9名法官一致否决州法院裁决。判决书指出："阿州法院所运用的法律规则包含着宪法缺陷。在公共官员针对其官方行为的批评所提起的诽谤诉讼中，州法院未能保护第1修正案和第14修正案所要求的言论和新闻自由，付款刊登广告确实载有错误信息，如果能够成功地认同是针对沙利文个人行为，即可视为是普通法上对其的诽谤，但是，沙利文不是一个普通的私人，而是一个政府官员，广告也不是一项纯私人事项的广告，而是涉及公共事务。"联邦最高法院的法官认为因为沙利文是一名政府官员，所以只有在《纽约时报》明知刊登的内容是假的或者《纽约时报》存在严重失职，对于广告内容有很多疑问，但是没有作出任何努力查证事实的情况下，才能认定《纽约时报》有罪。"《纽约时报》诉沙利文"案最大的意义就是确立了"实际恶意"（Actual Malice）原则，公共官员因其公务行为遭到谎言诽谤，他不能因为有损声誉得到赔偿，除非他能够证明被告在制造谎言时怀有"实际恶意。"这个判决是对第一修正案关于言论出版自由保障的一个具体判例，也是一个有利于媒体的一个判例，据统计，美国从1982年到1988年间，共有614件涉及新闻媒体的诽谤案件，90%都是媒体获得胜利，只有33个原告获得了金钱赔偿。[①] 这一判例为媒介批评政府和官员提供了更大的空间和保障，

[①] 魏永征等：《西方传媒的法律、管理和自律》，中国人民大学出版社2003年版，第91页。

和《信息自由法》等一起构筑了调查性报道出现高峰的法律基础。

广播电视技术和复印技术这一时期有了较大发展,广播电台尤其是电视台等新媒体开始出现调查性报道栏目,声音和图像采集使调查记者能够获得更丰富的素材,一方面加大了节目吸引力和冲击力;另一方面使调查记者自身得到更多保护,而静电复印技术的推广则为调查记者收集相关资料提供了更加便利的条件。

2. 美国调查性报道成熟的标志

(1) 出现一大批有影响的调查性报道

从20世纪60年代开始,越来越多的新闻记者热衷于调查性报道。杰克·安德森(Jack Anderson)因为揭露尼克松政府在印度——巴基斯坦战争期间的欺骗行为而获得1972年普利策奖。鲍勃·格林(Bob Green)领导《新闻日报》(Newsday)的一个特别调查组挖出了几则重要报道,包括一则有关尼克松在弗罗里达州的社会关系的报道。乔治·里森斯(George Reasons)领导《洛杉矶时报》调查组,由于发现了港口委员会的腐败而获得普利策奖。丹尼·沃尔什(Denny Walsh)由于在《生活》杂志揭发有组织犯罪而获得普利策奖。罗伯特·希尔(Robert Scheer)在20世纪60年代担任左翼杂志《壁垒》(Ramparts)的主编,该杂志揭露中央情报局渗透国际学生运动。《亚利桑那共和报》(The Arizona Republic)的唐·博尔思(Don Bolles)1976年在调查犯罪分子活动时被汽车炸弹炸死。他的同事接替他的工作,采制的《亚利桑那工程》——分为33部分的连载促成了调查性报道记者与编辑组织(Investigative Reporting and Editors,IRE)的成立。[①]

在这期间,有代表性的调查性报道有西摩·赫什(Seymour Hersh)对美莱屠杀案的报道,《纽约时报》对五角大楼关于越南战争文件的披露以及《华盛顿邮报》等媒体对"水门事件"的报道。

---

① [美]迈克尔·埃默里、埃德温·埃默里、南希·L. 罗伯茨:《美国新闻史——大众传播媒介解释史》第九版,展江译,中国人民大学出版社2004年版,第236页。

第二章 中美调查性报道源流梳理

"美莱屠杀案"调查

1969 年,西摩·赫什得到新闻线索:一名美军中尉威廉·卡利(William Calley)因为在越南战争中杀害平民将要接受法庭审判,于是西摩·赫什开始深入调查。他只身来到佐治亚州见到被羁押的卡利。卡利向他讲述了全部事实:1968 年 3 月 16 日,一个连队在卡利中尉的带领下在南越广义省美莱村进行了长达数小时的屠杀,男人被直接杀害,女人在轮奸和强奸后杀害,甚至连婴儿也不放过,整个村子 109 人无一幸免。西摩·赫什这时是一个自由撰稿人,他将稿子出售给了一家通讯社(Dispatch News Services),后来有 30 多家报纸刊登,这篇新闻获得了 1970 年的普利策海外新闻报道奖。

《纽约时报》诉美国案

《纽约时报》诉美国案(*New York Times Company v. United States*)是一起因为调查性报道引发的诉讼。20 世纪 60 年代末 70 年代初,美国深陷越南战争泥潭,美国民众反战热情高涨。肯尼迪政府的国防部长罗伯特·麦克纳马拉(Robert S. McNamara)组织人员对战争展开研究,30 余位专家历时一年多时间完成了题为《美国越南政策制定过程史》的报告,报告长达 250 万字,共 47 卷,7000 页,全部被列为机密级文件。参与研究的一名国防部官员丹尼尔·埃尔斯伯格(Daniel Ellsberg)出于结束战争的目的,将报告一部分提供给了包括《纽约时报》在内的一些美国报纸。1971 年 6 月,《纽约时报》率先刊载部分文件内容,《华盛顿邮报》等几百家报纸也刊载了报告的摘录。美国司法部以刊登报告内容对国家安全造成危险为由要求法院发出禁令禁止报纸刊登,案件几经反复,最后在 6 月 25 日提交美国联邦最高法院,最高法院最终以 6:3 作出裁决,判定法院无权禁止报纸刊登这起案件中涉及国防安全利益的机密文件。判决书的后面附有 9 名法官的意见书,其中道格拉斯大法官的意见非常具有代表性:

"首先应该指出的是,宪法《第一修正案》规定,"国会不得制定法律……剥夺言论和出版自由。"在我看来，这意味着，宪法没有为政府限制新闻界留下任何空间。"①

布伦南大法官偏好平衡方法，但是他在该案中得出的结论是，政府没有满足必要的证据标准：

在这些案件中，政府主张的关键问题是，如果允许出版政府试图禁止的材料，那么它可能会损害国家在许多方面的利益，但是宪法《第一修正案》绝对不容许根据猜想或者臆测而对新闻界施加事前司法限制……相关材料的出版必须不可避免地、直接地和立刻地导致某种事件的发生，例如危及海上运输船的安全等等，才能支持法院颁发临时限制性命令。

《水门事件》调查

美国调查性报道达到高峰的标志是《华盛顿邮报》等媒体对"水门事件"的报道，它创造了美国调查新闻的高度，以前没有以后也再没有哪个媒体能够企及。

1972年6月17日，美国民主党全国委员会所在地水门饭店来了几个不速之客，他们在办公室安装窃听器的时候暴露并被华盛顿警察当场逮捕。这一年是美国总统大选年，共和党候选人，时任总统理查德·米尔豪斯·尼克松（Richard Milhous Nixon）和民主党候选人乔治·麦高文（George McGovern）激战正酣，但是这条有趣的线索却没有引起多少记者的注意，《纽约时报》也只是在A组新闻的30版轻描淡写地报道了一下。只有《华盛顿邮报》比较重视，在重要新闻的位置刊登了一条83英寸长的消息，并且敏感地将其中一个"窃贼"詹姆斯·麦科特（James McCord）和中央情报局联系起来。

《华盛顿邮报》派去采访这一案件的是几个年轻的记者，其中还有刚

---

① New York Times Company v. United States, 403 U. S. 713, 720 (1971). 转引自［美］约翰·D. 泽莱兹尼《传播法：自由、限制与现代媒介》，张金玺、赵刚译，清华大学出版社2007年版，第83页。

第二章 中美调查性报道源流梳理

入职不久的鲍勃·伍德沃德（Bob Woodward）和卡尔·伯恩斯坦（Carl Bernstein），他们对调查性报道都有浓厚兴趣，鲍勃·伍德沃德就说："我非常敬仰20世纪初扒粪记者林肯·斯蒂芬斯和他的同事们开展的卓有成效的工作，当然，我也非常喜欢大卫·哈伯斯坦的书，如果我有偶像的话，一定会是他。"① 正是他从一个"窃贼"的通讯录上发现了E.霍华德·亨特的名字，才让记者追根溯源找到了白宫的一个办公室。紧接着，两位年轻的记者在"深喉"②的帮助下发表了一系列相关消息，指出水门事件是白宫大规模窃听和侦查活动的一部分，仅仅只是冰山一角。

《华盛顿邮报》的调查遇到了来自美国政府的重重阻力，美国司法部长约翰·米切尔（John Mitchell）甚至威胁说"凯瑟琳·格雷厄姆③（Katharine graham）的奶头会被绞肉机绞住的。"格雷厄姆毫不畏惧，她说："我们已经游到河水最深的地方，已经没有退路了。"第二天，《华盛顿邮报》将司法部长的话刊登在报纸上，让公众大吃一惊。

到了1973年，《纽约时报》、《洛杉矶时报》、《时代》、《新闻周刊》以及哥伦比亚广播公司加入讨伐阵营，尼克松总统的日子越来越难过。1974年8月，在交出了一段他隐藏已久的电话录音后，尼克松的谎言被戳穿。4天后，他被迫辞去总统职务，接任的副总统福特在宣誓就职仪式上说："我们国家漫长的噩梦已经过去，宪法还在起作用。"

（2）广播电视调查性报道栏目层出不穷

世界上最早出现电视调查性报道栏目的是英国。1953年，BBC创办的公共事务类栏目《全景》（panorama）就含有大量调查性报道，1967年格拉纳达电视台（Granada Television）创办的《世界在行动》（World

---

① Steve Weinberg: *Role Models Bob Woodward*, *Columbia Journalism Review*, 2001, May/June, p. 30.

② 美国导演杰拉德·达米亚诺（Gerard Damiano）导演的一部情色电影，后来指不愿透露姓名的消息来源，在水门事件中的"深喉"是美国联邦调查局前副局长马克·费尔特（Mark Felt），他为《华盛顿邮报》的记者提供了大量内部资料，是"水门事件"曝光的隐身英雄。

③ 当时《华盛顿邮报》的发行人、董事会主席。

in Action）几乎是一个纯调查性报道栏目。美国一直到20世纪60年代后期才开始开办此类栏目，主要有ABC的《20/20》、NBC的《监视器》（*Monitor*）、CBS的《60分钟》（*60 Minutes*）、《48小时》（*48 Hours*）、PBS的《前线》（*Frontline*）等等，在这些栏目中，最具代表性的是CBS的《60分钟》和PBS的《前线》。

《60分钟》

《60分钟》是一档电视新闻杂志栏目，《纽约时报》曾经称赞它是美国历史上最受人尊敬的电视新闻杂志栏目。截止2013年，它曾经获得106次艾美奖（Emmy Awards），在美国黄金时间段栏目中无人企及。它曾经赢得20次皮博迪奖（Peabody Awards）。获奖作品包括揭露政府和军队工程承包商之间的猫腻，联邦调查局员工卷入毒品交易以及美国陆战队士兵在伊拉克滥杀无辜的多项调查性报道作品。《60分钟》创造了美国电视史多个记录，连续23年进入收视率前十名，5年收视率第一，1999年同时有1412家电视台同时在黄金时间段转播《60分钟》的节目。在尼尔森收视率调查中，从1976开始进入前二十，在1979年排名第一，平均收视率位居14，即使进入21世纪后，它也仍然是收视率位居前二十的栏目，在电视新闻杂志类栏目中的老大地位无人撼动。

《60分钟》在一期节目中含有3个故事和简短评论。虽然正如节目创办人唐·休伊特（Don Hewitt）所说：《60分钟》是一个既可以看到玛丽莲·梦露的衣橱又可以看到奥本海默实验室的节目，但调查性报道无疑占据了非常重要的地位。《60分钟》的调查性报道和莫利·赛福（Morley Safer）有不解之缘，莫利·赛福曾经担任CBS驻伦敦和西贡总编辑，1965年，他就在南越战场报道美军用火焰喷射器焚烧民房，枪杀平民的暴行。来到《60分钟》后，他将"有力的"调查性报道引入这一栏目，题材涉及美军在战场使用集束炸弹、逃兵役者、南越部队、尼日利亚、中东以及爱尔兰共和军等等。在1973年，《60分钟》还加入到揭露"水门事件"的队伍中，视听兼备、声画俱全的电视报道使

第二章 中美调查性报道源流梳理

这一事件更加扣人心弦。

《前线》

《前线》是美国公共电视台开办的公共事务栏目，以播出带有深度的调查纪录片为主，1983年创办，时长一般为一个小时。由于PBS是不受政府控制和商业影响的独立广播电视机构，所以《前线》节目制作精良，很少受到来自官方和商界的阻挠，被称为"业界良心。"《前线》以其高质量的节目得到同行认同，曾经57次获得艾美奖，15次获得皮博迪奖。

《前线》播出大量调查性报道。第一期节目是调查美国职业足球联赛和有组织的犯罪、赌博之间的联系。在1983年的第一季中，有的调查在三K党和纳粹组织有计划的屠戮中警察线人所扮演的角色，有的通过调查梵蒂冈银行和意大利秘密组织P-2之间的联系质疑该银行首席执行官的自杀认定，有的调查五角大楼在美国经济中所起的经济和商业作用。PBS高度的独立性保证了《前线》敢于触碰敏感选题，并在调查制作过程中相对自由。

（3）调查记者行业组织开始建立

行业组织是从事某一共同行业的法人或者公民组织的非盈利、民间互助性质的社会团体。对于调查记者来说，就是从事调查性报道的新闻人或者公民出于共同利益诉求而组织的带有互助性质的民间社会团体。这些组织是调查性报道参与人利益的代言人、协调者和保护者。它可以通过专业培训提高调查记者的专业素养；可以沟通和协调调查者和政府的关系，实现和政府博弈的组织化、理性化；可以为调查记者提供信息、工具、人力帮助，避免单打独斗造成采访的失利；可以为调查记者提供法律以及道义援助，担当调查记者利益的维护者。

美国较早出现的调查记者组织是1975年在弗吉尼亚州雷斯顿成立的致力于为调查记者提供帮助的非营利性草根组织IRE，奠基人主要有四名记者：《印第安纳波利斯明星报》（*Indianapolis Star*）荣获普利策新闻奖的调查记者马瑞顿·波廉（Myrta Pulliam）、哈利·别尔斯（Harley Bierce），奥荷玛《太阳报》前主编保罗·威廉姆斯（Paul Williams）和《芝加哥论坛报》的冉·柯塞尔（Ron Koziol）。[①] IRE 致力于为美国乃至全世界调查记者提供业务指导和培训，推进信息、资料、调查技巧、新闻来源的共享，保护调查记者权益。1976 年，IRE 在印第安纳波利斯举行首次会议，参会代表达到 200 余人，尽管调查记者参加第一次代表大会的热情十分高涨，但是会议却被刚刚发生的一件谋杀案蒙上阴影。当年 6 月，《亚利桑那共和报》（*Arizona Republic*）记者同时也是 IRE 第一届会议代表唐·博乐思（Don Bolles）在凤凰城进行调查性报道时被汽车炸弹炸死。博乐思之死使调查记者做出了一个史无前例的决定，他们联合起来到凤凰城调查博乐思被害事件，他们用自己的行动向社会宣告：你可以杀害一名调查记者但是你不能杀害故事本身。[②] 后来，一批新闻学教授、作家、自由撰稿人参加了 IRE，1978 年，IRE 落户密苏里新闻学院。

1977 年，调查性报道中心（Center for Investigative Reporting 简称 CPI）在加利福尼亚州奥克兰市成立，开创者主要有：大卫·威尔（David Weir）、丹·诺伊斯（Dan Noyes）、洛厄尔·伯格曼（Lowell Bergman）。调查性报道中心是主要致力于调查政府机构寻租行为的非盈利记者组织。该中心第一个报道曝光了美国犯罪组织"黑豹党"，其后它调查了美国企业将被禁农药出口到发展中国家又将带有这种农药残留的农产品进口到国内的现象，节目获得全国新闻杂志的报道奖。进入 80 年代，CPI 开始制作电视调查性纪录片，并且将节目提供给《前线》、《60 分钟》、《20/20》等调查性栏目。1980 年制作的关于美国在圣迭戈（San Diego）海滨进行水下核试验对民众健康构成威胁的调查

[①] ［美］布兰特·休斯顿、莱恩·布卢兹斯、史蒂夫·温伯格：《调查记者手册》，张威、许海滨主译，南方日报出版社 2005 年版，第 1 页。

[②] http://www.ire.org/about/history/#chapter1.

第二章 中美调查性报道源流梳理

性报道是 CPI 第一个在多媒体播出的报道,不仅在《新西部杂志》(*New West Magazine*) 刊登,而且在《20/20》节目中播出。

调查性报道组织的出现使美国调查记者摆脱了过去单兵作战或者单纯依靠某个媒体进行的模式,记者和记者,媒体和媒体之间互动频繁、合作增加。有的组织就是调查性报道的新闻总汇,可以给报纸、杂志、广播、电视提供新闻线索或者新闻成品。调查性报道组织出现也说明这一时期调查记者数量增多,成为新闻记者队伍中一支不可或缺的力量,是美国调查性报道成熟的标志之一。

(4) 调查性报道奖项开始设立

普利策新闻奖是闻名世界的新闻奖,也是美国新闻界的风向标。它一贯关注调查性报道,据道格拉斯·贝茨 (J. Douglas Bates) 统计:在 1917 年至 1990 年的 580 件获奖作品中有接近 40% 是调查性报道。[1] 1985 年,普利策新闻奖又增设调查性报道奖,当年获奖的是《圣·彼得斯堡时报》(*St. Petersburg Times*) 记者路西·摩根 (Luce Morgan) 和杰克·李德 (Jack Reed) 曝光地方警长腐败并且导致他下台的新闻。普利策调查性报道奖的增设无疑使调查性报道地位得到提升,驱使更多新闻记者从事这一项让害人者害怕,让腐败者颤抖,让不义者惊悚的新闻事业。

这一阶段美国还出现了地方性调查性报道奖励,例如田纳西州就设立有马尔科姆法调查性报道奖 (Malcolm Law Investigative Reporting Award),该奖项由田纳西州出版管理编辑协会在 1973 年主办,是该州最具盛名的调查性报道奖励,每年奖励 3—4 名调查记者。

除了专门的调查性报道奖,有些奖项也以调查性报道为主体。1975 年,美国新闻记者和作家学会开始颁发媒体良心奖,授予那些秉承新闻最高原则并且为新闻事业做出非凡贡献的记者和作家,评奖规则非常严

---

[1] J. Douglas Bates: *The Pulitzer Prize: The Inside Story of America's Most Prestigious Award*, New York: Carol Publishing Group, 1991, p. 104.

格，至今只颁发过12次。1975年颁发给了白宫新闻秘书杰拉德·特霍斯特（Jerald TerHorst），他撰写了题为《杰拉尔德·福特总统对尼克松的宽恕》的文章，中间含有大量鲜为人知的资料，媒体良心奖的获奖者多是调查记者。

3. 与黑幕揭发运动的异同

20世纪60年代至90年代是美国调查性报道的高潮和成熟期。这一时期，调查记者队伍壮大，开始建立专门的行业组织；报道媒介从报纸、杂志向广播、电视延伸，涌现出享誉美国和世界的名牌栏目、金牌主持；出现轰动世界乃至改变历史进程的调查性报道，进一步彰显了它的影响力；特定奖项的设立提升了调查性报道的专业地位和品质。

和三十多年前的美国黑幕揭发运动相比，两个时期都是调查性报道轰轰烈烈，调查记者挥斥方遒的时代，评判一个媒体的品质主要看其有没有刊播过影响较大的调查性报道，有没有知名的调查记者，但是这一时期也有不同于黑幕揭发运动的特点。

首先，这一时期刊播调查性报道的主体是报纸。20世纪初的黑幕揭发运动是由杂志率先发起的，《麦克卢尔》、《柯里尔氏周刊》、《世界主义者》等杂志是承载运动的主要媒介，运动后期，报纸才逐渐开始刊登黑幕揭发文章，使其向纵深发展。在20世纪中后期，报纸是调查性报道走向成熟的主力军，不但《华盛顿邮报》、《纽约时报》、《洛杉矶时报》、《费城问询报》（The Philadelphia Inquirer）这些在美国和国际名声显赫的大报刊登大量调查性报道，包括《列克星顿先驱领袖报》（Lexington Herald Leader）、《查洛特观察家报》（The Charlotte Observer）、《亚特兰大宪政报》（The Atlanta Journal-Constitution）、《西雅图时报》（The Seattle Times）等地区性报刊也刊登了不少调查性报道，有的还斩获普利策新闻奖。当然，杂志在这一时期也并不是全无作为，《生活》、《展望》、《壁垒》等还是捍卫了杂志在调查性报道方面的荣誉，尤其是

第二章 中美调查性报道源流梳理

带有左翼色彩的《壁垒》报道了一批关于越战的调查性报道。1966年4月,《壁垒》曝光美国在南越的一个技术援助行动实质是美国中央情报局谍报活动的一部分,报道因其敏感的话题、专业的调查获得著名的乔治·波克奖(George Polk Award)中的杂志报道奖。当年8月,《壁垒》又揭露美军在南越的军事行动中大量使用"非人道"武器——凝固汽油弹的"秘密"。

其次,在黑幕揭发运动中,扒粪记者调查的对象有大公司、商人、政客、教士、种族歧视者、新闻从业者等等,涉及社会各个领域,大公司、政治实力派的不当行为和社会不公是三个主要目标,尤以大公司为主要矛头。调查性报道惯常的思路是大公司贿赂掌权政客继而造成社会不公正,可见大公司是罪恶的根源。[①] 而20世纪中后期的调查性报道主要指向政府不当行为,水门事件、越南战争、政客腐败是调查记者非常钟爱的选题,即使在"后水门时代",调查记者依然将调查矛头主要指向政客。《印第安纳波利斯明星报》记者比尔·安德森(Bill Anderson)曝光了当地警局的腐败,《密尔沃基哨兵报》(*Milwaukee Sentinel*)揭露县政府部门的腐败并且导致官员被起诉,吉姆·波尔克(Jim Polk)报道两个参议院接受免费旅行后企图影响建设管理部门为相关企业谋利的事件,麦克·巴克斯特(Mike Baxter)和吉姆·萨维吉(Jim Savage)在迈阿密先驱报(*Miami Herald*)组建了调查性报道组,第一个任务就是披露某参议员用不当手段意图使联邦房屋管理局批准自己获得低息贷款以及其他利益。[②]

20世纪中后期出现变化的最主要原因是媒体的经济利益诉求导致他们不太敢批评那些为他们输送金钱利益的广告主。美国确立了世界最

[①] 蔡帼芬:《国际传播与媒体研究》,北京广播学院出版社2002年版,第62页。
[②] James L., Aucoin: *The Evolution of American Investigative Journalism*, Columbia: University of Missouri Press, 2005, pp. 85 – 86.

发达的以商营为主的媒介体制,广告是媒介的最重要财源。1980年,美国有全国性日报1750多家,各种杂志4400多种,他们全都刊登广告,《纽约时报》、《华盛顿邮报》广告占2/3的版面。美国共有电视台996个,其中商业台727个,无线电广播电台8408个,只有904个是非商业性的①。如果没有广告,这些商营媒介虽然不至于立刻破产但是也支撑不了多久,而大企业和大公司是广告投入量最大的主体,因此也是媒介的金主,这就导致"尽管人们对调查性新闻的兴趣日渐增加,但政治和经济的现实情况又使得电视只能充当胆小如鼠、不敢冒险的角色。也有些时候,当广播电视业主行使大权将发财图利抛诸脑后甘冒风险时,他们的行为便有悖于其经济利益……这种过河拆桥、以德报怨的情况十分少见。"② 二则美国公众知情权得以确立。1966年颁布的《信息自由法》使20世纪40年代由媒体人率先提出的"知情权理论"得以实现,《信息自由法》在这一时期4次修订(1974年、1976年、1978年和1986年),使大量信息向社会公众公布,媒体获取信息的渠道更加畅通,数量大为增加,时间明显缩短,而且可以查看很多过去根本看不到的所谓秘密信息。这些共同导致了20世纪中后期调查性报道揭露主题向政府不义行为的倾斜。

五 美国调查性报道在传统媒体的式微和在新兴媒体的勃兴(1990至今)

1. 调查性报道在传统媒体的衰落

20世纪末,美国调查性报道随着媒介的第四次变革也发生着深刻变化,主要表现在伴随着调查性报道在传统媒体尤其是报纸的衰落,新兴媒体中的调查性报道日益蓬勃,显示了强大生命力。

美国调查性报道在20世纪70年代达到顶峰后开始了一个较为漫长

---

① 任中林主编:《中国广告实务大全》,科学技术文献出版社1992年版,第851页。
② [美]阿特休尔:《权力的媒介》,黄煜、裘志康译,华夏出版社1989年版,第164页。

第二章 中美调查性报道源流梳理

的衰落过程。这种衰落首先从20世纪80年代公众对调查性报道热情减退开始。大卫·韦佛（David Weaver）和琳恩·丹尼尔斯（LeAnne Daniels）曾经通过四次电话调查对80年代美国调查性报道的轨迹进行研究。[①] 这四次调查分别是1980年芝加哥调查、1981年国家盖洛普调查、1984—1985年国家调查和1989年印第安纳州全州调查。

表4　　　　　　　　调查性报道重要性调查　　　　　　（单位：%）

类别	芝加哥调查 1980年	ASNE 国家调查 1984—85	印第安纳调查 1989	备注
非常重要	77.1	55.7	45.6	
有点重要	19.4	38.5	45.9	
根本不重要	1.8	5.8	7.1	
不知道	1.7	0.0	1.2	
其他	0.0	0.0	0.2	
合计	100	100	100	

从图表可以看出，认为调查性报道非常重要的比率从1980到1989年呈递减趋势，从77.1%降到了55.7%又到了1989年的45.6%。而认为调查性报道根本不重要的比率呈现相反趋势，从1.8%增加到5.8%再到7.1%。1981年盖洛普调查对人们赞同或者反对调查性报道进行过调研，结果显示79%的人欢迎调查性报道，而城市中这一比例更高达84%。另外一项结果显示，在1981年，有66%的人希望媒体刊播更多调查性报道。从以上研究可以看出，在20世纪80年代初期，调查性报道还有非常好的公众基础，受众希望看到更多的调查性报道，认为调查性报道的重要性不可忽略，但是80年代并没有保持这一良好趋势，公众的支持率呈现下降趋势，这也影响到媒体采制调查性报道的热情。

---

① David Weaver and LeAnne Daniels: *Journalism & Mass Communication Quarterly*, March, 1992, pp. 146-155.

1996年，学者曾经对1980和1995年《芝加哥论坛报》(*The Chicago Tribune*)、《费城问询报》(*The Philadelphia Inquirer*)和《圣路易斯邮报》(*St. Louis Post-Dispatch*)3月、4月、11月的546个版面中的401则相关报道进行研究发现：1980年一共有69篇调查性报道，占报道总数的17.2%。1995年调查性报道数量锐减到20篇，占总数的4.9%。《芝加哥论坛报》在1980年相应月份刊登了30条调查性报道，在1995年没有刊登1条；《费城问询报》1980年相应月份刊登了24条调查性报道，在1995年只刊登了14条；《圣路易斯邮报》1980年相应月份刊登了15条调查性报道，在1995年只刊登了6条，从三家报纸都明显看出，从1980年到1995年，调查性报道数量显著下降，每家报纸都进入下降通道。①

不仅20世纪90年代，进入21世纪后，美国报纸媒体调查性报道情况也不容乐观。2010年9月的《美国新闻学评论》载文《式微的调查性报道》(*Investigation Shortfall*)中提到："在美国，随着传统媒体的不景气，曾经辉煌一时的调查性报道已呈黯然退潮的态势。调查性报道采编人员从2003年的5391人减少到2009年的3695人，缩水30%，是十年来最低点。"② 这一点在普利策新闻奖中也可以清晰呈现出来："据统计，1985年至2010年，普利策新闻奖的调查性报道入选作品量下跌了21%；在公共服务领域的调查性报道入选作品量更下跌了43%；解释类调查性报道入选作品量同样下跌了43%。"③

广播电视媒体的衰落趋势没有报纸那么明显，下面是美国广播电视主要调查性报道栏目的统计情况：

---

① Joseph Bernt and Marilyn Greenwald: *Enterprise and Investigative Reporting in Three Metropolitan Papers: 1980 and 1995 Compared* AEJMC Conference Papers, Thu, 19 Dec., 1996.
② 余婷：《美国报纸调查性报道衰微原因探析》，《新闻实践》2011年第1期。
③ 同上。

第二章 中美调查性报道源流梳理

表5　　　　　　　美国主要广播电视调查性报道栏目统计

	栏目名称	英文名称	所属媒体	栏目类型	传播媒介	开播时间	停播时间	时长
1	60分钟	60 minutes	哥伦比亚广播公司	新闻杂志	电视	1968年	—	60分钟
2	20/20电视系列	20/20	美国广播公司	新闻杂志	电视	1978年	—	60或者120分钟
3	1986电视系列	1986 TV series	全国广播公司	新闻杂志	电视	1986年	1986年	48分钟
4	30分钟	30 Minutes	哥伦比亚广播公司	新闻杂志	电视	1978年	1982年	30分钟
5	48小时	48 Hours	哥伦比亚广播公司	新闻杂志	电视	1988年	—	42分钟
6	60分钟二	60 Minutes II	哥伦比亚广播公司	新闻杂志	电视	1999年	2005年	45—48分钟
7	700俱乐部	The 700 Club	基督教广播网	新闻杂志	电视	1966年	—	60分钟
8	今晚美国	America Tonight	半岛电视台美国频道	深度报道	电视	2013年	2016年	30分钟
9	在这里现在	Here and Now	环球电视台	新闻杂志	电视	1998年	—	60分钟
10	高墙之后	Behind Mansion Walls	调查探索频道	纪录片	电视	2011年	2013年	20至23分钟
11	日界线	Dateline	全国广播公司	新闻杂志	电视	1992	—	1至2小时
12	犯罪每天看	Crime Watch Daily	联合制作	新闻杂志	电视	2015		44分钟
13	第一天	Day One	美国广播公司	新闻杂志	电视	1993年	1995年	不详
14	民主在现在	Democracy now!	个人	时事新闻	广播电视网络	1996年		60分钟
15	魔鬼你知道	The Devil You Know	调查探索频道	纪录片和新闻节目	电视	2011年		不详
16	曝光：美国调查报道	Expose: America's Investigative Reports	公共广播公司	纪录片	电视	2006年	2009年	23分钟
17	断裂线	Fault Lines	半岛电视台英语频道	纪录片	电视	2009年	2013年	30分钟
18	前线	Frontline	公共广播公司	纪录片	电视	1983年	—	60分钟左右
19	完整测量	Full Measure	个人	新闻杂志	电视	2015年		22分钟
20	和约翰·沃什去狩猎	The Hunt With John Walsh	有线新闻网	纪录片	电视	2014		40至44分钟
21	内幕报道	Inside Edition	哥伦比亚广播公司	新闻杂志	电视	1989年	—	30分钟

91

续表

	栏目名称	英文名称	所属媒体	栏目类型	传播媒介	开播时间	停播时间	时长
22	监控	Monitor	全国广播公司	新闻杂志	电视	1983年	—	不详
23	须知	Need to Know	公共广播公司	新闻节目	电视	2010年	2013年	24分钟
24	夜线	Nightline	全国广播公司	新闻节目	电视	1980		20至60分钟
25	宝拉赞恩在	On the Case With Paula Zahn	调查探索频道	纪录片	电视	2009		40至43分钟
26	岩石中心和布莱恩·威廉姆斯	Rock Center with Brian Williams	全国广播公司	新闻杂志	电视	2011年	—	42分钟
27	周末	Weekend (news program)	全国广播公司	新闻杂志	电视	1974年	1979年	不详
28	西57号	West 57th	哥伦比亚广播公司	新闻杂志	电视	1985年	1989年	60分钟
29	你会怎么做	What Would You Do	美国广播公司	新闻杂志	电视	2008年	—	60分钟

表6　　美国广播电视调查性报道主要栏目创办年代统计

年代	1960—1969	1970—1979	1980—1989	1990—1999	2000—2009	2010—2016
报道条数	2	3	7	5	4	8

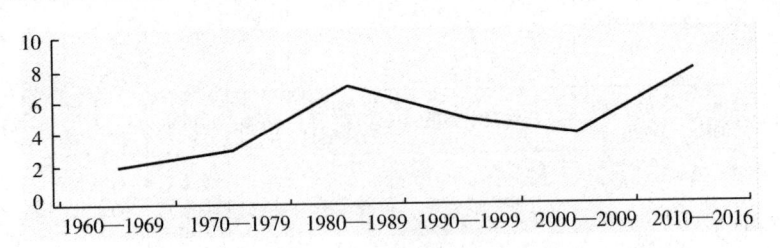

图4　美国广播电视调查性报道主要栏目创办年代统计图

从述图表可以看出，美国广播电视调查性报道栏目从20世纪60年代出现，以后逐渐攀升，在20世纪80年代达到一个高峰，以后开始渐渐下降，到21世纪10年代又达到一个新的高峰，这和报纸媒体存在些许差别。

第二章 中美调查性报道源流梳理

从栏目所属媒体来看，三大广播网和公共广播网占了主体。ABC 共有相关栏目 3 个，NBC 共有 6 个，CBS 共有 6 个，PBS 共有 3 个，共占所有栏目的 62%，而且较为著名的美国调查性报道栏目《60 分钟》、《前线》、《20/20》、《60 分钟Ⅱ》、《日界线》等等无不属于这几大广播网。

从栏目类型看，广播电视调查性报道栏目以电视新闻杂志栏目为主。在 29 个栏目中新闻杂志有 18 个，占 62%，其他还有电视纪录片、时事新闻等等。这和电视新闻杂志时间长，节目类型灵活，可以兼及新闻、评论、纪录片等等多种体裁有密切关系。另外，美国广播电视栏目的容量较大，时间也普遍较长，60 分钟以上的栏目非常普遍，最短的节目时长也在 20 分钟以上。

2. 调查性报道在传统媒体衰落的原因

（1）传统媒体自身没落

调查性报道这一时期的衰落和传统媒体尤其是报刊业的没落如影随形。进入 20 世纪 90 年代，受到网络媒介冲击的美国传统媒体开始进入历史拐点，一直被视为朝阳产业并且在美国经济权重中占巨大比重的报业和广播影视业陷入低谷。

2009 年前 9 个月，美国有 105 家报刊（大部分为地方报刊）停刊，前 6 个月有 279 家杂志停刊。[1] 大报发行量也在锐减，以《华盛顿邮报》为例，十年间，报纸发行量减少 30 万份，现在只有 43 万份。2012 年 12 月 31 日，美国第二大新闻深度报道杂志《新闻周刊》纸质版停刊，从 2013 年新年起改为数码周刊。仅仅一个月后，2013 年 1 月底，美国最大的杂志集团"时代公司"宣布裁员 6%，近 500 人，以扭转经营亏损和盈利下滑的趋势。"时代公司"经营着诸如《时代》这种大型调查性深度新闻周刊以及其他纸媒的杂志，对美国的新闻报道有举足轻重的影响，现在《时代》周刊已经成为美

---

[1] 龚铁鹰编著：《国际时事评述论集 2009—2012》，世界知识出版社 2013 年版，第 11 页。

国硕果仅存的新闻周刊。①

2015 年,美国传统媒体形势仍然不容乐观。据皮尤研究中心统计:2015 年,普通报纸发行量下降 7%,周报发行量下降了 4%,是从 2010 年以来最严重的下滑,与此同时,广告收入也面临从 2009 年以来最严重的下滑,减少了接近 8%。2014 至 2015 年,报业减员依旧,从业人员减员 10%,在近 20 年,报业已经减少了 20000 个职位。②

美国报纸和期刊发展的长期颓势直接影响了调查性报道的持续,报社的关张使一大批调查记者失去了工作,即使报社勉强维持,从事本报调查性报道的记者人数也在减少,他们或是转去体育版、娱乐版,或是转而投身网络媒介,有的则成为独立调查人。

美国广播电视业这一时期发展比较平稳,无论传统广播网还是公共广播电视,以及新兴的有线电视网都没有大的波动,这也是这一时期美国广播电视调查性报道和报刊变动趋势出现差异的最主要原因。

以传统的广播电视网为例。晚间新闻收视率一直稳定在 2100 万至 2400 万之间,早间新闻基本在 1200 万至 1400 万之间徘徊,而调查性报道占主体的新闻杂志栏目虽然呈下滑趋势,但是也基本平稳,情况见表 7。

表 7　　　　　　　美国电视新闻杂志收视率变动[3]

年份	收视率
2008 年	38813000
2009 年	39173000
2010 年	36867000
2011 年	36210000

---

① 新京报传媒研究院主编:《新京报　传媒研究》第一卷,安徽人民出版社 2013 年版,第 222 页。
② 皮尤研究中心, http://www.journaliSM.org/2016/06/15/state-of-the-news-media-2016/。
③ http://www.journaliSM.org/2016/06/15/cable-news-fact-sheet/。

第二章 中美调查性报道源流梳理

续表

年份	收视率
2012 年	34571000
2013 年	34146000
2014 年	34141000
2015 年	32482000

无论早间新闻还是晚间新闻，广播网的广告收入都呈现稳中有升的较好态势：

表8　2012年—2015年美国传统广播网晚间新闻栏目广告收入[①]

年份	广告收入（美元）
2012	335720000
2013	346430000
2014	352960000
2015	374721000

表9　2012年—2015年美国传统广播网早间新闻栏目广告收入[②]

年份	广告收入（美元）
2012	731314000
2013	748225000
2014	709665000
2015	809045000

新闻栏目广告收入没有大幅波动也从一个侧面表现这一阶段美国广播电视业处于发展稳定期。

（2）调查性报道耗时、费力，成本较高

调查性报道是一种影响较大的新闻报道方式，不少媒体都将其作为彰显自身实力，博弈竞争对手的秘密武器。在传媒的历史星空中，一些媒体能够在满天繁星中分外璀璨夺目就是因为刊播了影响深远的调查性

---

① http：//www.journaliSM.org/2016/06/15/cable-news-fact-sheet/.
② Ibid.

报道，像"水门事件"之于《华盛顿邮报》、"五角大楼文件"之于《纽约时报》、"国际足联黑金内幕"之于BBC《全景》（*Panorama*）、"洛克希德事件"之于日本《每日新闻》等等。但是正如一块璞玉需要长期的切磋琢磨才能焕发光彩一样，调查性报道的意义非凡来自于它的高成本、高投入和高风险。

《费城问询报》的三名记者哈里·杰拉尔德·比辛格（H. G. Bissinger）、丹尼尔·R. 比德尔（Daniel. R. Biddle）、弗雷德里克·尼尔·图而斯基（Fredric Neal Tulsky）调查费城法院存在的黑幕，由于选题较大，资料获得难度极高，很多人认为这是一项不可能完成的任务，但是《费城问询报》的都市新闻主编史蒂夫·赛普洛却说："我考虑的不是花几个月或是几年，我认为即便花上一千年也值。"[①] 三名记者花了将近3年时间，采访200多人，其中有费城一半的法官，翻阅了大量卷宗资料，甚至包括这些法官的工资单，终于将费城法院失序的种种乱象披露于报端，引发公众和司法机关高度关注，宾夕法尼亚州州长罗伯茨·凯西专门给记者写信："《费城问讯报》再一次证明了自身是全国主要报纸之一，而且是调查性新闻报道的真正领袖。你们使人眼界大开的系列报道警醒了人民，使他们意识到费城司法系统的改革是刻不容缓了"[②]《费城问询报》的《法院的失序》获得了普利策调查性报道奖。

同属于《费城问询报》的调查记者吉姆·斯迪尔（Jim Steel）和唐·巴勒特（Don Barlett）为了调查核废料问题，用一年半的时间行程两万英里，积累了十余万页采访资料，从美国和其他国家搜集4万多页参考资料。类似这样的例子还有很多，调查记者动辄数月，甚至数年专注于一个新闻事件，虽然报道刊播后影响往往是巨大的，但是并不是每一个媒体都有能力或者愿意承担的。

[①] [美]沃尔特·李普曼、詹姆斯·赖思顿等：《新闻与正义——西方新闻记者笔下的20世纪的主题Ⅳ》，展江主译评，海南出版社1999年版，第371页。

[②] 同上书，第375页。

第二章 中美调查性报道源流梳理

另外，调查性报道风险极高，调查记者和战地记者在危险性方面难分伯仲。据国际记者保护委员会统计，1996年，共有26名记者被杀害，185名记者被关押在24个国家的监狱中。除了死于阿尔及利亚的7名记者是被伊斯兰极端组织杀害以外，其余记者都是因为撰写反映事实真相的新闻报道后被犯罪组织、反政府武装以及政府代理人秘密杀害。①

美国调查记者因为报道而遭杀害的例子虽然鲜见，但是也绝非仅有。1976年，《亚利桑那共和报》记者唐·博尔思就因为调查一桩土地阴谋被疑似黑手党分子在汽车中炸死。2007年8月4日，著名黑人调查记者、《奥克兰邮报》编辑昌西·贝利（Chauncey Bailey）因为一起商业调查被杀手枪杀于奥克兰街头。②

除了生命风险外，还有法律风险。虽然美国宪法明确规定公民享有出版自由和言论自由，第一修正案禁止国会制定任何法律剥夺言论自由和侵犯新闻自由，《信息自由法》等法律以及"纽约时报诉沙利文案"等判例为调查记者采访和报道提供了法律保障，但是调查性报道相较而言还是一种容易使调查记者惹上法律官司的报道，如果搜集信息行为不当，可能遭到的违反刑法的指控包括：擅闯私宅、偷窃、勒索和贿赂；可能遭到的违反民法的指控包括：诽谤、侵犯他人隐私和制造诈骗。③

《60分钟》曾经播出纪录片《无数的敌人：越南骗局》（The Uncounted Enemy: A Vietnam Deception），揭露1967年指挥越南战争的指挥官威廉姆·威斯特摩兰（William Westmoreland）为了使战争持续下去，有意隐瞒越南军队人数。节目由于没有平衡的对证分析以及细节出现错

---

① It's A Dangerous Job-26 journalists were murdered in 1996, *Columbia Journalism Review*, May/June, 1997, p.56.
② Lee Romney: Two Convicted of murder in shooting of Oakland journalist, *Los Angeles Times*, June, 10, 2011.
③ [美]威廉·C.盖恩斯：《调查性报道》第二版，刘波、翁昌寿译，中国人民大学出版社2005年版，第92页。

误,威斯特摩兰将CBS诉诸法院,要求赔偿一亿两千万美元,创下了当时诽谤官司的最高纪录。CBS几次提出庭外和解,都被对方拒绝,最后还是在CBS找到了最关键的两名证人后才全身而退,后来CBS和威斯特摩兰宣布和解,各自承担诉讼费用,但一场官司打了四年多也让CBS费力劳神。类似这样因为调查性报道而让传媒惹上诉讼的案例还有不少。

(3) 美国新闻娱乐化对调查性报道的冲击

进入20世纪80年代以来,美国传媒呈现出本土化和娱乐化的倾向,尤其是娱乐化对新闻本身的侵蚀是造成调查性报道在传统媒体衰落的又一大动因。

1998年底,美国新闻工作者协会曾经对美国16家重要媒体进行了1977年与1997年新闻报道对比研究,发现1977年传统的硬新闻与娱乐性新闻比例为32%∶15%,而1997年则颠倒过来,这个比例为25%∶40%。[①]辛普森杀妻案、克林顿绯闻、戴安娜王妃香消玉殒成为当时标志性的新闻报道。辛普森杀妻案的关注率甚至超过了伊拉克战争。克林顿的"拉链门"事件和"水门事件"同样是发生在美国总统身上的丑闻,但是时隔20年,公众的关注重心、传媒的报道方式、事件的最终结果都发生了巨大的改变。虽然在"拉链门"事件中,美国媒体也展开了一些调查性报道,但是始终不构成新闻报道主流,美国媒体将娱乐元素注入到事件中,不是关注克林顿作伪证和妨碍司法公正这些核心问题而是偏爱其婚外情的细枝末节,使其演绎成一幕愉悦眼球的肥皂大剧。

美国媒体对克林顿绯闻事件没有更多进行调查性报道首先是迎合公众娱乐心态的结果。调查性报道每次勃兴都与社会矛盾尖锐引发的公众与政府、大利益集团的疏离密不可分,尤其20世纪70年代调查性报道的高峰更是媒体和公众对美国政府的一种反叛。在媒介被无形之手牢牢

---

① 李良荣:《娱乐化、本土化——美国新闻传媒的两大潮流》,《新闻记者》2000年第10期。

第二章　中美调查性报道源流梳理

控制之后，对政府的监督成为调查性报道成长的最肥沃土壤。20世纪80年代后，美国经济发展平稳，尤其在90年代中期迎来了123个月持续增长，新经济潮流势不可挡，美国进入黄金发展时期，公众和政府之间的心理距离由70年代的疏离变成90年代的接近，更多地关注"必要的邪恶"[①]中必要的一面，而不仅仅只盯在邪恶上。另外，他们厌倦调查性报道过于严肃的主题、程式化的采访、阴暗的画面以及几近繁琐的证据呈现，喜欢刺激性选题、故事化情节、娱乐化包装以及趣味性呈现。

美国主流媒体全市场化运作也是造成这一时期娱乐新闻泛滥以致调查性报道式微的一个原因。新闻媒体从诞生那一刻起，就在权力和金钱之间舞蹈，只不过有时候权力的力量大一些，有时候金钱的诱惑多一些，完全脱离这两种因素存在的媒介很少。美国构建的是以商营为主体的媒介体制，市场力量对新闻媒介影响很大而且呈随时间逐步加剧的轨迹。在扒粪运动时期，市场力量对调查媒体和记者影响甚微，所以大企业是当时调查的主要对象，食品行业、石油行业、运输行业连爆丑闻。此后，这些被调查对象逐步渐变成了各大媒体的广告客户，而广告是各类型媒介的主要财源，其中报纸百分之六七十以上收入来自于广告，广播电视绝大部分收入来自于广告，因此媒体在报道牵涉到金主利益时自然不像扒粪运动时期那样无所畏惧，这是调查性报道第二次高峰时主要监督对象是政府官员的原因。20世纪80年代后，美国媒介又开始实施全市场化运作，也就是市场力量在媒介内部各个领域开始起主导作用。新闻业的经营人员发明了"整合新闻纸"概念，即要将编辑、广告、发行、市场研究、促销全面统一在利润最大化的目标之下，使报纸最大程度地获得利润。[②] 报刊不再对公众负责而是像电视一样为了获得利润

[①]　法国作家托克维尔在《论美国的民主》一书中将政府称作必要的邪恶。
[②]　秦志希、岳璐：《制度变迁视野中的美国新闻娱乐化现象初探》，《武汉大学学报》（哲学社会科学版）2004年第57卷第4期。

去取悦消费者，负责任的新闻已经从专业记者手中转移到熟练的职业经理人手中。① 此前美国媒介内部的半市场化运作已经过渡到全市场化运作，"无冕之王"演变成了"市场之奴"，迎合大众口味，能够提高报纸发行量和电视收视率的娱乐新闻自然成了媒介的最爱。

再一个，美国80年代以来的兼并重组使媒介商业化特征更加明显。20世纪80年代，里根政府放松对媒介的政策监管，新的克林顿政府延继并且发展了这一政策，尤其在1996年颁布《1996年电信法案》（Telecommunications Act of 1996）后，美国媒介产业的兼并重组浪潮一浪高过一浪。1985年，鲁伯特·默多克（Rupert Murdoch）旗下的新闻集团购并20世纪福克斯公司。1995年，特纳传播公司又和在1989年合并的时代——华纳公司合并。同年，美国迪斯尼公司兼并ABC，使得迪斯尼成为当时世界第二大媒介集团。最惊人的并购出现在世纪之交，美国在线（AOL）与时代华纳公司合并为美国乃至世界最大的媒介集团——美国在线时代华纳（AOL Time Warner）。虽然美国媒介大规模的兼并重组有喜有悲，包括被世人看作天作之合的美国在线和时代华纳的并购最后也不得不以劳燕分飞的结局收场，但是这种并购浪潮一直延续至今，而其影响对美国乃至世界都是深远的。

媒介大规模的兼并重组使美国媒介实现了规模和集约经营，可以有效降低成本，提高资源利用率，实现信息共享，最后增强自身竞争力。但是媒介不同于一般产业，对于商营媒介来说，它既是商业企业同时也是社会公器，集商业经营、社会舆论引导、环境监视、舆论监督等诸功能于一身。媒介的大规模兼并重组，使原本和新闻媒介毫无关系的大公司、大财团进入媒介产业，例如2004年和NBC合并的美国通用电气公司（General Electric Company）就是一个原本隶属于摩根财团（Morgan Financial Group）的跨国企业，这些企业和财团购并媒介主要还是出于

---

① Joseph Bernt and Marilyn Greenwald: *Enterprise and Investigative Reporting in Three Metropolitan Papers: 1980 and 1995 Compared*, AEJMC Conference Papers, Thu, 19 Dec., 1996.

第二章 中美调查性报道源流梳理

获取利润的商业化目的,他们一般并不太关注媒介的社会责任,无形之中削弱了媒介社会责任而强化了其商业性。另外,媒介的集中使舆论控制权掌握在一些媒体大鳄手中,他们对容易惹是生非的调查性报道并不青睐,而更加看重那些能够给集团带来丰厚利润的娱乐新闻。

总体来看,娱乐新闻的泛滥冲击了传统调查性报道的固有轨迹,人们不再习惯认真思考和探究社会真实,而是习惯于任由社会图景通过媒介以娱乐方式呈现,已经心甘情愿成为娱乐的附庸,最终成为娱乐至死的物种。[①]

3. 美国调查性报道在新媒体的勃兴

20世纪中后期,以网络为代表的新媒体使人类进入第四次传播革命,新媒体在信息传播中以其速度的迅捷性、传受的交互性、资源的广泛性、存储的丰富性、传播方式的非线性、服务的个体性等巨大传播优势一跃成为媒介新宠,尤其是服务个体性的优势使传播主体实现了从媒介组织向个人让渡的可能,公众可以跨越在传统媒体时代不可能逾越的高门槛,集采写编评播于一身,实现信息的自主普泛化传播,这也正是这一阶段美国调查性报道能够在传统媒体没落的同时在新媒体兴起的技术动力,使调查性报道在技术层面进入了全新发展阶段。

(1)新媒介中的调查性媒介组织层出不穷

有学者认为:在公众的头脑中,调查性报道是传统媒介尤其是纸质媒介的专利,只有纸质媒介才可以生产纯正的调查性报道,但是这一观念在在线新闻业迅猛的发展中已经不能立足[②]。美国出现了一大批在线调查性新闻组织,比如"圣迭戈之声"(Voice of San Diego.com)、"谈话要点备忘录"(Talking Points Memo)、"佛罗里达调查性报道中心"(The Florida Center for Investigative Reporting)、"ProPublica"、"赫芬顿

---

① [美]丹尼尔·波兹曼:《娱乐至死》,章艳译,中信出版社2016年版。
② Edited by Eugenia Siapera and Andreas Veglis: *The Handbook of Global Online Journalism*, Wiley-Blackwell, 2011, p.254.

邮报"（The Huffington Post）、"加利福尼亚观察"（California Watch）等等，它们有的通过网站、博客，有的通过和传统媒体合作制作播出调查性报道作品。例如"加利福尼亚观察"就曾经对加州硝酸盐污染、圣何塞养老院老人死亡、妊娠综合征死亡案例增加、警察滥用职权等事件进行了调查报道。

在这些新闻组织中，最负盛名的就是"ProPublica"和"赫芬顿邮报。""ProPublica"创建于2007年10月，真正运行开始于2008年1月，是一个非盈利、独立的新闻编辑室，创办人是《华尔街邮报》前主编保罗·斯蒂格（Paul Steiger）。ProPublica专注调查性报道题材，它认为：当下，意见性信息激增而事实性信息锐减，尤其调查性报道需要大量人力投入，一些事实在起初看起来极富新闻价值，但是"勘探"后却是毫无价值的"干洞"，造成调查结果不能发表，因此很多媒体将调查性报道看成奢侈品不愿涉足。但同时它又认为："调查性报道是社会的一盏明灯，是不能放弃的，它们的坚持就是为了让更多人了解并且实践这一报道样式"。[1] ProPublica拥有45名调查记者，很多都是美国一流新闻记者，是美国拥有调查记者最多的新闻单位，保罗·斯蒂格曾经引用2005年亚利桑那州立大学关于美国最大的100家日报的调查：超过1/3（37%）的报社没有全职调查记者，绝大多数只有两个或者更少的调查记者。拥有四个或者以上的仅占1/10。[2] ProPublica主要报道政治和经济领域的题材，同时也关注工会、医院、媒体、大学等机构，尤其当这些机构滥用公众信任，压迫弱势人群时。ProPublica的调查作品除了通过网络媒介发布以外，一些深度调查性报道还在传统媒体刊播，目前他拥有127家合作出版者。ProPublica的作品多次荣膺普利策新闻奖、皮博迪奖和艾美奖。

---

[1] https：//www.propublica.org/about us.
[2] 苏永华、张乐克：《媒介融合与新商业模式——新媒体环境下美国报业考察报告》，中国和平出版社2012年版，第237页。

第二章 中美调查性报道源流梳理

自称为第一份互联网报刊的《赫芬顿邮报》由著名媒体人阿丽安娜·赫芬顿（Arianna Huffington）在2005年创办，是一个提供新闻记者原创服务和新闻聚合服务的政治新闻博客网站，通过"分布式"新闻发掘方式和以WEB2.0为基础的社会化新闻交流模式而独树一帜。《赫芬顿邮报》内容涵盖政治、商业、娱乐、环境、技术、大众媒体、健康、文化、地方新闻等多个领域，共有60多个版面，被《观察家报》（*The Observer*）誉为世界上最具实力的新闻博客网站。赫芬顿邮报中既有专业新闻记者同时也有大量博客写手，因此它既有传统博客的自主性也有网络新闻的公共性。它的调查性报道主要集中在政府丑闻、种族歧视、毒品和同性恋问题等等。

（2）在线调查性报道屡获大奖

调查性报道在新媒体勃兴的另一个显性标志就是在线调查性报道屡获大奖，说明它已经得到新闻界的承认和关注。虽然普利策新闻奖还是一个以报刊媒体为主的评奖体系，但是从2009年普利策评奖委员会允许纯网络出版物参与评选。2010年，ProPublica因为在2009年报道卡特里娜飓风来袭时美国奥尔良市一家医院中的医护人员面对患者的生死抉择和《纽约时报杂志》（*New York Times Magazine*）共同获得调查性报道奖。2012年，《赫芬顿邮报》以其对伊拉克和阿富汗战争中受伤士兵精神和肉体方面挑战的详尽调查又获得了普利策国内报道奖。2012年，"加利福尼亚观察"广具影响的调查性作品《晃动的大地》还获得了普利策新闻奖提名。

IRE的作品奖从2000年开始设立在线调查性报道奖，几乎每年都有优秀在线调查性报道获奖：

表10　　　　　　　IRE在线调查性报道获奖统计

年代	标题	媒体	记者
2000年	立法机关：公共服务、个人利益	公共诚信中心	戴安·伦祖丽等
2002年	军火走私者	调查性报道中心	爱丽丝·贝丝等

续表

年代	标题	媒体	记者
2003 年	水中贵族	公共诚信中心	艾莉森等
2004 年	外包的五角大楼	公共诚信中心	伊丽莎白·布朗等
2006 年	马克福利调查	ABCNews.com	布莱恩·罗斯等
2007 年	附带损害：911 后的美国人权和军事援助	公共诚信中心调查性记者国际财团	帕特里克·基格等
2008 年	重新调查	voiceofsandiego.org	威尔·凯利斯等
2009 年	一次性军队	ProPublica、《洛杉矶时报》、ABCNews	克里斯蒂安·米勒等

塞尔登调查性报道钟声奖（Selden Ring Award for Investigative Journalism）由南加利福尼亚大学安纳堡（Annenberg）传播与新闻学院在 1990 年创办，是一个以奖励纸质媒体调查性报道为主的重要奖项，被誉为调查性报道领域的一颗明珠。2010 年，Propublica 记者克里斯丁·米勒（T. Christian Miller）因为调查报道战争中保险公司的不当牟利获得当年塞尔登调查性报道钟声奖。2012 年，"加利福尼亚观察"记者兰斯·威廉姆斯（Lance Williams）和克里斯蒂娜·朱厄特（Christina Jewett）采访医疗保健领域出现的消费欺诈行为，获得了乔治·波儿克奖（George Polk Award）。皮博迪奖进入 20 世纪后也开始将互联网节目纳入评奖范畴。美国职业新闻工作者协会的杰出公共服务奖也专门设置了在线调查性报道奖。

（3）新媒体丰富了调查性报道的采访手段

新媒体兴起为调查性报道提供了新的辅助手段。有学者把新闻记者利用计算机开展新闻业务称为"四 R"，即计算机辅助报道（Computer-Assisted Reporting）、计算机辅助调查（Computer-Assisted Research）、计算机辅助参考（Computer-Assisted Reference）、计算机辅助聚谈（Computer-Assisted Rendezvous）。计算机辅助报道是指用某些计算机来分析处理通过采访等方法获得的原始资料数据，从而使报道更加准确更加深入的新闻技巧；计算机辅助调查主要指对各种数字化资料，包括各类数

第二章　中美调查性报道源流梳理

据库和各种网站进行有目的的查找与调查并对所找到的资料加以分析研究的新闻技巧；计算机辅助参考指的是利用数字化工具书快速查找所需资料，例如某些定义、概念、统计数字或者某个事实的新闻技巧；计算机辅助聚谈指的是通过各种形式在线交谈、讨论、聚会等发现新闻线索，了解社会舆论等的采访技巧。① 调查性报道中最重要的就是计算机辅助调查。目前，美国很多媒体和调查记者都充分运用计算机网络展开调查。一些报社记者通过搜索高速公路巡逻数据掌握交通警察在执法中的种族歧视现象。北卡罗来纳州的报纸使用死亡记录数据库揭露一些被本州官员忽视的疑案，其中不乏一些凶杀案。《普罗维登斯杂志》（*Providence Journal*）登载的一项市政厅调查是通过分析财产评估记录、人员名单、支持活动以及投票者的登记名录完成的。记者既可以通过政府部门获得某些数据，也可以将信息编成数据，自建资料库。② ABC 前首席政治记者马特·皮科克（Matt Peacock）认为使用计算机可以使调查记者搜集资料变得更加便利：这是和传统媒体条件下明显不同的，使用电脑可以获得更多的记录尤其是政府相关方面的，记者可以搜集到一个官员关于某个主题几年来的全部谈话资料，这对于调查性报道来说十分关键，因为这些资料中有些本身是自相矛盾的。③

（4）新媒体催生全新调查性报道样式

自主性是以网络和手机为代表的新媒体的重要特性，传播者可以利用博客、微信、微博、BBS、贴吧、电子邮箱等网络社区和工具通过现代化电子传播手段向特定或者不特定人群以及单个受众传播信息。这一特性将传统信息传播路径中泾渭分明的传播者和接受者之间的界限打破，使公众可以跨越原有难以跨越的物质和行政门槛，进入到传播者行

---

① 朱家麟：《关注计算机辅助新闻学》，《中国记者》2002 年第 6 期。
② ［美］布兰特·休斯顿、莱恩·布卢兹斯、史蒂夫·温伯格：《调查记者手册》，张威、许海滨主译，南方日报出版社 2005 年版，第 1 页。
③ Alan Knight: *Online Investigative Journalism*, *Ejournalist: A Refereed Media Journal*, 2001, Vol. 1, No. 1, p. 9.

列，这在传统媒介统治下是无法实现的。对于调查性报道来讲，它实现了调查记者的普遍化和公众化，尽管过去存在一批不隶属于任何媒体的调查记者，但是他们的作品呈现却需要借助报社和广播公司，网络的出现使网络终端后面的每个个体都成为调查主体，他们可以单独或集体按照个人旨趣或者受众（媒体）意愿展开调查，并且借助传统媒体或者自己在新媒体中发布制作好的调查性报道。总之，媒介的洪荒巨变促生了全新的调查性报道模式。

以维基新闻为代表的公民调查新闻是调查新闻自主化最直接的表现。公民调查新闻就是公民出于某种不特定的兴趣和动机，通过类似传统调查记者的调查手段，对被政府、组织和个人掩盖的侵害公众利益的行为和事件展开调查，并且通过传统或者新兴媒介进行传播和报道的新闻，也被称作参与式或者分包式调查新闻，采用这种传播或者报道方式的个人被称作公民调查记者。在公民调查新闻中，最具代表性的就是维基新闻，公民借助维基技术实现新闻制作过程的协作，使每个个体都能够借助维基平台发布新闻。在维基新闻中，有的公民可以根据独立获得的新闻线索进行调查采访，发掘事实真相，有的可以根据其他公众在维基平台发布的新闻进一步拓展延伸，使更多事实真相曝光，还有的可以和传统媒体合作，通过更加专业的调查采访获得高品质调查性报道。必须指出的是由于调查性报道是最能够彰显新闻工作者专业素养的一种新闻报道方式，普通公众由于教育背景、采访能力、技术手段的限制，大多数维基调查新闻和传统调查新闻相比还有一定差距。

2008年，以美国Spot.us网站为代表的众筹调查新闻出现。Spot.us由大卫·科恩（David Cohn）创办，是一个集合了普通公众、记者、新闻出版人在内的非营利组织。组织通过接受受众资金来完成相应新闻，并向出资受众反馈新闻报道。众筹调查新闻的资金来源不是特定媒体，而是受众提供的，例如Spot.us的一部分资金就来源于私人非盈利基金奈特基金会（John S. and James L. Knight Foundation）。众筹调查性报道

第二章 中美调查性报道源流梳理

计划的选择不是由媒体决定的,而是受众根据喜好以及发现的新闻线索提供。而众筹新闻的调查者要经常向受众反馈报道进度,最后呈现报道成果。当然,众筹新闻的受众是特定的,正如美国国际公共电台(Public Radio International)的交互媒体副总裁迈克尔·司克乐(Michael Skoler)所说:"在大家的观念中有一种误解就是在我们外包新闻时是吸引所有人来参与,实际并非如此,我们主要吸引的是那些对此感兴趣并且有相关知识的人来一起玩。"[①] Spot. us 成为世界众筹新闻的起点。乔琳·伊斯顿(Joellen Easton)说:"Spot. us 证明众筹新闻可以帮助独立的、地方新闻工作者,尤其是自由职业者,它是这一领域重要的拓荒者,很多类似平台的建立都要归功于大卫·科恩和他的平台。"[②]

总体来看,20世纪90年代后的美国调查性报道呈现出在传统媒体进入下降通道而在新兴媒体迈入上升通道的趋势。调查性报道借助新的媒体技术焕发出旺盛的生命活力,但是并不能因此就认为传统媒体中的调查性报道即将消亡。由于调查性报道是传统纸媒在抗衡电子媒介时着力弘扬的一种新闻报道样态,因此它在包括纸媒在内的传统媒介中已经建构了成熟的专业报道模式,再加上它是最能够体现新闻记者专业能力和水平的一种报道方式,有巨大的影响力,所以传统媒介绝不会轻易丢掉这一报道方式。只要传统媒介还存在,调查性报道就不会在传统媒介中消亡,就会出现调查性报道在传统和新兴媒介中长期并存的格局。

[①] Edited by Eugenia Siapera and Andreas Veglis: *The Handbook of Global Online Journalism*, Wiley-Blackwell, 2011, p. 255.

[②] Joellen Easton: *Spot. us is going away, but its legacy inspires new chapters of crowdfunding playbook* https: //www.publicinsightnetwork.org/2015/02/11/.

第三章
中美调查性报道采访实务观照

　　检视中美调查性报道的异同并不是一件易事，因为中美两国调查记者成百上千，调查性组织不胜枚举，而调查性报道作品更是浩如烟海，所以要想得到客观、理性、相对真实的结论就必须有科学的观察方法和角度。本研究从内容入手主要审视中美调查性报道采访和写作，寻找二者在新闻事实本身判断、新闻事实要素选择、新闻事实观察视角、新闻事实叙事技巧等方面的异同，并由此探析造成调查性报道出现差异的宏观和深层背景，以求描摹出中美两国调查性报道的真实图景。

　　在研究过程中简单地将比较范围限定为中美调查性报道作品对于比较研究是有难度的，因为中美调查性报道作品数量众多、媒介有别、地域不同，如果不将其放入一个可以衡量的坐标系中，不但考量起来难度巨大，而且得出的结果也不具参考价值。所以笔者在比较研究时主要针对1990年以来中国新闻奖特等奖、一等奖和普利策新闻奖中的调查性报道作品。

　　在中国，调查性报道奖项可谓凤毛麟角。《南方周末》曾经在世纪初设置了"致敬，中国传媒"，其中专门设立了"致敬之年度调查性报道"，每年盘点中国传媒刊播的有影响的调查性报道。由于《南方周末》虽然在中国地位显赫，但是毕竟是一家偏安一隅的地方媒体，另

第三章 中美调查性报道采访实务观照

外从2012年,这项评奖就被叫停,说明它和中国主流意识形态存在偏差,不被新闻管理部门认可,因此其选取的报道虽然是具有新闻专业品质的优秀作品,但是不能代表中国调查性报道整体状况。中国新闻奖是中华全国新闻工作者协会主办,中共宣传部批准设立的一项全国综合性年度优秀新闻作品最高奖,也是目前中国最具权威性、广泛性、代表性的新闻奖项。1990年设立,虽然从2013年才出现调查性报道奖,但是此前已经有一些调查性报道作品获得其他类别奖励。

普利策新闻奖是根据美国报业大亨普利策的遗愿在1917年开始设立的新闻奖项,百年过去,它已经成为全美新闻最高荣誉,在世界也有较高知名度和影响力,被看做"新闻界中的诺贝尔奖"。该奖从1985年开始设立调查性报道奖,和中国新闻奖一样,其他奖项中也含有数目不等的调查性报道。

在对作品进行内容分析时,研究对调查性报道认定进行了信度测量,调查共有三名评判员,在调查之前进行了相关培训,培训后其相互同意度为0.85、0.79、0.91,平均相互同意度为0.85,大于0.78的最低相互同意度标准,经计算其信度系数为0.944,大于0.80的信度系数标准。

另外,研究还撷取比较有代表性的广播电视节目或者其他典型案例进行对比,以求得出更加详实、科学、有价值的结果。

第一节　中美调查性报道题材选择比较

《北史·魏彭城王勰传》中讲:"帝曰:虽雕琢一字,犹是玉之本体"。这句话虽短,但是道出了新闻采访和写作的重要和二者的关系。玉之成器,必要雕琢,雕琢类似新闻中的写作,但是巧妇难为无米之炊,如果璞玉不精,技艺再高超的工匠也难以制成传世精品,这就说明新闻采访更加重要,它决定了新闻写作。

新闻采访从新闻题材选择开始。新闻题材是构成新闻作品的材料，即新闻作品具体描写的事件和现象。选择和确定新闻题材是新闻采写的起点，要求记者有很强的观察力和敏感性，能够从纷繁芜杂的现实生活中及时有效选取具有新闻价值的材料，并且迅速及时地反映出来。① 新闻题材选择可以透视新闻记者看待世界的视角。新闻记者的视角对于受众尤为重要，在大众传播媒介出现以后，人们借助媒介实现了人体延伸，当他们触碰更多信息的同时亲身感受的直接信息却在减少，信息世界的建构主要依靠新闻媒介给受众搭建的"拟态环境"，它并不能像镜子一样可以原原本本映射客观世界，而是要通过新闻记者选择、加工和传递等手段重新结构化一个"象征化环境"，这个环境是新闻记者对于现实世界的认知反映和借助媒介的信息表达，是一种掺杂着真实和不真实的世界，是记者主观意识和客观环境交汇、融合、重现的复杂过程。拟态环境在现实的重要性体现在它决定了受众认知和行为，受众正是依靠新闻记者选择、加工的信息认识客观世界、协调自身行为、实现自身社会化和个性化的，所以考察和分析调查性报道题材十分重要。

一　中美调查性报道题材选择的同一

虽然中美信息传播语境不同，但是正如马克思所言："要使报纸完成自己的使命，必须承认它具有植物也具有的那种为我们所承认的东西，即承认它是有自己的内在规律"，这说明新闻事业也有内在的普遍规律，它适用于任何国家，也适用于任何媒体，从这个角度来考量调查性报道，就会发现中美两国调查性报道有一些相通元素。

1. 调查性报道以负面题材为主

在对新闻题材性质归类时，通常做法是将报道题材分为正面、中性和负面三类：正面题材是指那些表现人和事物积极向好一面的选题，用中国的流行词语形容就是"正能量"，主要用来反映社会光明和积极的

---

① 邱沛篁主编：《新闻传播手册》，四川大学出版社2004年版，第211页。

第三章 中美调查性报道采访实务观照

一面；而负面题材主要指那些消极、不好和坏的人物和事件，比如灾难、战争、灾祸、腐败、犯罪等等，主要暴露社会阴暗面；中性题材则介于二者之间，指那些不具有强烈倾向性的新闻选题。

审视中美两国获奖调查性报道题材可以发现两国有一个鲜明的共性就是以负面题材为主。在中国新闻奖中有83.3%，在普利策新闻奖中有96.8%的调查性报道属于负面选题。在中国获奖调查性报道中占据前列的报道议题分别是公务人员渎职：占27.8%；社会问题：占19.4%；行业内幕：占16.7%；贪污腐败：占11.1%。再来看普利策新闻奖，在获奖的调查性报道中，占据前列的题材分别是：公务人员渎职：占21%；侵犯人权：占20%；行业黑幕：占15.8%；贪污腐败：14.7%。在这些选题中除社会问题含有部分中性选题外其他无不是社会负面元素。

从以上比较可以看出中美两国都认为调查性报道主要用于批评和监督，其核心和形象识别标志是对腐败、不义、非公等社会阴暗面的揭露。这是因为中国非常重视舆论监督作用，1987年首次将舆论监督写入政府工作报告，并且将其视为和党内监督、法律监督、民主监督同等重要的监督手段，而相对于客观报道的平衡自然以及时评的辛辣激烈，调查性报道以其全面、理性、质疑、深刻、无畏、求真的风格成为舆论监督的坚戈利器。对于美国来说，从19世纪末构建起的"扒粪"传统一直延续至今，调查记者秉承"无冕之王"和"第四等级"的新闻理念，将政府看成"必要的邪恶"，将权贵视作"带着原罪的既得利益者"，忠贞地履行着看门狗的职责和义务。

2. 调查性报道题材被掩盖

分析中美两国调查性报道题材可以发现，调查性报道的对象绝大多数处于被掩盖状态，即新闻事件不是自然地呈现在调查记者视野之中，而是被个人、权力组织、利益集团出于特定原因掩盖和伪装，唯恐被记者发现而大白于天下。"最好的调查记者就是向公众揭示那些从未公开的信息的记者,这些信息是政府和商业组织一直意图掩盖的,而且记者的报道常常和政府公布的版本正相反。"① 获得中国新闻奖的调查性报道中有26条,72.2%属于此类;获得普利策新闻奖的调查性报道中有91条,95.8%属于此类。道格拉斯·贝特(J. Douglas Bates)说:"普利策新闻奖一直为曝光新闻所主导,揭露那些党派和政府不愿意公开的信息。"②

曾经获得中国新闻奖一等奖的《河道里建起商品楼》就属于此类报道。长江航道里1998年中国抗击洪水的重要地段出现了一批"合法"的违法建筑,说它违法是因为它妨碍了行洪安全,说它"合法"是因为它所有的手续不但完善而且合法,就在记者采访这批隐藏在合法外衣下面的非法建筑时,施工方和政府相关工作人员仍在千方百计掩盖事实真相。

2014年,获得普利策新闻金奖③的是美国《华盛顿邮报》和《卫报》美国版关于"棱镜"计划的报道,报道引用美国防务承包商前雇员爱德华·斯诺登(Edward Snowden)提供的绝密素材曝光美国国家安全局(NSA)和联邦调查局(FBI)通过美国国际网络公司的中央服务器监控、搜集和挖掘情报。报道不仅在全球引发轩然大波,而且迫使美国政府解密和"棱镜"计划相关的电话监听和网络监控文件。

新闻素材的被掩盖增加了调查记者采访的难度,需要调查记者具备怀疑的意识、缜密的思维、锐利的目光、务实的采访、严谨的文笔才能够拨开云雾见晴日,写出优秀的调查性报道。同时这种困难也激发了调查记者的斗志,翻看中美调查性报道的历史可以发现,调查记者是一个

---

① Ted White: *Broadcast News Writing, Reporting, and Producing*, Fourth Edition, Burlington: Elsevier Inc, 2005, p.336.

② J. Douglas Bates: *The Pulitzer Prize: The Inside Story of America's Most Prestigious Award*, New York: Carol Publishing Group, 1991, p.4.

③ 普利策金奖就是公众服务奖,其他奖项的奖金为7500美元,公众服务奖获得者被授予一枚金牌,所以又被称为普利策金奖。

无私无畏、勇于担当的新闻职业共同体。正因为如此，中国学者李希光才说："最崇高的职业是记者，最优秀的记者是调查记者，最出色的调查记者是让害人者难受的记者。"①

3. 调查性报道题材相对重要

在新闻价值语境中，重要是指新闻事件本身和受众之间存在的利害关系，利害关系越大，重要程度越高；反之，重要程度就越低。从重要性的视角考量获奖的中美调查性报道可以发现，很多报道具有一种悲天悯人的人文情怀，和人的工作、生活，乃至生与死这些终极命题密切相关。2008年获得中国新闻奖的《东方早报》记者简光洲调查甘肃部分婴儿因为服用三鹿集团生产的婴幼儿奶粉导致儿童罹患肾病，揭开"毒奶粉"事件的冰山一角，后相关责任人被判入狱，多名高官被问责，最重要的是这则调查性报道充分发挥了新闻报道的预警功能和社会公器作用，使更多孩子免受病痛之苦。美国类似的题材也有很多，1990年，《华盛顿每日新闻》（*Washington NC Daily News*）报道政府对城市供水含有致癌物不闻不问长达8年，并且有意掩盖。1993年，《阿尔伯克基论坛报》（*Albuquerque Tribune*）曝光50年来一些美国人在不知情的情况下接受政府核辐射实验。

另外，一些中美调查性报道看似不属于宏大叙事，而是针对个案的调查报道，但是其视野却是宏大的，是针对一段时期某个区域或者全国性类似新闻事件的映射。这种宏大视野无疑加重了调查性报道的分量，使它成为一种不可或缺的新闻报道方式。

4. 调查性报道题材具有冲突性

冲突指新闻中人物与人物之间或者人物与事物、自然之间的对立、对抗状态。纽约州立大学新闻学者杰森·特拉尼（Jason R. Detrani）说："人们对包括冲突、紧张或者公开辩论这样的话题有天然兴趣，人

---

① 白红义：《以新闻为业：当代中国调查记者的职业意识研究》，上海交通大学出版社2013年版，第13页。

们总是站在对立方的一面然后看谁能在冲突中获胜,当然冲突并不总是意味着一个人和另一个人的对立,医生和疾病之间、公众和不公的法律之间的对立也在冲突之列。"①

调查性报道题材的冲突性主要体现两个方面:一是调查性报道是对被掩盖新闻事实的揭示,既然事实被掩盖就会有掩盖方和暴露方之间的冲突,一方千方百计遮蔽事实真相,另一方铁鞋踏破追踪事实原委,有时候双方还会发生激烈碰撞;二是调查性报道的素材多是负面选题,存在正义与不义,公正与非公之间的对抗和博弈,而且调查性报道讲述的故事多数不是光明战胜黑暗的喜剧叙事,多少会带有一些悲情色彩,尤其是小人物和强权之间的对抗更是这样。调查记者这样处理也可以更好地引发社会关注,促成问题解决。例如中央电视台《焦点访谈》栏目曾经报道山西省某公路执法人员乱设卡、乱收费、乱罚款,记者乔装打扮成过往司机采访这一乱象。在记者和执法人员的冲突中,执法人员飞扬跋扈,记者忍气吞声,二者强弱分明,但是在电视观众看了这一节目后也会对错立判,而且提高了传播效应。

法国文学家伏尔泰曾经说过:"每一场戏必须表现一次争斗"。德国哲学家黑格尔也把各种目的和性格之间的冲突看成是戏剧的中心问题。虽然他们谈论的是戏剧,但是冲突中心论同样适用于调查性报道,调查记者费尽千辛万苦,甚至冒着生命危险采访调查性报道不仅因为调查性报道是新闻记者良心的最好展示,是新闻事业履行社会责任的最好渠道,而且由于调查性报道充满了冲突元素,因此它好听、好看,吸引受众,许多记者就是因为采访调查性报道一鸣惊人,许多媒体也是因为刊登调查性报道而洛阳纸贵。

二 中美调查性报道题材选择的差异

中美调查性报道尽管在题材的重要程度、负面性质、遮蔽状态、冲

---

① Jason R. Detrani: *Journalism Theory and Practice*, Apple Academic Press, Inc, 2011, p.78.

第三章 中美调查性报道采访实务观照

突元素等方面存在同一,但是毕竟新闻传播的外部生态以及内部环境存在巨大差异,因此新闻记者的把关标准是不同的,再来看中美调查性报道题材选择的差异。

1. 调查性报道题材性质有别

中国记者在选择调查性报道题材时既有负面选题也有中性选题,而美国调查性报道绝大多数为负面选题。中国新闻奖从1990年至2015年共有36件调查性报道,在这些调查性报道中负面选题共有30件,中性选题共有6件,负面选题在所有调查性报道中所占比例为83.3%,中性选题所占比例为16.7%。再来看美国普利策新闻奖,从1990年至2015年共有95件调查性报道作品获奖,其中负面选题为92件,中性选题3件,负面选题所占比例为96.8%,中性选题只占3.2%。

一些中国学者认为中国调查性报道不仅是对丑闻的揭露,同时也包括对社会问题的关注。周海燕认为调查性报道的题材主要是政府、公共机构以及社会中存在的其他问题,是利用长时间积累的消息来源和文件向公众提供某一事件尤其是影响到公共利益的不正当行径的强有力解释。[1] 郭光华认为调查性报道的题材指向新闻事件真相和某些社会问题,他还特别分类了一种问题型调查报道,这类报道是对社会上某些较具普遍性的不良现象和弊病、工作中存在的问题所做的调查研究。[2] 欧阳明则将调查性报道的题材归结为某一或某类社会事实或社会现象,他在调查性报道分类时特地拓展出一类调研式调查性报道,这类报道既不刻意批评,也不着意表扬……它所涉及的问题,大多是社会上长期存在而未引起注意或亟待抓紧解决的情况……意在用建设性的主张求得社会共识,推动社会良性

---

[1] 周海燕:《调查性报道采访与写作》,新华出版社2003年版,第1页。
[2] 郭光华:《新闻写作》,中国传媒大学出版社2014年版,第227—231页。

发展。① 干惜分主编的《新闻学大辞典》也将针对某一个方面存在的问题而进行分析和调研式报道归为调查性报道……重在分析研究政府和公共机关及整个社会体制中存在的弊端。②

这种认识在新闻实践中得到证实，在获得中国新闻奖的调查性报道中有16.7%属于中性选题。在这些选题中，有对市场菜价的追踪，有对企业资本运营的深层思考，有对住房公共维修基金管理问题的剖析，有对国产软件屡受冷落原因的揭示，也有对PX产业的理性分析和深度调查。最具代表性的是2014年第24届中国新闻奖首设调查性报道奖，获得该项奖励的是《徐州日报》刊登的《五问县级公立医院改革——睢宁县改革试点的考察报告》，这篇报道的获奖评价是"本文通过对江苏省公立医院改革首批试点单位的调查，回答了老百姓关心的一些问题。报道以问题为导向，以数据为论据，让事实说话，让当事人说话，较好地履行了报道者的职责。同时，该报道也敢于直面试点中存在的问题，不回避，不护短，体现了实事求是的原则。作为调查性报道，该报道在反映主流意见的同时较好地掌握了平衡报道的原则，可作为地市报调查性报道的楷模。"③ 该篇报道是对县级公立医院改革试点的调查采访，没有任何丑闻、不义等负面元素，比较典型地体现了中国调查性报道选材的特点。

但笔者在这里必须指出的是，作为中国新闻奖获奖作品中唯一荣膺调查性报道奖的作品，它并不是完美无缺的。第一，中国调查性报道虽然含有反映社会热点问题的中性选题，但它不是主流样态，中国新闻奖获奖比例已经说明了这一点，舆论监督应该是调查性报道最重要的"形象识别标志"，作为第一个获得此项奖励的作品也应该代表主流，而不是反客为主，让中性选题成为调查性报道的风向标；第二，记者调

---

① 欧阳明：《深度报道写作原理》，武汉大学出版社2004年版，第225—226页。
② 干惜分主编：《新闻学大辞典》，河南人民出版社1993年版，第153页。
③ 中华新闻传媒网，http://news.xinhuanet.com/zgjx/2014-06/16/c_133410877.htm。

第三章 中美调查性报道采访实务观照

查不够系统，调查性报道绝大多数都含有系统、深入的调查研究，而本篇报道记者是在当年7月29日得到新闻线索，8月17日进行实地采访，8月21日刊登在《徐州日报》上的，准备时间不够充足，采访时间更显短暂，报道对医疗改革的敏感问题也没有涉及，难怪有学者指出：整篇报道是对公立医院改革后的五个关键问题进行设问，通过随机采访患者，并采访医院、卫生局等相关方面得出了答案。从内容上看，它更像是工作成效追访。①

普利策新闻奖中的美国调查性报道基本上都是负面选题，中性选题的报道仅占3.2%，这些报道含有大量政治家的腐败和企业主的丑闻。在理论层面，西方学者也为调查性报道披上一层"扒粪"外衣。邓·伯科威茨（Dan Berkowitz）认为调查性报道题材大多是绝大多数受众感兴趣的话题：揭露犯罪、腐败和丑闻，它是用来检视社会制度和公共机构的托管人的良心。② 马克·费尔斯坦（Mark Feldstein）说："调查性报道尽管有许多名字——扒粪新闻、敌对新闻、辩护报道、公共服务新闻、曝光新闻……但是通览美国历史可以发现它有一个共同的核心就是代表普通公众挑战权威和反对权力滥用——政治、政府、企业或者宗教，这是一种被写作者描述为愤怒的新闻的报道形式"。③ 威廉·C.盖恩斯（William C. Gaines）说："对于调查性报道记者来说，选题不存在任何禁区。与法庭的公诉人相比，调查性报道记者的报道范围更加广泛，因为他们还能对那些并没有违反法律的不义之举和错误行为进行调查……许多调查性报道都针对政府腐败和损害消费者利益的行为。调查性报道也可以揭露企业或者机构如何不公正地对待受众。"④ 雨果·

---

① 张玉洪：《为"调查性报道"正名》，《青年记者》2015年7月上。
② Dan Berkowitz: *Professional Views, Community News-Investigative Reporting in Small Us Dailies*, Journalism, Aug, 2007, p. 551.
③ Mark Feldstein: *A Muckraking Model Investigative Reporting Cycles in American History*, The Harvard International Journal of Press/Politics, 2006, 11, p. 106.
④ [美]威廉·C.盖恩斯：《调查性报道》第二版，刘波、翁昌寿译，中国人民大学出版社2005年版，第3页。

德·博格（Hugo de Burgh）认为调查性报道的题材应该是真相和过失，记者的工作就像警察、审计人员、律师。① 调查性报道的目的并不是简单迎合普通受众喜刺激、爱冲突的信息接受心理，"并非仅是抓住政治家脱落的裤衩或聚焦于某件丑闻上，它深挖内幕，使我们可以帮助读者了解在这日渐复杂的世界中正在发生着什么"。② 在此基础上，还要努力对社会制度、官僚体系、企业管理等产生宏观和微观改变，在获得普利策新闻奖的调查性报道中，有很大比例都促进了相关改革，有的甚至促成了制度方面的进步。

2. 调查性报道题材指向相异

参考《中华人民共和国国民经济行业标准》和联合国《全部经济活动国际标准行业分类》（International Standard Industrial Classification of All Economic Activities）并且结合本研究实际，将调查性报道题材指向类目概括为12大类：1—政府部门；2—司法警务；3—军事部门；4—医疗部门；5—教育部门；6—文化传媒；7—宗教部门；8—公司企业；9—农业农村；10—环境保护；11—国外政府机构；12—其他。

在获得中国新闻奖的调查性报道中，各类报道数量和所占比例如下：政府部门：15条，占41.6%；司法警务：1条，占2.7%；医疗部门：4条，占11.1%；教育部门：1条，占2.7%；文化传媒：1条，占2.7%；宗教部门：1条，占2.7%；公司企业：12条，33.3%；农业农村：2条，占5.4%；环境保护：1条，占2.7%；军事部门、国外政府、机构为零。③ 在获得美国普利策新闻奖的调查性报道中，各类报道数量和所占比例如下：政府部门：33条，占34.7%；司法警务：14条，占14.7%；军事部门：5条，占5.2%；医疗部门：7条，占

---

① Hugo de Burgh：*Investigative Journalism*, second edition, Routledge, p.10.
② ［美］布兰特·休斯顿、莱恩·布卢兹斯、史蒂夫·温伯格：《调查记者手册》，张威、许海滨主译，南方日报出版社2005年版，第15页。
③ 有个别报道牵涉两个主题，所以计算时将其分别计算，导致总数和获奖报道数量不一致，比例超过100%。

第三章 中美调查性报道采访实务观照

7.3%；教育部门：5条，占5.2%；文化传媒：1条，占1%；宗教部门：1条，占1%；公司企业：18条，18.9%；国外政府、机构：14条，14.7%；其他：1条，占1%；农业农村和环境保护的调查性报道为零。

从以上数据可以看出，无论中国还是美国，调查性报道最青睐的选题都是对政府部门的监督，中国是41.6%，美国是34.7%。两国同时对公司企业的曝光也十分青睐，中国是33.3%，美国是18.9%，再次是医疗部门，中国是11.1%，美国是7.3%，两国关于文化传媒、宗教部门、环境保护、教育机构的调查性报道都偏少。

通过研究也可以发现两国在报道对象方面的差异：首先，虽然中国关于政府部门的调查性报道的比例达到了41.6%，美国是34.7%，但是中国在司法警务领域的调查性报道明显偏少，只有1条，占2.7%，同期美国这一领域的报道为14条，占14.7%，中国关于军事部门的调查性报道为零，美国有5条，占5.2%，如果将构成国家机构的政府部门、司法警务和军事部门统一计算后可以发现，中国关于国家机构的调查性报道占总数的44.3%，美国是54.6%，美国超过中国10个百分点，并且超过了半数。这说明美国调查性报道最主要的监督对象是国家公务人员，尤其将司法警务部门和军事部门列为主要监督对象，说明美国调查性报道中敏感选题较多。例如1994年获得国内报道奖的报道是曝光50年来一些美国人在不知情的情况下接受政府核辐射实验。1999年，《纽约时报》的报道揭示美国政府不顾国家风险允许部分企业向他国出售敏感技术，报道最后导致相关调查和政策变化。2004年获得调查性报道奖的托兰多市《刀锋》记者米切尔·萨拉赫（Michael D. Sallah）等人揭露美国部队在越战期间屠戮越南平民的暴行，该报道还获得调查记者与编辑协会奖（IRE Medal）以及美国职业记者协会颁发的杰出新闻奖。2006年，获得独家报道奖的《华盛顿邮报》关于美军虐囚事件的报道震惊世界。2014年，同获公众服务奖的《卫报》美国版和《华盛顿邮报》刊登的关于美国安全机构大范围监听的报道更是将美国政府推到舆论的风口浪尖。

其次，虽然中美两国调查性报道都将国家公务人员列为最重要的报道对象，但是在报道层次上还是有区别的。先来看中国，关于政府部门和司法警务的调查性报道一共有16条，其主要报道对象和层级如下表：

表11　　　　　中国新闻奖中调查性报道对象层级分析①

年份	报道对象	所在阶层	备注
1997年	长治市交警	厅局级	
1999年	绛县法院	县处级	
1999年	四平市委、政府	厅局级	
2000年	巫山县官阳镇	乡科级	
2001年	唐山市委	厅局级	
2001年	湖北省水利厅	省部级	
2001年	南丹县委、政府	县处级	
2002年	繁峙县政府	县处级	
2002年	兴化乡党委	乡科级	
2002年	郧西县乡镇	县处级	
2003年	安徽五河县	县处级	
2004年	滴道区政府	县处级	
2006年	资源县政府	县处级	
2007年	濮阳县委政府	县处级	
2013年	武邑县公安局 丰县工商局	县处级	
2014年	呼和浩特回民区政府	县处级	

再来看美国，1990年—2005年获得普利策新闻奖的调查性报道关于国家公务人员的报道一共有52件，其报道对象和和层级如下表：

---

① 中国行政级别采用五级制：国家级、省部级、厅局级（市）、县处级、乡科级。

第三章　中美调查性报道采访实务观照

表 12　　　　普利策新闻奖中调查性报道对象层级分析①

年份	报道对象	所在阶层	备注
1990 年	美国政府	联邦级	
1990 年	地方政府	市县级	
1990 年	明尼阿波利斯消防部门	市县级	
1992 年	德克萨斯警方	州级	
1992 年	联邦军队	联邦级	
1993 年	弗罗里达警方	州级	
1994 年	罗德岛州法院	州级	
1994 年	密歇根州议会	州级	
1994 年	联邦政府核辐射	联邦级	
1995 年	维尔京群岛犯罪	市县级美国海外领地	
1995 年	纽约长岛警察	市县级包含两个城市的四个县	
1997 年	联邦政府提供的住房项目	联邦级	
1998 年	军队医疗系统	联邦级	
1998 年	佛罗里达州凶杀案	州级	
1999 年	哥伦比亚特区警察	州级哥伦比亚特区	
1999 年	迈阿密市长	市县级	
1999 年	美国联邦级政府	联邦级	
2000 年	华盛顿哥伦比亚特区	州级	
2000 年	美军朝鲜战争暴行	联邦级	
2001 年	美国移民归化局	联邦级	
2001 年	食品药物管理局	联邦级	
2001 年	联邦级税法	联邦级	
2002 年	华盛顿哥伦比亚特区	州级	
2003 年	纽约州政府	州级	
2003 年	联邦空军	联邦级	

---

① 美国行政级别最高等级为国家，地方最高政府是州政府，州以下的地方层级比较复杂，建国初期，美国各个殖民地普遍设县，随着城市发展，有的将县撤销，有的和城市合并设立市，因此这一层级主要由县、市、特区构成，为简便起见，统一称为市县级，再往下是乡镇政府。另外美国实行三权分立，联邦政府有最高法院和国会，各州也有最高法院和国会，因此在这里立法和司法系统也参照行政系统。

续表

年份	报道对象	所在阶层	备注
2004 年	Tiger 部队	联邦级	
2005 年	俄勒冈州长	州级	
2006 年	国会	联邦级	
2006 年	中央情报局	联邦级	
2006 年	美国政府	联邦级	
2006 年	众议员	联邦级	
2008 年	美国政府	联邦级	
2009 年	拉斯维加斯州	州级	
2009 年	美国退休将领、五角大楼	联邦级	
2009 年	市长	市县级	
2010 年	弗吉尼亚州	州级	
2010 年	联邦调查局	联邦级	
2010 年	联邦政府、州政府	联邦级及州级	
2011 年	加利福尼亚州	州级	
2011 年	芝加哥市	市县级	
2012 年	华盛顿州	州级	
2012 年	纽约市警方	市县级级	
2012 年	美国军方	联邦级	
2013 年	佛罗里达州	州级	
2013 年	明尼苏达州	州级	
2013 年	联邦政府	联邦级	
2014 年	联邦政府	联邦级	
2014 年	联邦政府	联邦级	
2014 年	联邦政府	联邦级	
2014 年	坦帕市	市县级	
2014 年	联邦政府	联邦级	
2015 年	国会	联邦级	
2015 年	美国特勤局	联邦级	

从上表可以看出，获得中国新闻奖的关于国家公务人员的调查性报道的层级结构指向分别是：省部级 1 条，所占比例为 6.3%；厅局级 3

第三章　中美调查性报道采访实务观照

条,所占比例为18.7%;县处级10条,所占比例为62.5%;乡科级2条,所占比例为12.5%。主要报道对象为县处级和厅局级,最高层级为省部级,只有中央电视台"焦点访谈"播出的《河道里建起商品楼》1条,报道层级为乡科级的为2条,形成了中间大,两头小的橄榄形格局。

获得美国普利策奖的关于国家公务人员的调查性报道的层级结构指向分别是:联邦级(对应中国国家级)28条,所占比例为53.8%;州级(对应中国省部级)17条,所占比例为32.7%;市县级(对应中国厅局级)9条,所占比例为17.3%。[①] 普利策新闻奖主要监督对象为联邦级和州级,关于市县和乡镇公务人员的报道较少,尤其在这一时期的调查性报道中,没有一则关于乡镇公务人员的报道,形成了一个倒金字塔形状。

从报道对象的层级比较可以看出,中国调查性报道相比美国层级要低,中国记者报道的对象主要集中在基层,主要是厅局级和县处级公务人员;美国记者报道的对象主要集中在上层,尤其针对联邦政府、联邦议会和军事单位的报道占据了主体。

第三、除了关于国家公务人员的报道差异以外,中美两国报道对象的差异还表现在,中国调查性报道涉及经济领域的报道数量较多,获奖的调查性报道中关于公司企业的报道有12条,医疗部门的报道4条,文化传媒的报道1条,农业、农村的报道2条,共19条,占所有报道的52.8%。再来看美国普利策新闻奖,关于公司企业的报道有18条,关于医疗部门的报道7条,文化传媒的报道1条,共26条,占所有报道的27.3%,和中国相比比例偏低。

3. 调查性报道题材的时空错位

中美两国调查性报道的题材还有一个显著差别就是时空错位。中国

---

① 2010年,《密尔沃基哨兵报》刊登的一则低收入家庭儿童保健计划的欺诈和虐待,促成联邦政府和州政府修改计划的报道获得了地方报道奖,这则报道不但曝光了联邦政府也监督了州政府,所以它的报道对象认定为联邦级和州级两级。

新闻奖的获奖调查性报道关注的无一例外全部是国内题材,而且绝大部分是媒体所在地的新闻;美国调查性报道则倾向国际题材。在普利策新闻奖中有14条,14.7%的调查性报道属于国外素材,监督对象覆盖全球各大洲,很多都是地区热点,有关于波黑战争中平民被屠杀的,有关于卢旺达种族灭绝罪行的,有揭露墨西哥药品腐败的,也有关于非洲艾滋病肆虐的,涉及政治、经济、战争、环境保护等多种题材。

另外中国调查性报道的素材从时间坐标考量全部是现在时,就是新进或者正在发生的事件,而美国有个别报道是过去时,有的已经尘封多日,在有了新的新闻线索以后又被新闻记者挖掘出来,将事实真相大白天下。例如获得2000年调查性报道奖的是美联社记者采访的关于朝鲜战争中美军士兵屠戮朝鲜平民的"旧闻"。2004年获得调查性报道奖的是托兰多《刀锋报》记者记录的越战期间美国部队杀害越南百姓的"往事"。

第二节 中美调查性报道采访对象比较

艾丰认为,"凡是记者在采访活动中向之索取情况和意见或者那些以各种方式(不只是语言)向记者提供情况和意见的人,都可以称之为采访对象"。[①] 新闻记者在确定选题以后,就需要考虑采访对象,它可以有效避免采访行为无的放矢,是新闻采访的重要环节。

一 中美调查性报道采访对象的同一

1. 采访对象相对复杂

在中国,调查性报道被归为深度报道。深度报道是一种揭示新闻主体与客体间关联的新闻旨趣,从深度(深刻性)和广度(广延性)两

---

① 艾丰:《新闻采访方法论》,人民日报出版社2007年版,第156页。

第三章 中美调查性报道采访实务观照

方面指出了新闻文本以受众认知效用为主导的运作方向。[①] 深度报道之所以深是因为它揭示的是事物深层信息。在美国,调查性报道从文体的角度划分属于专稿,或者叫特稿、特写,是一种相对于消息的非纯新闻文体。无论是深度报道还是专稿,它们传递的信息相对于其他新闻旨趣和文体都更加全面、深刻、广泛,而这种信息差别很大程度来自于新闻记者的信息来源——采访对象。

一般的新闻报道尤其是消息报道,其采访对象相对单一,有的时候采访对象甚至只有一个人,例如关于新闻发布会的新闻,采访对象一般只有新闻发布人自己。而调查性报道的采访对象则比较复杂:一是采访对象数量众多;二是采访对象来源广泛;三是采访对象之间利益纠葛,矛盾冲突。例如2003年获得中国新闻奖的《五河:城市贫民背不动豪华广场》仅在作品中出现的被采访人就有16人:居民施左昌、韩秀英、郑献水、陈淮英、卜永和、凌已娟、李业琴、张雅琴、荣再霞、某县领导、小圩区区委书记张道隆、原县物价局局长李景春、主管这项工程的某县领导、退休干部居文礼、退休老人张家銮、原县民政局局长曹殿钊。这16人又可以分成三方:拆迁方:两名县领导;被拆迁方:拆迁居民;中间方:小圩区区委书记张道隆和四名退休干部。其中拆迁方和被拆迁方是对立冲突的两方,他们之间的矛盾构成调查性报道的主要事实,而小圩区区委书记张道隆和四名退休干部是中间方,和两方都没有利益纠葛,在作品里实质上起到了"用事实说话"的评判员作用。

再来看1995年获得普利策新闻奖调查性报道奖的作品,这篇报道披露当地警察滥用残疾人养老金。作品是一篇组合报道,一共14篇,篇幅很长,这里只分析第一篇。在作品中出现的被采访人一共47名:拿骚和萨福克警察局的退休警员,警局的负责人,警局医疗部门的负责人和直接责任人、慈善协会主席、前主席、审计长和一般审计官员、律师、警员退休政策的制定者、检察官、警局的说客、保险部门负责人、

---

① 杜俊飞、胡翼青:《深度报道原理》,新华出版社2001年版,第5页。

副新闻秘书、养老基金委员会专家、医疗单位监管人员等等。大体可以分成养老金滥用方，养老金涉及的相关部门，养老金监管方，以及分析这一现象的专家，几方之间围绕养老金的滥用演绎了揭露与遮蔽、滥用与监管的错综复杂的一幕精彩戏剧。

2. 采访对象的受访难度较大

艾丰讲新闻记者采访时要解决好取和予的矛盾，记者要具备要求明、反映灵、交谈清三个条件，采访对象要具备有情况、愿意谈、善表达三个条件。① 民国时期著名记者邵飘萍也说："外交记者之访问，最希望其人之健谈。"② 这说明新闻记者在采访时都希望找到能够积极配合自己的采访，为自己提供更多的新闻素材的采访对象。但是调查性报道不同于一般新闻，它多是负面题材，且一些人和组织不愿意公开或故意掩盖事件内幕，这就决定了在新闻采访中有一些采访对象是不愿意配合记者工作的，但是他们又处在新闻事实的核心部分，是记者不得不采访的对象，这正是调查性报道中采访对象受访难度大的原因。

2005年，《新闻调查》报道一癌症患者在哈尔滨医科大学第二附属医院住院期间仅住院费就花去140多万，平均每天花费2万多，另外还在医生建议下，自费购置400多万元药品交给医院作为抢救急用。记者在调查期间分别采访了医院心外科重症监护室主任于玲范、护士长郭小霞、输血科主任丁巾、纪检委书记杨慧、物价科科长高松、副院长谭文华等事件直接当事人，他们对记者的采访要不三缄其口，要不推诿扯皮。最后记者采访到心外科医生王雪原，才终于揭开了这一事件的真相。

1987年获得普利策调查性报道奖的《无罪的证据》也体现了这一特点。《无罪的证据》讲述一个18岁高中生特伦斯·麦克拉肯（Terence. McCracken）无罪却被判二级谋杀的故事。记者为调查真相采访了他父亲、他本人、他的狱友同时也是本案目击者威廉·维德克尔（Wil-

---

① 艾丰：《新闻采访方法论》，人民日报出版社1982年版，第231页。
② 邵飘萍著，肖东发、邓绍根编：《邵飘萍新闻学论集》，北京大学出版社2008年版，第35页。

第三章 中美调查性报道采访实务观照

liam d dekker)。当记者第一次采访维德克尔时,由于害怕受到连累,维德克尔没有向记者提供任何有价值的信息,但是记者没有放弃,又接连采访了他并且聘请大学刑法系主任为维德克尔和麦克拉肯进行测谎实验,实验最后证实两人没有说谎,麦克拉肯确实是无辜的。

从这两则采访案例可以发现,调查性报道的采访对象由于种种原因并不十分配合记者工作,调查记者要有知难而进的勇气,有锲而不舍的耐心,还要有炉火纯青的采访技能才可以拨云见日、看到真相。

二 中美调查性报道采访对象的差异

1. 采访对象的复杂程度有异

如前所述,无论中国还是美国,调查性报道的采访对象都人数众多,关系错综复杂,这是相较一般报道而言,如果比较两个国家的调查性报道就会发现,美国的复杂程度相对更高,有时候报道受访人甚至达到上千人。例如《华盛顿邮报》记者伍德沃德和沃恩斯坦在调查"水门事件"时就采访了1000多人。1987年同获普利策调查性报道奖的《费城问询报》记者在采访《法院的失序》时采访了200多人,仅费城的法官就有一半接受了他们的采访。2014年,获得普利策调查性报道奖的华盛顿公共诚信中心(The Center for Public Integrity, Washington, DC)记者克里斯·汉比(Chris Hamby)在调查报道一些律师和医生操纵系统拒绝为患有黑肺病患者发放福利时也采访了数百人。

美国调查性报道的采访对象更加复杂是因为美国媒体普遍重视调查性报道。据统计,普利策新闻奖在1917—1950年间虽然没有设立调查性报道奖,但是在所有4000件获得提名的报道中有609件,也就是14%的报道属于调查性报道,获奖比例则更高。从1917年至1990年的获奖作品中有40%即580件作品属于调查性报道。[1] 据笔者统计,从

---

[1] Gerry Lanosga: *The Press, Prizes Power: Investigative Reporting In The United States*, 1917 – 1960, Indiana University, December, 2010, pp. 3 – 16.

以石为错

1990年—2015年，普利策新闻奖获奖篇目一共374件，调查性报道有95件，调查性报道占25.4%。虽然数量有所下降，但是仍占四分之一强。

为做好调查性报道，美国媒体普遍成立专门调查性报道小组，给予调查记者充分时间和便利条件。在《费城问询报》调查费城法院失序前，没有几个人想到报道能够成功，因为报道需要花费大量时间、人力、物力，而且没有人会将实情告诉记者，报社都市新闻主编史蒂夫·塞洛普曾说："他考虑的不是花几个月或是几年，他认为即便花上一千年也值"。① 最后这则报道花费了3年时间。乔伊·戈登（Joy Gordon）在采写《冷酷的战争——作为大规模杀伤性武器的经济制裁》时，采访了外交官、联合国工作人员，学者和记者，取得了许多有关联合国对伊拉克制裁管理实施情况的重要机密文件，前前后后也花了3年时间。② 再一个，美国有大量独立调查人，他们不隶属于任何一家媒体，独立制作调查性报道或者节目，然后再在传统或者网络媒体中播出，有的也将调查结果出版成书，这些独立调查人的自由度更高，不受媒体刊播时间限制，因此能够更加投入地进行采访也更容易采制出调查性报道精品。

中国调查记者一般都隶属于传统媒体，一些媒体也成立有专门的调查性部门或者栏目，比如《新京报》、《华夏时报》、《晶报》、《华商报》、《南方都市报》设立有深度报道部（组）、中央电视台有《新闻调查》栏目组等等。这些媒体在调查性报道方面投入也很大，但是和美国相比，中国调查记者普遍面临媒体相关考核、管理制度约束，有月度或者年度发稿任务，因此不可能让1名或者数名记者经年累月从事一则报道的调查，这也就造成调查性报道制作时间相对较短，对较复杂的采

---

① ［美］詹姆斯·赖斯顿、沃尔特·李普曼等：《新闻与正义——14项普利策新闻奖获奖作品全译本》，展江主译评，中国人民大学出版社2009年版，第263页。
② ［澳］约翰·皮尔格选编：《别对我撒谎——23篇震撼世界的调查性新闻报道》，牟磊、许庆豫译，华东师范大学出版社2015年版，第508页。

第三章 中美调查性报道采访实务观照

访对象涉入相对较浅。但是这一现象也正在改变，一些媒体开始将调查性报道看做竞争王牌，通过制作精良的调查性报道赢得美誉度和公信力。《新京报》记者采写《回望吕日周长治之治》，两名记者历时两月，辗转五地采访数百人，加上成稿的一个月，共花费了3个月时间。独立制作人柴静自费百万，花费一年时间制作调查纪录片《穹顶之下》，揭开中国大气污染源头和污染路径，其采访对象的复杂程度、话题的敏感度、报道质量都不啻于美国调查性报道。

2. 采访对象保护措施有别

采访对象对于新闻采制十分重要，没有采访对象，新闻记者的采访就是无源之水和无本之木，一切无从谈起。在采访对象中有一类人被称作消息来源或者新闻线人，他们是新闻线索和新闻事实的提供者，是一则新闻真正的发端，在特殊情况下需要隐匿对方身份。泄露消息提供者的身份不但会危及其人身安全，更重要的是会对试图向记者提供消息的人产生"激冷效应"，导致媒体消息来源尤其是揭丑性消息来源枯竭，也不利于保护公众的知情权和行使媒体的公共职能。[①] 因此重视对采访对象尤其是消息来源的保护对于调查性报道十分关键。

美国在消息来源保护方面主要打造两重屏障，一是法律保护；二是媒体和记者的道德规范保护。

法律方面的保护首先体现在美国宪法第一修正案，在该法案中宣告：国会不得制定关于下列事项的法律：确立国教或禁止信教自由；剥夺言论自由或出版自由；或剥夺人民和平集会和向政府请愿申冤的权利。虽然没有明确媒体和记者要保护消息来源，但是出版自由的前提是新闻采集的自由，而保护消息来源就是保护新闻采集自由，所以这一法案为记者保护消息来源提供了特权保障。

其次，美国有大量和成文法具有同等效力的判例法，这些判例也为

[①] 陈建云：《西方新闻界保护秘密消息来源规则的价值考量》，《西南民族大学学报》（人文社会科学版）2009年第3期。

记者的有限特权提供解释。例如1972年的"布兰兹伯格诉海斯案"（Branzburg V. Hayes），虽然记者以4：5败诉，但是它在确立新闻记者不享有一种抵制传票的绝对的宪法权利以及在类似于此案的情形下，新闻记者必须遵守相关的大陪审团传票的同时也承认在其他情形下，新闻记者确实拥有一种有限的宪法特权，以保守未刊登的信息和消息来源的秘密。[1] 类似的判例还有1973年的"贝克诉F&F投资公司案"（Baker v. F&F investment co. LTD）、1995年的《舍恩诉舍恩案》（Shoen V. Shoen）、1998年的《美国诉史密斯案》（United States V. Smith）、2002年的《滑铁卢/锡达福尔斯信使报》（Waterloo/Cedar Falls Courier）等等。从以上判例可以看到，法院在审理消息来源保护相关案例时，普遍考虑以下事实：

1. 被要求提供的信息的相关性和重要性。初审法官必须判断，从记者处获得的信息是否与案件直接相关，指控或者辩护是否依靠该信息。

2. 替代方法的有用性。为了压倒新闻记者的有限特权，法院必须要求证明该信息不能从其他非新闻记者来源处获得。

3. 争议的类型。解决刑事指控的公开利益被认为高于解决纯粹的私人争议的利益。因此，新闻记者保守秘密信息的权利在民事审判中更有可能得到维护，在刑事审判中更有可能被驳回。

4. 信息是如何收集的。当媒介通过秘密关系获得信息时，法院倾向于承认，特权的存在有更大的必要性，当媒介不是通过秘密消息来源，而是通过第一手观察获得信息时，法院倾向于认为，特权存在的必要性要小。[2]

三是美国很多州制定有具体的法律条款，被称为庇护法或者"盾法（Shield Law）"。马里兰州在1898年设置了第一个庇护法，至1998

---

[1] ［美］约翰·D.泽莱兹尼：《传播法：自由、限制与现代媒介》，张金玺、赵刚译，展江校，清华大学出版社2007年版，第267页。

[2] 同上书，第267—268页。

第三章 中美调查性报道采访实务观照

年,美国有 45 个州和哥伦比亚特区通过制定庇护法、州宪法或者普通法对记者的保密特权予以承认。①

如前所述,美国在法律上对报道消息来源的保护是相对的而不是绝对的,美国历史上因为保护消息来源被判入狱的不止一例:1975年,《纽约时报》记者法尔勃通过 4 个月艰苦采访,对十年前一所医院离奇的病人死亡案进行调查,调查引发司法机关重新调查,并且对一名当事医生提起公诉。在法庭上,律师请求法官要求记者交出全部资料,得到法庭支持,但是法尔勃和《纽约时报》拒绝配合,法庭判处法尔勃犯藐视法庭罪,被判入狱,每天还要缴纳 1000 美元罚金,《纽约时报》同样因为藐视法庭被判每天需要交纳 5000 美元。最后,法尔勃在牢狱中度过了 40 天,《纽约时报》负担了百万美元的罚款和诉讼费用,但是他们仍然骄傲地认为自己捍卫了新闻自由和保护消息来源的原则。2005 年,同样是《纽约时报》,它的一名资深记者朱迪思·米勒(Judith Miller)在一篇调查性报道中涉及美国特工身份泄露,法庭要求米勒提供消息来源,但是米勒却认为如果记者不保护消息来源就会失去对方信任,记者就无法履行职责,新闻自由也就无从谈起。米勒最后被判入狱。

法尔勃和米勒何以能够在法庭宣判后仍然坚持保护消息来源?他们的精神动力和信念力量来自何处?这就涉及到保护消息来源的第二道屏障——职业道德规范。早在 1934 年美国记者工会颁布的《美国记者道德自律规则》就规定新闻记者应保守秘密,不许在法庭上或在其他司法机关与调查机关调查之前,说出秘密消息来源。美国职业记者协会 1996 年制定的《美国职业伦理规范》也指出:在承诺保证信息来源匿名之前,永远要质问一下信息来源的动机。要对为换取信息而作出的承诺中各种可能的情况都做出清楚的说明,一旦承诺,则保守诺言。1954年,国际新闻工作者联合会世界大会通过的《记者行为原则宣言》规

---

① 陈建云:《美国媒体对消息提供者的保护:职业道德与司法公正的冲突》,《新闻大学》2005 年冬。

定：记者在获得匿名消息源的时候，应该遵守职业道德，为其保密。包括 1973 年联合国制定的《国际新闻道德信条》也规定：关于消息来源，应慎重处理。对暗中透露的事件，应当保守职业秘密；这项特权经常可在法律的范围内，做最大限度的运用。

在将保护消息来源作为新闻记者的一条基本伦理规范的同时，美国新闻人也意识到这一规范背后的职业道德风险，因为隐匿消息来源有可能使新闻采访背离诚实、透明、公正原则，促生虚假新闻和懒惰记者，因此一些新闻组织为隐匿和保护消息来源规定了前提条件，例如《美国报纸编辑协会 ASNE 原则声明》严格规定：保证为新闻来源保密是要花很大代价的，因此不应轻易承诺。除非有十分清楚和急切的要求为新闻来源保密，他们应该被明确指出来。2005 年，美联社和报刊主编协会曾经向美国各家报纸发送调查问卷，了解他们是否会使用匿名信息，调查单位得到 419 家报纸的回复，其中 103 家中小型报纸主编自称从不允许记者采用匿名人士提供的信息进行报道。[1]

相较于美国较为成熟的保护消息来源的法律和道德规范，中国的相关制度体系还没有完全建立起来，在对采访对象的保护方面还有个别空白点，导致一些敏感信息提供者缺少保护。中央电视台副台长孙玉胜曾经讲述过一位《新闻调查》新闻线人的多舛命运。1998 年，中央电视台《新闻调查》播出了反映山西运城渗灌工程造假的调查性报道《透视运城渗灌工程》，这期节目得到新闻线人高勤荣的大力协助。在此之前，高勤荣已经进行了一年半的调查和举报，这期节目为《新闻调查》赢得声誉，但那个"线人"高勤荣后来的命运却出人意料：1998 年冬天，高勤荣去北京反映情况，被跟踪而去的运城警方连夜带回运城，纪检、公安人员随即搜查了高勤荣在太原的家。1999 年 4 月，运城市检察院以涉嫌受贿罪、诈骗罪、介绍卖淫罪，对高勤荣提起公诉。1999

---

[1] [美]海伦·托马斯：《民主的看门狗？——华盛顿新闻界的没落及其如何使公众失望》，夏蓓、蒂娜·舒译，南方日报出版社 2009 年版，第 73 页。

第三章　中美调查性报道采访实务观照

年 8 月，运城地区中级法院以"受贿罪"、"诈骗罪"、"介绍卖淫罪"分别判处高勤荣有期徒刑 5 年、3 年、5 年，决定执行有期徒刑 12 年。[①]一直到 2006 年底，高勤荣在狱中度过了 8 年后才获释。

中国在保护消息来源方面也进行了有益尝试。2005 年，广电总局出台的《关于切实加强和改进广播电视舆论监督工作要求的通知》中要求：要依法维护报道对象的合法权益。要尊重公民的人格尊严，维护公民的姓名权、肖像权、名誉权、荣誉权和隐私权。不得暴露他人隐私，或者捏造事实丑化人格，以及用侮辱、诽谤等方式损害他人名誉。要通过合法和正当的手段获取新闻，尊重被采访者的声明和正当要求。在当年广电总局制定的《广播影视采编人员从业管理的实施方案（试行）》的第八条中也有所涉及：确保新闻报道真实全面客观公正。要认真核实消息来源，仔细辨别事实真相……除需要对提供信息者保密外，报道中应指明消息来源。

在新闻业界，一些新闻人也在保护隐匿新闻源方面有所突破。2003 年，《中国改革》杂志发表记者刘萍采写的《谁在分肥》揭露广州华侨房屋开发有限公司改制中的一些问题，调查过程中，作为公司内部员工的新闻线人提供了重要线索。因为此则报道，《中国改革》杂志社被对方起诉到法院，在审理过程中，杂志社在让不让线人出庭作证时陷入两难，如果让线人出庭肯定会提高胜诉可能，但势必给新闻线人带来风险。杂志社总编辑温铁军做出抉择："即使采访对象主动愿意出庭作证，我们也要尽量避免。因为我们没有力量在证人浮出水面以后，再进行有效保护。"[②] 2013 年，公民记者朱瑞峰揭露了轰动一时的"雷政富不雅视频案"，在重庆警方来到北京要求朱瑞峰协助调查交出不雅视频时，朱瑞峰考虑到通过视频可以倒查出新闻线人，就借口保护新闻线人

---

① 孙玉胜：《十年——从改变电视的语态开始》，生活·读书·新知三联书店 2003 年版，第 504—505 页。

② 展江、彭桂兵：《新闻道德与伦理·案例教学》，中国传媒大学出版社 2014 年版，第 280 页。

拒绝了重庆警方交出视频的要求。广州媒体人周筱赟还总结出了一整套保护消息来源的技巧：虚张声势、声东击西、围魏救赵、欲擒故纵、藏头露尾……世界上只能有两个人知道：我和线人。最最重要的一句话：打死也不能说。保护线人的技术要求：强调书证和物证，淡化人证，减少被怀疑的可能。不要爆料只有内线和揭露对象两个人才知道的事。不要让内线使用单位电话、电脑等联系。不要贸然和内线见面，会增加内线的风险。即使做到种种防范，内线仍处于危险中。问：怎样隐藏一片树叶？答：制造一片森林！让怀疑对象无限多，无从下手。①

第三节　中美调查性报道采访特点比较

从新闻采访特点的角度考量中美调查性报道可以发现它们呈现出一种趋同样态，调查采访有较多共同点，差异更多只是反映在程度的不同而已。

一　中美调查性报道采访特点的同一

1. 调查性报道采访具有相对独立性

相对独立性包含两层含义：一是独立，这是相较于一般报道而言。无论中美，一般报道都会受到其他力量影响，在中国，新闻和宣传密不可分，很多报道由政党和政府直接安排新闻选题和内容。美国政府虽然很少直接指令媒体播报什么，但是从约翰·昆西·亚当斯（John Quincy Adams）总统那次尴尬的游泳②以后，美国总统和政府会通过记者招待

---

① 展江、彭桂兵：《新闻道德与伦理·案例教学》，中国传媒大学出版社2014年版，第291页。
② 1826年，美国第六任总统约翰·昆西·亚当斯正在白宫附近的波多马克河游泳，一名女记者前来采访，亚当斯总统游性正高，拒绝了她的采访，但是这个女记者十分泼辣，坐在总统衣服旁边等他上岸，秋天的河水凉的透骨，总统不能在水里待太久时间，只好投降接受了她的采访。事后，亚当斯总统反思：与其被记者搞得这么尴尬，还不如主动向媒体披露消息，还可以掌握主动权。不久以后，他就召集一些记者来到白宫主动向他们提供消息，这也是记者招待会的由来。

第三章　中美调查性报道采访实务观照

会、新闻发布会、吹风会等形式主动向新闻记者提供消息、发出声音。两国之间形式不同，实质一样。调查性报道和一般报道不同，它的选题和采访对象主要依靠新闻记者自由选择，不依赖于其他个人和组织既成的调查结果。美国新闻学者泰德·怀特（Ted White）说："当记者了解到一起火灾是人为的就只去询问消防部门的负责人，这不是调查性报道，同样，当记者了解到一起过失杀人和吸毒有关就只去询问警察部门的负责人，也不是调查性报道，正确和错误不是调查记者在调查时需要回答的最重要的问题（他的主要任务是揭开事实真相）。"① 调查记者的采访更加自由灵活、独立自主，有的时候甚至会为了公益而突破某些政府限制。2014年，美国《华盛顿邮报》和英国《卫报》（美国版）在线人——美国中央情报局技术分析员爱德华·斯诺登（Edward Snowden）的帮助下调查采访美国情报机构的大规模监听事件，这个报道和美国国家战略相悖。报道刊登后，美国政府一方面在内部展开调查，追查泄密原因，另一方面在国家安全和公民隐私之间寻找恰当平衡。

第二层含义是相对。相对就不是绝对，调查性报道的采访并不是绝对独立的，因为调查记者尽管有高超的采访技能和高尚的专业精神，但是他的能力毕竟有限，尤其在新闻线索的获得方面需要帮助，在获得中国新闻奖和普利策新闻奖的调查性报道中一半以上的报道线索都是由个人或者机构向媒体提供的。

调查性报道较多为揭丑报道，记者单靠自己很难接触到核心事实，这也需要知情人士的帮助。20世纪90年代，法国全国石油公司和美国优尼科石油公司共同在缅甸开发石油项目——开发印度洋沿岸石油并且在缅甸架设一条石油管道。这个项目实施后，将原来的和平区域变成了军事争夺区，在这条石油管廊里发生了许多屠杀、强奸、劳动力强征。《洛杉矶时报》记者伊芙琳·艾丽塔尼（Evelyn Iritani）和丽萨·基瑞

---

① Ted White：*Broadcast News Writing, Reporting, and Producing*, Fourth Edition, Burlington：Elsevier Inc, 2005, p. 336.

安（Lisa Girion）分别在1997年和2004年到缅甸采访，他们在采访时得到正在当地工作的律师卡迪·雷德福德（Katie Redford）的帮助，使他们能够接触到幸存者，搜集到确实证据。[①] 20世纪70年代，《华盛顿邮报》对"水门事件"的报道更加典型，记者伍德沃德和沃恩斯坦之所以能够揭开这一惊天黑幕和神秘"深喉"的帮助密不可分，神秘线人一直为两名记者提供重要情报，协助记者完成关键调查，两名记者在他的帮助下完成报道后一直保守秘密。一直到2005年，原联邦调查局副局长马克·费尔特主动承认自己就是当年帮助《华盛顿邮报》揭开"水门事件"黑幕的"深喉"。

2. 调查性报道采访具有危险性

调查性报道的采访是危险的采访，由于它主要针对被掩盖的负面新闻题材进行揭露和曝光，所以让调查记者成为了一群在刀锋上起舞的人，权力、恶势力、金钱诱惑、意外事故既使调查记者的采访充满惊险和刺激，又使他们成为和平时期（地域）意外死亡率最高的人群。据国际记者保护委员会（Committee to Protect Journalists）统计，近五年世界新闻记者死亡数字分别为：2011年46名，2012年70名，2013年60名，2014年60名，2015年69名。居记者死亡原因前两位的是战争和有预谋的杀害，有预谋的杀害绝大多数针对调查记者。1976年《亚利桑那共和报》（*The Arizona Republic*）的唐·博尔思（Don Bolles）由于锲而不舍地调查亚利桑那的腐败被犯罪分子用汽车炸弹炸死。2007年，《中国贸易报》记者兰成长在山西浑源县调查黑煤窑时遭到矿主指使的暴徒袭击，伤重不治身亡。新闻记者因为调查采访被打的案例也时有发生：2002年，《扬子晚报》记者暗访"地下澳门赌场"遭到扣押和殴打；2003年，新华社记者顾立林在河南省登封采访煤矿透水事故时被打；2008年，《海南日报》记者采访三亚市逸夫中学乱收费遭到殴打，

---

① Anya Schiffrin: *Global Muckraking 100 Years of Investigative Journalism from Around the World*, New York: The New Press, 2014, pp. 140–141.

第三章 中美调查性报道采访实务观照

照相机被毁；2010 年，中国广播网记者张志立调查河南省安阳市采矿无度，毁坏 500 亩良田时被殴打；2010 年，《华夏时报》记者陈小英疑因报道某企业黑幕遭报复受伤；2011 年，《华商报》记者在采访某面粉厂违法添加增白剂时被殴打。[1]

除了暴力袭击，调查性报道还面临巨大的法律风险，中美两国不少记者都曾经因为调查性报道被告上法庭。《中国青年报》记者卢跃刚因为调查报道十余次被推上被告席，他调查过"武芳毁容事件"、"娄底市非法拘禁人大代表事件"、"重庆任亚非事件"，顶着巨大压力，深陷各种新闻官司。他说："我没有许多报告文学同行那么好的运气，可以踏踏实实地打死老虎，然后从头到脚从里到外从容不迫、安安全全地解剖一番。我碰到的大多是活老虎，大多是景阳冈上死缠烂打的局面……更多的时候，对手是一个军团，一个千丝万缕的强大体系。"[2] 目前，中国的新闻官司胜诉率并不高，只有 30% 左右。美国新闻记者因为调查性报道惹上官司的也不少，比较典型的有 1971 年的"纽约时报诉美国案"（*New York Times Company v. United States* 又被称为五角大楼文件案）、1979 年的"赫伯特诉兰多案"（*Herbert V. Lando*），该案涉及著名调查性报道栏目"60 分钟"，1992 年《食狮公司诉美国广播公司案》（*Food Line v. ABC*）等等。随着网络、手机等新媒体的普及，运用这些媒体采访、传播调查性报道的新闻人也面临法律风险，根据保护记者委员会的数据，目前有 45% 被监禁的媒体工作者是博客博主、网络记者或者在线编辑。

正是由于调查性报道具有较大风险，所以调查记者采访时更加小心翼翼，并且摸索出一套科学的调查方法。

3. 调查性报道采访具有科学性

调查性报道采访对象的复杂和被掩盖状态以及报道的危险性都决定

---

[1] 参考谭瑞英《近十年中国记者被打现象分析》，硕士学位论文，湖南师范大学，2012 年，第 11、62—80 页。

[2] 张威：《比较新闻学：方法与考证》（修订版），清华大学出版社 2013 年版，第 305 页。

调查性报道的采访不同于一般新闻采访，它需要一套科学的采访方法帮助记者剥茧抽丝找出事实真相，就像学者雨果·德·博格所说记者的采访要像警察、审计人员、律师一样，要融合法学、证据学、刑侦学、统计学等多学科知识，摸索一套科学的采访方法。威廉·C. 盖恩斯就认为调查记者应该掌握社会调查的技能，"社会调查听起来似乎与调查性报道背道而驰。因为社会调查公开透明，调查性报道却要挖掘隐藏在黑暗中的事实真相。其实，记者往往通过将调查结果与事实、民众意向进行对比发现问题、挖掘原因……大多数情况下，调查结果都以统计数据的形式呈现……记者可以随机抽取出调查对象样本，或者是选取与代表性的群体进行调查。一旦记者确定了调查样本，记者就不能随意更改样本构成和调查结果，必须严格地尊重事实和调查结论。"① 盖恩斯这里谈到的就是一种标准的社会科学随机抽样研究方法，具有较高科学性。1950 年夏季，在朝鲜老根里发生一起美军士兵屠杀朝鲜平民事件，战后，美军档案没有任何关于这件惨案的记录，甚至连历史学家都不知道曾经发生了这样一起屠杀。20 世纪 90 年代，美联社记者开始调查这起案件，但当时美国军事部门声称朝鲜平民举报的美军第一骑兵师根本就没有到过老根里地区。美联社记者一方面通过采访幸存者及其亲属以及搜集韩国相关材料拼接出大概的历史年表；另一方面来到美国国家档案馆，搜集了数百盒历史和战争档案、联络记录、手写信息和其他记录，找到了数百部影印版资料，有战场地图，军事单位移动路线记录等等，推算出第一骑兵师在 1950 年夏季存在在老根里地区和难民相遇的可能性。② 后来这一推理被证实，该报道最后获得 2000 年普利策新闻奖的调查性报道奖。

2015 年，独立制作人柴静制作的关于中国大气污染的调查纪录片

---

① [美] 威廉·C. 盖恩斯：《调查性报道》第二版，刘波、翁昌寿译，中国人民大学出版社 2005 年版，第 18 页。

② Charles J., Hanley and Martha Mendoza: Bridge at No Gun Ri: Investigative Reporting, Hidden History, and Pulitzer Prize, The Harvard International Journal of Press/Politics, 2000, 5, pp. 112 – 113.

第三章 中美调查性报道采访实务观照

《穹顶之下》也充分体现了调查性报道采访的这一特点。为了寻找雾霾源头,采访团队在河北省使用无人机搜集污染指数,采用专用采样仪搜集污染物,发现一天就采集到 15 种致癌物质,最危险的一种物质含量竟然超过国家标准 14 倍。她还在深夜来到北京延庆,调查柴油大货车排放不达标并且造假的现状。柴静团队还翻阅了大量相关资料,采访诸多相关领域专家。给这一节目提供学术支持的有来自国际组织、中国、英国和美国的专家 60 名,仅中国就有三名院士。正是由于这一节目蕴含的巨大科学力量所以一上线就引起轰动,当天在优酷播放量达到 600 万次,24 小时全网播放量超过一亿次,以至于中国新任环保部长陈吉宁在首次与媒体的见面会上公开回应这一纪录片说:"柴静的纪录片让我想到了 1962 年出版的著名环保图书《寂静的春天》,此书的发行,唤起了全球对环境问题的关注。我想,这个片子对换取公众关注环境健康问题也有重要促进作用,我特别赞赏这个事情。"

4. 调查性报道的采访具有复杂性

正如调查性报道的采访对象相较于一般采访要复杂得多一样,整个调查性报道的采访流程都十分复杂。

首先是选题,尽管盖恩斯认为对于调查性报道记者来说,选题没有任何禁区。但是由于一些复杂因素会导致调查记者忽略或者推延一些选题。斯蒂芬·哈根(Stephen Hartgen)就认为调查性报道存在"严重的薄弱":很多系统的问题,诸如土地使用方式、刑事审判制度改革因为难以记录以及过于宽泛不好把握,所以容易被调查记者忽视,调查性报道比较关注那些瞬时性弊端。斯科特·克里斯蒂安松(K. Scott Christianson)也认为调查性报道视野应该更宽泛一些,关注一些重要的社会问题。[1] 在中国,调查性报道的选题会受到一些限制,比如政治因素、时间因素等等,因此新闻记者不但要有强烈的新闻敏感,还要有政治敏

---

[1] James L., Aucoin: *The Evolution of American Investigative*, Columbia, Missouri: University of Missouri Press, 2006, pp. 114 – 115.

感。中央电视台《焦点访谈》曾经采制过一期经典的电视调查性报道《粮食满仓的真相》，叙述安徽省芜糊市南陵县峨岭粮站欺瞒时任国务院总理朱镕基。这期节目选题的复杂性首先体现在新闻线人提供线索时带着强烈的个人感情因素，举报人原来是当地的副镇长，但是在最近的换届选举中落选，新闻记者没有苛求举报人的举报动机，仍然将其纳入了选题范畴；其次，在记者准备采访时恰逢中国将要召开重要的政治会议，这个时候不适宜播出这种题材的调查性报道，于是新闻记者继续和新闻线人保持联系，等会议开过，政治气候适宜时再展开调查，这期报道最后也获得了中国新闻奖。

调查性报道的采访过程和采访方法也比较复杂。新闻采访中最重要的采访方法是访问、观察、搜集资料、体验感受、隐性采访等等。在调查性报道中，这些采访方法经常要交叉使用，而且调查采访中很多被采访人不予配合，调查时间难以确定，调查地点风险较大，突发情况频发，资料庞杂，这些都决定了调查记者的采访是复杂的，需要调查记者做好充分的采前准备，这样才能更好地搜集到需要信息。

二 中美调查性报道采访特点差异

如前所述，中美两国调查性报道采访的基本属性是同一的，差异主要表现在各自不同的程度上。具体来说，在采访的相对独立性、科学性和复杂性方面，美国调查记者体现的更突出一些，在危险性方面，美国调查记者面临生命危险更大，而中国记者面临的法律风险更甚。

美国调查记者的采访相对独立性更强一些，较少受到政府和党派限制，美国历史上不乏调查记者和媒体同政府、议会、军方组织"叫板"的案例，有的甚至导致政府更迭，媒体都对这样的采访引以为荣。因为从美国建国开始，就逐渐建立起了传媒的自由至上主义为主导的新闻体制。这种体制反对政府控制媒体，认为媒体应该超然于政府之外并且对其监督，而对媒体的管理主要依靠法制，只要在法律允许的框架内，媒

第三章 中美调查性报道采访实务观照

体可以任意为之,虽然后来的社会责任理论赋予媒体更多的公共责任,但是在媒体相对于政府的独立性方面并没有显著改变,同样强调媒体扒粪功能。在看到美国调查性报道受到政府约束相对较少的同时也应该看到由于美国媒体的私营权属,它更容易受到商业利益的牵绊。正如媒介批评家霍华德·库尔茨(Howard Kurtz)注意到:"这种强硬、苛刻的调查性报道会惹恼广告商,而且会使公司冒卷入诽谤诉讼的风险"。[1]由于担心影响大广告客户的利益输送,调查记者较少对所属媒介的广告商口诛笔伐,即使在新闻专业主义精神的驱使下采制了相关报道,也会受到传媒老板的约束。

在采访的科学性方面,美国调查记者和组织表现得较为突出。由于成熟的调查性报道出现较早,又在19世纪末20世纪初以及20世纪六七十年代出现两次高潮,所以美国培养了数量众多且经验丰富的调查记者,建立了一大批专业调查性报道组织,在高等学校建设有相关专业和课程,这些都促使美国调查性报道进入良性循环,形成了一整套系统、科学的调查方法。美国调查记者与编辑组织(IRE)曾经编写了一部能够集中体现调查性报道科学性的《调查记者手册》。这部手册提出成为一名合格的调查记者首先要打好基本功,即利用好基本资讯和辅助资讯,学会计算机辅助报道,还要掌握国际调查和人际追踪的能力。在此基础上,它又将调查对象细分为16个部分:立法机构和试图对其施加影响者、行政部门、教育机构、执法机构、司法系统、持牌专业人士、营利性企业及其雇员、慈善机构及其他非营利部门、医疗行业、保险机构、金融机构、能源及通讯事业、交通运输、房地产、环境问题和弱势群体。每一部分又提供了详细的调查路径、调查方法以及注意事项。例如针对医疗行业它提供了医院、退伍军人管理局医院、急救医疗服务、医疗保健组织、护理之家、精神病院、家庭医疗护理公司、医学实验

---

[1] 展江、张金玺等:《新闻舆论与全球政治文明——一种公民社会的进路》,社会科学文献出版社2007年版,第125页。

室、血库、药品公司、制药业、医疗设备公司、私人健康护理提供者等调查路径，十分详细，可谓是一本调查性报道的大百科全书。① 在中国，还缺少这样完整、详实、系统、科学的能够很好指导调查性报道实践的实用手册。

从危险性来看，美国调查记者面临的生命安全风险更大一些，而法律风险相对较小。这是因为美国新闻领域法制相对健全，构建了一整套保护新闻记者采访权和报道权的法律制度。以调查性报道容易陷入的雷区——诽谤罪而言，美国最早沿袭了英国相关法律条文，认为言论越是事实则诽谤罪行越严重，这一荒谬的法律条文在"曾格案"后作古。1964年的"纽约时报诉沙利文案"确立了"实际恶意"原则，使调查记者拥有了报道和评论官员时候的宪法特许权利。1967年，美国最高法院又将这一案例中确定的"公共官员"外延扩大到"公众人物"，使公共官员和人物在同媒介的诽谤诉讼中处于严重不利地位。据统计，美国从1982年到1988年间，共有614件涉及新闻媒体的诽谤案件，90%都是媒体获得胜利，只有33个原告获得了金钱赔偿。② 美国调查记者面临较大的生命安全风险是由于美国记者深受"看门狗"和"坏新闻才是好新闻"新闻理念的影响，主要关注社会阴暗面，再加上美国记者热衷到其他国家尤其存在战乱、动荡、严重腐败、集权专制的国家采访，这就增加了他们遭受意外的几率。《华尔街日报》调查记者丹尼尔·帕尔（Daniel Pearl）曾经在巴尔干半岛调查过那里的屠杀，揭露过美军误炸喀土穆一个制药厂等新闻，2002年他在巴基斯坦调查英国某公民和基地组织之间的关系时被杀害。美国战地女记者玛丽·凯瑟琳·科尔文（Marie Catherine Colvin）曾经报道过一些关于人道主义灾难的调查性报道，2001年在报道斯里兰卡内战时失去了一只眼睛，以后

---

① ［美］布兰特·休斯敦、莱恩·布鲁兹思、史蒂夫·温伯格：《调查记者手册》，张威、许海滨主译，南方日报出版社2005年版。
② 魏永征等：《西方传媒的法律、管理和自律》，中国人民大学出版社2003年版，第91页。

第三章　中美调查性报道采访实务观照

她戴着一只眼罩仍然坚持报道，成为新闻界的一幕传奇，2012年在叙利亚采访时被炸身亡。

中国调查记者的采访同样也面临安全威胁，新闻学者张威说："由于种种原因，同样是调查记者，国人面临的压力就比西方同行要大得多。IRE的一项调查表明，第三世界国家的调查记者要承担更多的风险"。[1] 著名调查记者王克勤在兰州任职时曾经遭遇黑社会500万的悬赏，警方被迫派出4名全副武装的刑警保护他。《中国贸易报》记者兰成长遇袭身亡。《南方都市报》记者石野在广州圣王堂地区采访一卖淫窝点时遭到黑社会势力追杀。而新闻记者被打事件更是频频发生。

和这些危险相比，中国调查记者面临的法律风险更大。一是新闻官司数量较多。从20世纪80年代中期首次出现新闻官司后，仅1988年上半年，全国法院受理的新闻侵权诉讼案件就达200多起。在第一次新闻侵权诉讼十年后的1996年，全国新闻侵权案件已超过1000件。到2004年6月底，全国各地发生的新闻侵权诉讼案件达3000多件。[2] 在诉讼过程中，新闻媒体的胜诉率并不高，据统计，我国新闻界的败诉率在69.23%，其败诉率之高当居现代法治国家之最[3]。

再一个是新闻记者缺少法律保护。周福志2010年统计了34起侵害记者权益案件，发现未果和未查明的有13例，占所有案例的38.2%；道歉或者赔偿损失的有6例，占所有案例的17.6%；警方介入，得到行政和刑事处罚的11例，占32.4%；其他4例，占11.8%。而且在得到法律有效救济的实例中，因为领导出面批示或者所属媒体级别较高得到解决的比例占相当比例。[4] 也有统计显示，中国在非军事职业中，最危险的是矿工，其次就是记者。在被问到"记者更需要哪方面的支持"

---

[1] 张威：《比较新闻学：方法与考证》（修订版），清华大学出版社2013年版，第305页。
[2] 刘海涛、郑金雄、沈荣：《中国新闻官司二十年》，中国广播电视出版社2007年版，第3页。
[3] 马骋：《"抓记者"现象背后应厘清的几个认识问题》，《新闻记者》2009年第7期。
[4] 周福志：《试论调查记者权益的法律保护》，硕士学位论文，中国政法大学，2010年，第20页。

时，4.8%的人选择了媒体间联盟支持；35.7%是社会民众的关心；而投票选择法律支持保护的比例高达59.5%。①

从这些统计数字可以看出，中国新闻记者面临的法律风险较大而法律保护较少，这不利于新闻记者的采访，尤其对于调查记者来说，他们的话题更加敏感，矛盾更加尖锐，因此更容易引发新闻诉讼，这就要求调查记者要立足事实，着力搜集相关证据，在揭露内幕真相的同时保护自己能够打赢新闻官司；另一方面，提醒立法机构加快新闻领域的法制建设，尤其在保护新闻记者采访报道权利方面能有大的突破。

---

① 杨学聪：《六成记者认为最需法律保护》，《北京晚报》2005年11月8日。

第四章
中美调查性报道写作实务辨析

英国新闻学者彼得·科尔（Peter Cole）说："新闻流程的最后一步，也是能够和受众唯一发生邂逅的就是新闻作品，无论它是披着铅字的外衣出现在报纸上，还是被主持人娓娓道来，甚或是映现在电脑屏幕，首先它要准备好，也就是我们常常念叨的——新闻写作。新闻作品和受众字牵句萦，它无聊他们就厌倦，它晦涩他们就难懂，它笨拙、毫无文采、语法不通、文不对题，他们就会生气，无论有多么精彩的采访，无论结论多么戏剧性，无论报道的话题多么勇敢、堕落、超凡离奇、鼓舞人心，如果新闻作品不能打动受众，以前记者做的所有都是浪费。"[1] 高钢也认为："新闻记者的职业责任最终要通过他们写出的新闻报道去实现！新闻记者的职业才能最终要通过新闻作品得以展示！新闻写作是媒体形成传播影响力的关键环节。"[2] 从中西方新闻学者对新闻写作认识的异曲同工可以看出新闻写作在整个新闻流程中占据重要一环，是新闻不可或缺的一部分，尤其对于调查性报道来讲，由于在采访

---

[1] Anna McKane: *News Writing*, Trowbridge, Wiltshire: Printed in Great Britain by Cromwell Press Ltd, 2006, p.9.

[2] 高钢：《新闻写作精要》，首都经济贸易大学出版社2005年版，第7页。

环节搜集了大量素材,采访了诸多采访对象,而且人物关系盘根错节、矛盾冲突,所以必须通过高超的写作技巧才能组织出调查性报道的佳作。曾经凭借调查性报道获得普利策新闻奖的美国《芝加哥论坛报》要求:"在每项调查性报道即将完成时,报社仍要指定一名特别能写的笔杆子参加工作。这个笔杆子的唯一任务是根据几个月来的采访写出尽可能清晰、动人的报道来。"①

笔者在本章将主要从调查性报道作品的写作特点、叙事结构、语言风格等方面辨析中美两国调查性报道在写作方面的同一和差异,并且由此窥测两国调查性报道深层次的关系。

第一节 中美调查性报道写作特点比较

一 中美调查性报道写作特点的同一

1. 调查性报道作品大篇幅

分析获奖的中美两国调查性报道作品可以发现,调查性报道是一种篇幅较长的报道形式,作品字数少则几千,多则数万,尤其美国调查性报道作品基本都在一万字以上。1995 年,获得普利策调查性报道奖的《每日新闻》曝光当地警察滥用残疾人养老金的报道长达 3 万多字;2013 年,获得中国新闻奖一等奖的系列报道《探析 PX 之祸》也长达 9683 字,都可谓新闻作品中的长篇巨制。

这一点从获得中国新闻奖的调查性报道的刊播媒体以及擅长使用体裁也可以看出。在中国新闻奖评选中既有报纸作品,同时也有广播、电视和通讯社作品。1990—2015 年,电视媒体中的调查性报道作品共 14 篇,占所有作品的比例为 41.2%;报纸中的调查性报道作品共 12

---

① 密苏里新闻学院写作组:《新闻写作教程》,褚高德译,黎瑞文校,新华出版社 1986 年版,第 397 页。

第四章 中美调查性报道写作实务辨析

篇,占所有作品的比例为35.3%;通讯社中的调查性报道作品有5篇,占所有作品的比例为14.7%;广播中的调查性报道作品有3篇,占所有作品的8.8%。从传播媒体看,广播调查性报道作品最少,只占8.8%,因为广播是单一的声音传播。管仲有言:"无翼而飞者声也;无根而固者情也。然则声不假翼,其飞甚易;情不待根,其固匪难。以之垂文,可不慎欤!"① 它说明广播传播快、覆盖广,但缺点是稍纵即逝,难以保存,受众也难以对声音传播保持长时间注意力。因此,广播新闻一般喜短厌长,喜新厌旧,报道篇幅大都较短,不适宜播出长篇调查性报道。

再来看获奖调查性报道体裁:评论11篇,占31%;通讯8篇,占22%;专题5篇,占14%;系列报道5篇,占14%;消息4篇,占11.1%;电视访谈、新闻编排节目和调查性报道各1篇,分别占3%。占据前三甲的分别是评论(电视评论)、通讯和专题。这里重点分析评论,评论主要是中央电视台《焦点访谈》或者像黑龙江电视台、北京电视台的《今日话题》、甘肃广播电影电视总台的《今日聚焦》、广西电视台的《焦点报道》等类似栏目播放的电视新闻评论节目。以《焦点访谈》为例,它的定位是以深度报道见长的电视评论栏目,电视新闻评论建立在深度报道基础之上,有的节目甚至就是单纯的深度报道。1994年,《焦点访谈》推出时的广告语是"时事追踪报道、新闻背景分析、社会热点透视、大众话题评说",一共四句话,前三句说的都是新闻,只有最后一句说的评论。以至于有学者发出了《焦点访谈》——用"事实"说话还是用事实"说话"的疑问。② 通过以上分析可以看到调查性报道的主打体裁是深度报道、通讯和专题,这三类体裁在新闻作品中都属于篇幅较长的。

---

① 刘勰:《文心雕龙·指瑕》,凤凰出版社2011年版,第181页。
② 杨新敏:《"用事实说话"还是"用事实说话"——〈焦点访谈〉节目定位的再思考》,《现代传播》2003年8月。

调查性报道作品篇幅较长和其采访的复杂性密不可分，作为调查性报道的素材必须具有调查的空间和文本的张力，那种一眼即可望穿的新闻事实不在调查记者的视野之内。另外，调查性报道的魅力就在于它的调查性，受众喜欢看到通过记者"铁鞋踏破三千界"的采访调研拨开笼罩在事实真相上的重重迷雾，他们享受这一过程，仿佛进入到了新闻事件内部，和新闻记者一起斗权贵、战腐败、查不公，这就要求调查记者在写作时要呈现新闻调查的主要过程，体现出调查之曲折和对方隐藏之神秘，这些都不是较短的写作篇幅能够容纳和呈现的，所以无论中西方，调查性报道的篇幅都比较长。

2. 调查性报道材料碎片化

所谓碎片化，英文单词是 Fragmentation，特指完整的事物变成诸多零散的事物。在现代社会，主要指由于新媒介的诞生导致信息传播语境的多元裂化。在调查性报道写作中，由于调查题材的高难度以及采访对象复杂化，调查记者得到的新闻采访素材也呈现碎片状态，即记者很少能够从一个采访对象或者新闻源获知新闻事件全貌，需要通过多次采访从诸多新闻源那里了解事件真相，尤其调查性报道中充斥矛盾冲突和利益纠葛，采访对象如同电影《罗生门》里的人物，他们的话语都是整个事件的碎片，是他们地位、利益、本性、认知能力等的综合呈现，这就需要调查记者要具备超强的识别能力，能够识伪辨真、披沙沥金，从大量新闻素材中选取最接近本质的材料，然后还原事实真相。

在调查性报道写作中，面对碎片化的信息，调查记者还应该有高超的组合技巧，类似于电影、电视的"蒙太奇"手法，通过碎片化信息的剪切组接给受众提供一个比较完整的新闻故事。2001年由广西电视台采写的《南丹矿难7·17事故初探》是一篇典型的调查性报道，报道揭开了广西南丹拉甲坡矿矿难瞒报真相。在报道中，调查记者的先期采访素材分别来自矿长、矿井管理员、矿工、保安、矿工家属、当地政府和矿井派的暗探、矿工所在村干部、死者家属，这些素材全部呈现碎

第四章　中美调查性报道写作实务辨析

片化状态，有的接近事实真相，有的故意蒙蔽真相，有的试探靠近事实真相。调查记者通过条分缕析，运用逻辑关系将素材串联起来，给电视观众一个完整的故事逻辑——拉甲坡矿发生重大矿难，当地政府和矿主瞒报死亡人数。

1999年，美联社记者崔成哲（Sang-Hun Choe）、查尔斯·汉利（Charles J. Hanley）和马萨·门多萨（Martha Mendoza）调查朝鲜战争时期发生在韩国老根里的一起美军士兵屠杀朝鲜平民事件。这是一起已经尘封了快半个世纪，在美国军方档案从未提及的陈年往事，而且五角大楼声称美军第一骑兵师根本没有到过老根里。记者采访老兵和朝鲜幸存者得到的信息零零碎碎、参差不齐，仅是死亡人数就有多个版本，"五十年逝去，没有一个人给予事件一个全面、详细的描述。涉事士兵承认了基本时间和地点，也承认死者中有大量妇女、儿童和老人。但是有人不承认是恶意开火，有的说平民中混杂有朝鲜士兵，有的则否定这一点。"[1]调查记者通过深入的调查，将从幸存者、士兵以及相关人士那里了解到的采访素材拼接出了一幅比较完整的历史画面。

3. 调查性报道的调查性

调查性报道的调查性特指新闻记者通过缜密的调查工作，找到确实证据，证实证伪假设的过程。胡适先生讲要大胆假设，小心求证，虽然这句话主要指学问之道，但是同样也可以应用在调查性报道中。新闻采写有一个基本问题——新闻主题。新闻主题是新闻报道的中心思想或者核心观点，是一篇报道的灵魂，对于调查性报道来说，它蕴含的普遍主题就是揭示事实真相。有经验的新闻记者都有一个切身体会，新闻采访前的准备工作中有一个重要环节是预设主题，即对要采访的新闻事件有一个预判，当然这种预判是相对和暂时的，是随着记者采访深入可以随时发生变化的，有时候真正主题和预设主题甚至根本对立。对于调查记

---

[1] Sang-Hun Choe, Charles J., Hanley, Martha Mendoza: *War's Hidden Chapter: EX-GIs tell of killing Korean refugees*, The Associated Press, 1999.

者来说预设主题就是要大胆预测新闻事实真相,然后小心翼翼地求证预测,找到核心事实或者能够证实和揭示核心事实的外围材料,这既是新闻报道的要求同时也是记者保护自己的需要,而这些都要依靠新闻记者严密科学的调查工作。在新闻写作时,调查记者不是仅仅呈现关键材料,而是要体现相对独立自主的调查和求证过程,这也是调查性报道的形象识别标志之一。

2001年,《人民日报》也刊登了一篇关于南丹矿难的新闻报道,而且也获得了中国新闻奖[①]:

广西南丹矿区发生重大灌水事故
初步认定70多人死亡

广西南丹县大厂镇龙泉矿冶总厂下属拉甲坡锡矿厂于7月17日发生一起矿井灌水特大事故,初步认定死亡70多人。为迅速查清事件真相,由国家经贸委主任李荣融率领的中央调查组一行6人今日飞抵广西。

事故原因是矿工作业时打穿了一个灌满水以防塌陷的废矿井,导致作业矿井灌透。瞬间,涌灌的废水使作业的民工和管理人员无法外逃,酿成特大事故。

事故发生10天后,南宁有关媒体接到举报,事件开始暴露。7月27日,广西多家媒体记者赶赴调查采访,其间受到盯梢、跟踪和阻挠,有关责任人试图隐瞒真相。

为查清事件真相,自治区党委书记曹伯纯于8月1日率领有关部门负责人赶到现场调查,当天组成由王汉民任组长的调查组,展开全面调查。今天上午,曹伯纯在通报这一事件时说,事件一定要查个水落石出。同时,事故发生了这么长时间,竟然一直捂住不

[①] 同年,广西电视台播出的《南丹矿难7·17事故初探》获得中国新闻奖一等奖,这篇作品获得二等奖。

第四章 中美调查性报道写作实务辨析

报，必须严肃追究知情不报者的责任。据悉，作为这起事故重要责任人的矿厂老板黎东明等已被监控。①

这篇报道虽然和广西电视台《南丹矿难 7·17 事故初探》报道的是同一个新闻事实，但是广西电视台的作品是记者根据已有信息假设南丹发生重大事故，导致大量矿工死亡，然后进行周密调查，最后证实判断，揭露真相。而这篇报道仅仅是陈述南丹发生重大灌水事故导致 70 名矿工死亡，以及死亡原因和官方调查通报，文章中缺少新闻记者独立的调查求证过程，因此这篇报道只是一篇普通消息，不属于调查性报道。真正调查性报道的文本既具有张力又具有穿透力，它既要展示新闻记者调查和求证的复杂过程，同时要穿透雾霭，揭示被掩盖的事实真相。

4. 调查性报道的逻辑性

逻辑，英文单词为 Logic，它是由 Logos 派生而来，在希腊文中是 λογοξ，翻译成中文就是"逻格斯。"古希腊哲学家赫拉克利特（Heraclitus）将"逻格斯"看成是世界普遍规律，从"逻格斯"派生出的逻辑含义主要有三方面：一是客观世界的普遍规律；二是人类的思维模式和规律性；三是思维的科学，即通过概念、推理、判断、论证等理解和区分客观世界的科学思维过程。在调查性报道中，主要指第三种含义。

调查性报道的逻辑性是指新闻记者在新闻采访和写作过程中通过概念、推理、判断和论证等手段假设以及调查、证明、展示事实真相。记者夏穆勒·亚达姆（Shyamlal Yadav）说："调查记者在掌握了全部信息并且选好关注点后，写作是不成问题的，重要的是把握好两个原则：一是要让人相信你的报道；二是你的作品一定要有逻辑性。"② 逻辑性

---

① 郑盛丰、罗昌爱、庞革平：《广西南丹矿区发生重大灌水事故》，《人民日报》2001 年 8 月 4 日。

② Edited by Mark Lee Hunter：*The Global Investigative Journalism Casebook UNESCO Series on Journalism Education*，Paris：UNESCO，2012，p.78.

在调查性报道作品中具有不可替代的作用，因为调查性报道的素材呈现碎片化状态，如果没有清晰的逻辑思维就无法将七零八落的素材串联起来，形成完整的新闻作品；再一个，调查性报道的主旨是揭示被掩盖的真相，真相之所以为"真"需要有力的证据支撑，在有的报道中新闻记者不能够接触到核心人物，有的是接触到但是得不到核心事实，这就需要记者在作品中把从次核心和非核心人物那里得到的信息形成一条科学、缜密、环环相扣的证据链，揭示出事实真相，这也离不开逻辑。

中央电视台《新闻调查》栏目曾经播放过一期高品质的调查性报道《派出所里的坠楼事件》。湖南益阳某企业职工刘骏在派出所里坠楼而亡，围绕刘骏的死因记者展开调查，调查中的核心人物——参与审讯刘骏的两名民警虽然勉强接受了记者采访，但是没有提供有价值的信息，调查记者只能采访检察院的办案人员、附近居民、死者父母、派出所里的其他人员、企业领导等人，通过现场模拟、勘察、检察院的笔录、目击者证言、死者父母采访等形成一条有力的证据链，推理和论证出刘骏在审讯中遭到刑讯逼供，并不是跳楼而死而是另有他因，其证据链的不容置疑就来自于强大的逻辑性。

5. 调查性报道的平衡性

新闻的平衡就是在新闻报道中均衡报道新闻事件和人物，让意见不同的人都有说话机会，尤其是意见对立的人。美国 CNN 副总裁希德·贝丁菲儿（Sid Bedingfield）认为在关于犯罪的报道中，平衡性原则是非常重要的。[1] 新闻学者德里克·福布斯（Derek Forbes）说："怎样作一个调查记者呢？尽管调查记者有很多，但是其基本的伦理规范是一致的，就是：精确、平衡、公平、可信、完整。"[2] 中国中央电视台《新

---

[1] Ted White：*Broadcast News Writing, Reporting, and Producing*, Fourth Edition, Burlington：Elsevier Inc, 2005, p. 200.

[2] Derek Forbes：*A Watchdog's Guide to investigative reporting-A simple introduction to principles and practice in investigative reporting*, Dunkeld, Published by Konrad Adenauer Stiftung Media Programme, 2005, p. 6.

第四章 中美调查性报道写作实务辨析

闻调查》栏目也着力打造崇尚理性、平衡和深入的精神气质,对调查记者的一个重要要求就是有平衡意识,要让事件中的冲突双方和不同的利益集团有同等的发言机会。

在新闻报道中,把握平衡原则十分重要。学者李希光认为新闻的客观性和真实性取决于新闻把关人对事实的选择。媒体对一个新闻事件的事实的选择、概括、解释的倾向性决定了新闻报道的客观性。愈公正、平衡、客观、准确地选择事实,新闻愈接近客观和真实。① 在调查性报道中更是这样,由于调查性报道选材的特殊性,卷入新闻事件的个体常常充斥着利益纠葛和对立,他们总是站在自己立场讲话,比较感性和主观,这时候更需要新闻记者采访和了解各方面意见,再通过对比、分析、判断,得出正确结论;再者调查记者的平衡意识应该贯穿新闻流程和新闻作品始终,就是在新闻采制的各个环节都要有平衡意识,不但平衡采访各方,在新闻作品中也要呈现各方意见。另外,在新闻作品的各个部分都要体现平衡意识,不能顾此失彼。

2013年,获得中国新闻奖的《徐州日报》刊登的《五问县级公立医院改革》就体现了调查性报道的平衡原则。在这篇报道中,涉及的利益群体大体可以分为两类:医疗改革的具体实施方和医疗改革的接受方。记者在作品中采访报道了这两个利益群体的意见,给予双方大体相当的版面,而且这篇报道共分"老百姓看病便宜了吗?"、"门急诊人次为何少了?"、"住院患者为何猛增?"、"医护人员积极性高了吗?"、"医院收入少了吗?"五个部分,记者一以贯之地体现平衡意识,写作时在每个部分都给予双方发言机会,有的一问一答,使读者能够更好地看到医疗改革的真实情况。

1999年,普利策调查性报道奖获得者美联社记者崔成哲等在调查采制老根里屠杀事件时也充分运用了平衡原则,在报道中不但有朝鲜难民幸存者以及死难者家属的采访,还有美军第一骑兵师老兵的采访,还

---

① 李彬、王君超主编:《媒介二十讲》,清华大学出版社2004年版,第151页。

采纳了五角大楼官员和发言人的发言:美国军方再次重申没有发现支持诉讼的证据。周三,在美联社报道后,五角大楼发言人克罗利(P. J. Crowley)说:"没有任何历史信息能够证明在1950年7月发生的事件。"国防部长威廉·科恩(William Cohen)则说:"如果有新的证据,我们可以重新审视要求。"①

6. 调查性报道的精确性

精确是新闻报道一项非常重要的要求,新闻学者安娜·麦克凯恩(Anna McKane)说:"撰写新闻故事有时候就像研究数学和化学一样,如果你把两个数字相加,无论什么时候总和都要是一样的;如果你详细描述一次化学实验,你必须记录下到底发生了什么。你不能为了让故事更有趣就去给它增加一些装饰,这也是为什么一些优秀的新闻记者总是具有科学研究背景,他们深谙自己所见所听和所写之间的关系。"② 李元授、白丁认为:"所谓准确,就是概念明确、论断恰当,就是恰如其分地反映客观、报道事实、描写人物,容不得半点含混不清,是一就说一,是二就说二。"③ 在20世纪二三十年代,美国甚至出现了精确新闻学,通过社会科学中量化统计的方式计算、统计数据,然后再根据数据报道新闻。

在调查性报道中,报道的精确显得尤为重要。因为调查记者面对的是被掩盖的新闻事实,新闻受众在看到调查性报道作品以前对事物是另外一种认识,有的甚至是截然相反的认识。例如获得中国新闻奖的《东方早报》和甘肃广播电视总台关于"三鹿"奶粉的报道。在报道以前,"三鹿"集团可谓声名显赫:中国驰名商标、500个中国最具价值品牌之一、商务部评出的最具市场竞争力品牌,产品通过ISO9001等一系列国际认证。高额的品牌价值和系列的质量认证给消费者形成了

---

① Sang-Hun Choe, Charles J., Hanley and Martha Mendoza: *War's Hidden Chapter*: *Ex-GIs tell of killing Korean refugees*, Associated Press Writers, September, 28, 1999.

② Anna McKane: *News Writing*, Trowbridge, Wiltshire: Printed in Great Britain by Cromwell Press Ltd, 2006, p. 85.

③ 李元授、白丁:《新闻语言学》,新华出版社2001年版,第13页。

第四章 中美调查性报道写作实务辨析

"三鹿"奶粉质量有保证的刻板印象,如果调查记者提供的信息不精确就很难撼动这一刻板成见。也就是说调查性报道在信息传播中经常处于后发位置,信息传播不像技术革新,后发者由于能够避免前者的失误和弯路常常处于优势地位,信息传播的先入为主规律决定了谁先传播谁主动,后传播则被动,这就要求调查记者要在信息的广延性和精确性方面超越原有信息才能让新闻受众信服。另外,笔者多次提到,调查性报道是存在巨大风险的报道方式,因为报道而被推上被告席的调查记者不胜枚举,为了保证在可能的新闻诉讼中获胜也要求调查记者在采写调查性报道作品时精确、精确、再精确。

调查性报道要做到精确性并不容易。首先,调查记者在写作时要使用准确的语言,就像法国作家福楼拜所要求的那样:我们不论要描写什么事物,要把它表现出来,只有唯一的名词;要赋予它运动,只有唯一的动词;要赋予它性质,只有唯一的形容词。包括数字的运用,也要尽可能精确,越精确说明记者调查采访越深入,也越能够使人信服。1995年获得普利策调查性报道奖的美国长岛《每日新闻》在揭露当地警察滥用残疾人养老金时列举了实例,在实例中将退休警察的滥用养老金的数额统计到元,就非常精确;其次,新闻记者在作品中要学会运用多角度透视手法,即从多个消息源、多个角度揭示事实真相,比如第八届中国新闻奖获奖作品——中央电视台的《罚要依法》就运用了多角度透视技巧。为了证明国道309山西段存在公路三乱,记者一方面播放途经司机的采访,让他们讲路段存在的乱设卡、乱收费、乱罚款;另一方面播放抓拍的交通民警公路乱罚款镜头,不但有山西黎城县的采访,还有山西潞城县的采访,通过这三个角度论证这一路段确实存在非常严重的公路三乱现象。记者多角度的采访和呈现使新闻作品极具说服力和震撼力,不但打动了电视机前的电视观众而且震动了当地政府,时任山西省委书记胡富国批示山西电视台连续三天播放这一节目,涉事民警受到开除或撤职处理。

除了调查记者自己要把握好精确原则,再一个就是要学会借助外力。由于题材的特殊性,调查记者不容易获得核心事实,"绝大多数新闻故事中记者并不是目击者,这就需要你和更多的人检查你的作品确保准确……很多新闻故事建立在别人的叙述,在这种情况下你要核实你听到是正确的,越是匪夷所思和与众不同越要加以核实。"[1] 在一些特殊报道中,调查记者还要请专业人士来检查作品。2005 年 6 月,广州《新快报》曾经对广州市一些无良酒楼坑害消费者权益事件进行曝光,在报道前夜,专门邀请法律顾问检查新闻作品:"大家迅速将每一篇报道分开,根据报道的内容,配备采访记者们的'证据',逐篇审查……我几近内疚地排除了那些不清晰或不能证明客观事实的视听材料,建议删除了没有证据支持的表述,甚至成段的报道内容,这是一件两难和痛苦的工作……有些新闻素材,是用命去换来的。我相信报道的内容绝无虚构。但我知道,从良心和道义上给予这些年轻和勇敢的记者支持是不够的。如果在法庭上,我一定要有证据来证明:记者报道的真实性。"[2]

二 中美调查性报道写作特点差异

1. 独立 & 组合　报道组构差异

中美调查性报道一个显著差异是中国调查性报道多独立式报道,而美国调查性报道多组合式报道。以中国新闻奖和普利策新闻奖中的调查性报道作比较:中国新闻奖 1990 年至 2015 年的 36 篇调查性报道作品中除 5 篇组合式报道外,其余全部是独立报道;美国普利策新闻奖 1995—2015 年[3]中共有调查性报道作品 81 篇,除 1998 年获得特稿报道奖的由《匹兹

---

[1] Anna McKane: *News Writing*, Trowbridge, Wiltshire: Printed in Great Britain by Cromwell Press Ltd, 2006, p. 85.
[2] 新快报《深度阳光》编辑委员会编著:《深度阳光——新快报调查性新闻十大案例》,中国传媒大学出版社 2008 年版,第 204—205 页。
[3] 普利策新闻奖网站中 1990 年至 1994 年不提供作品,只提供作品简短介绍,因此没有统计在内。

第四章 中美调查性报道写作实务辨析

堡时报》采制的关于弗罗里达一起凶杀案长达三年的调查以及2010年获得调查性报道奖的由 ProPublica 和《纽约时报杂志》共同采制的关于卡特里娜飓风期间医生在危急关头作出生死抉择的报道是独立报道外，其余全部是组合式报道。篇目最多的一篇是1995年获得公众服务奖的由维尔京群岛《每日新闻》采写的披露当地猖獗的犯罪率和刑事司法系统腐败之间联系的报道，竟然达到了50篇。

表13　　1995—2015年普利策新闻奖调查性报道篇目数量统计

年份	获奖类别	获奖媒体	篇数	备注
1995	1 公众服务奖	《维尔京群岛每日新闻》	50	
	2 调查性报道奖	《每日新闻》	14	
	3 国际报道奖	美联社	3	
1996	1 公众服务奖	《新闻与观察者》	9	
	2 调查性报道奖	《奥兰治县纪事报》	10	
	3 国内报道奖	《华尔街日报》	5	
	4 国际报道奖	《基督教科学箴言报》	5	
1997	1 调查性报道奖	《西雅图时报》	23	
	2 独家报道奖	《西雅图时报》	11	
1998	1 调查性报道奖	《巴尔迪莫太阳报》	12	
	2 国内报道奖	《达顿每日新闻》	8	
	3 国际报道奖	《纽约时报》	8	
	4 特稿报道奖	《匹兹堡时报》	1	
1999	1 公众服务奖	《华盛顿邮报》	5	
	2 调查性报道奖	《迈阿密先驱报》	7	
	3 独家报道奖	《洛杉矶时报》	10	
	4 国内报道奖	《纽约时报》	10	
2000	1 公众服务奖	《华盛顿邮报》	21	
	2 调查性报道奖	美联社	9	
	3 独家报道奖	《圣保罗先锋新闻》	10	
	4 国内报道奖	《乡村之声》	10	

续表

年份	获奖类别	获奖媒体	篇数	备注
2001	1 公众服务奖	《俄勒冈人报》	22	
	2 调查性报道奖	《洛杉矶时报》	11	
	3 独家报道奖	《纽约时报》	10	
	4 国际报道奖	《华尔街日报》	10	
	5 国际报道奖	《芝加哥论坛报》	10	
2002	1 调查性报道奖	《华盛顿邮报》	14	
2003	1 公众服务奖	《波士顿环球报》	23	
	2 调查性报道奖	《纽约时报》	6	
	3 国内报道奖	《洛杉矶时报》	7	
	4 国际报道奖	《华盛顿邮报》	10	
2004	1 公众服务奖	《纽约时报》	11	
	2 调查性报道奖	托兰多市《刀锋》	13	
2005	1 公众服务奖	《洛杉矶时报》	14	
	2 调查性报道奖	《维拉迈特周报》	3	
	3 国内报道奖	《纽约时报》	7	
	4 国际报道奖	《每日新闻》	10	
2006	1 调查性报道奖	《华盛顿邮报》	10	
	2 独家报道奖	《华盛顿邮报》	8	
	3 国内报道奖	《纽约时报》	6	
	4 国内报道奖	圣迭戈联合论坛报和科普里新闻社	10	
2007	1 公众服务奖	《华尔街日报》	18	
	2 调查性报道奖	《伯明翰新闻》	10	
	3 地方报道奖	《迈阿密先驱报》	10	
	4 国际报道奖	《华尔街日报》	10	
2008	1 公众服务奖	《华盛顿邮报》	10	
	2 调查性报道奖	《芝加哥论坛报》	10	
	3 调查性报道奖	《纽约时报》	5	
	4 国际报道奖	《华盛顿邮报》	9	

第四章　中美调查性报道写作实务辨析

续表

年份	获奖类别	获奖媒体	篇数	备注
2009	1 公众服务奖	《拉斯维加斯太阳报》	20	
	2 调查性报道奖	《纽约时报》	3	
	3 地方报道奖	《底特律自由新闻报》	10	
2010	1 公众服务奖	《布里斯托尔使者传讯报》	16	
	2 调查性报道奖	《费城每日新闻》	10	
	3 调查性报道奖	ProPublica 和《纽约时报杂志》	1	
	4 地方报道奖	《密尔沃基哨兵报》	10	
2011	1 公众服务奖	《洛杉矶时报》	16	
	2 调查性报道奖	《萨拉索塔先驱论坛报》	9	
	3 地方报道奖	《芝加哥太阳时报》	10	
	4 国内报道奖	ProPublica	11	
2012	1 公众服务奖	《费城问询报》	20	
	2 调查性报道奖	美联社	10	
	3 调查性报道奖	《西雅图时报》	5	
	4 地方报道奖	《爱国者新闻》	10	
	5 国内报道奖	《赫芬顿邮报》	10	
2013	1 公众服务奖	《太阳哨兵报》	14	
	2 调查性报道奖	《纽约时报》	2	
	3 地方报道奖	《星论坛报》	10	
	4 国内报道奖	《内部气候新闻》	4	
	5 国际报道奖	《纽约时报》	4	
2014	1 公众服务奖	《卫报》美国版	15	
	2 公众服务奖	《华盛顿邮报》	21	
	3 调查性报道奖	华盛顿公共廉政中心	11	
	4 地方报道奖	《坦帕湾时报》	8	
	5 国内报道奖	《科泉公报》	2	
	6 国际报道奖	路透社	8	

续表

年份	获奖类别	获奖媒体	篇数	备注
2015	1 公众服务奖	《信使邮报》	7	
	2 调查性报道奖	《纽约时报》	5	
	3 调查性报道奖	《华尔街日报》	9	
	4 地方报道奖	《每日微风报》	10	
	5 国内报道奖	《华盛顿邮报》	10	

组合式报道可以分为两类：连续报道和系列报道。连续报道是一段时间内关于某个新闻事件发展情况的多次和持续报道，这些报道围绕时间轴展开，具有线性规律；而系列报道是关于某一主题、某一题材多侧面、多角度的多次报道，围绕主题或题材展开，具有横向规律。普利策新闻奖获奖调查性报道中既有系列报道又有连续报道，例如2013年获得调查性报道奖的《纽约时报》揭露沃尔玛公司在墨西哥行贿谋求市场主导地位的报道分为两篇：第一篇介绍行贿情况；第二篇介绍最新证据的发现。事件按照先后顺序铺开，属于组合式中的连续报道。2014年获得调查性报道奖的作品揭露了无良律师和医生操纵法院和医疗系统拒绝为患有黑肺病的患者发放福利。报道由11篇新闻构成，从多侧面横向透视了这一新闻事实，属于系列报道。获得中国新闻奖的5篇组合式报道虽然在奖项分类中被归为系列报道，但是有些属于连续报道。获得第13届中国新闻奖的《中国青年报》刊登的《山西繁峙矿难系列报道》就属于这一类，从2002年6月28日起，《中国青年报》用十多天的时间连续刊登15篇连续报道，既有矿难真相，又有政府调查和处理情况，都是依据时间顺序展开。

为什么中美调查性报道组构方面存在独立和组合的差异？最重要的原因是中美两国新闻文体之间存在巨大差异。

2. 多元 & 单一　报道文体差异

文体是新闻记者在写作新闻报道时依据不同标准所划分和运用的写作样式，即按照一定的写作规则组合、搭配新闻诸要素的形式和方法。

第四章　中美调查性报道写作实务辨析

中美调查性报道的文体差异较大，主要体现在中国调查性报道文体多元，而美国调查性报道相对单一。

获得中国新闻奖的调查性报道被归到 8 种奖项，分别是评论 11 篇，占 31%；通讯 8 篇，占 22%；专题 5 篇，占 14%；系列报道 5 篇，占 14%；消息 4 篇，占 11.1%；电视访谈、新闻编排节目和调查性报道各 1 篇，分别占 3%。在普利策新闻奖中，95 篇作品分获公众服务奖、调查性报道奖、国际报道奖、国内报道奖、地方报道奖、独家报道奖。需要指出的是，中国新闻奖一般按照新闻文体划分，而普利策新闻奖更多依据报道指向划分，这些报道如果从文体角度考量，都属于新闻专稿。

中美调查性报道出现文体差异的首要原因是调查性报道概念诞生于西方国家。1948 年，调查性报道第一次出现在美国新闻杂志《羽毛笔》上。直到 20 世纪 80 年代，中国才引入包含调查性报道、解释性报道、预测性报道等在内的深度报道概念，这就和中国本土文体产生对接冲突，中国原有文体没有和调查性报道同样内涵和外延的概念，所以中国新闻工作者就利用原有文体，尤其像通讯、调查报告这样的大容量文体承载调查性报道。

其次，在文体划分上，中美之间差异较大，中国新闻记者对待文体考虑最多的是规范："记者在写作过程中，首要考虑的因素之一，是应该选用什么体裁，这种体裁有何要求，结构如何，表现手法怎样。"[①] 美国记者对待文体时首先考虑的是目的，只要能够达到写作目的，采用什么文体都行，不受条条框框约束。中美在文体意识上的差异导致中国文体划分十分精细，而美国文体划分非常粗放。据张惠仁《新闻写作学》介绍，中国新闻文体有所谓八体十四目、七体二十二目、九体二十四目，以及十三体四十五目划分法等等[②]，简单一点也有四体

[①] 樊凡主编：《中西新闻比较论》，武汉出版社 1994 年版，第 214 页。
[②] 张惠仁：《新闻写作学》，四川人民出版社 1986 年版，第 245—253 页。

二十八目：[①]

表 14　　　　　　　　　　中国新闻文体分类

消息	简讯
	动态新闻
	综合新闻
	事件新闻
	人物新闻
	会议新闻
	特写新闻
	社会新闻
	新闻集锦
通讯	事件通讯
	人物通讯
	概貌通讯
	工作通讯
	特写
	专访
	访问记
	侧记
调查报告	总结经验调查
	专题研究报告
	揭露问题调查
新闻评论	社论
	编辑部文章
	本报评论员文章
	短评
	专论
	述评
	一事一议
	按语

---

① 姚里军：《中西新闻写作比较》，中国广播电视出版社 2002 年版，第 193—194 页。需要解释的是姚里军的划分立足报纸报道，中国新闻奖包括报纸、广播、电视等媒体，在体裁划分上和姚有出入。

第四章 中美调查性报道写作实务辨析

美国新闻文体分类比较粗放，美国新闻学者卡罗尔·里奇（Carole Rich）将新闻的基本形式归纳为两类：硬新闻和软新闻。硬新闻指刚刚发生或即将发生的事件、冲突，诸如犯罪、火灾、抗议集会、法庭上的演讲或者证词等等……这些事件需要具备及时性；软新闻指那些具有娱乐和告知功能的新闻，其重点在于人们的兴趣、新奇，在时效性方面略差……软新闻也可以着眼于能够影响读者生活的人、地点、话题，这些新闻也被称作"特写故事"，例如关于患艾滋病儿童人数增加的报道就属于这一类，它在重要性方面一点不比硬新闻差，但它不是刚刚发生的。[1] 顾潜认为："西方新闻文体的分类不像我们那样有严格区别，不能混淆。他们一般没有严格的界限，如把消息之外的新闻报道统称为特稿、专稿，近似于我们的通讯。"[2] 姚里军也认为："西方新闻写作的文体分类比较宽泛和概略，大体上只是消息和专稿（特稿）两大类……专稿相当于中国的通讯和调查报告，是区别于消息的一种时效性很强的、翔实性的深度报道。专稿包括了解释性报道、调查性报道、预测性报道，名称不同，并不表示其文体的差异，而是报道内容上的区别。"[3]

从以上分析可以看出，在美国，调查性报道是从属于专稿的一种新闻文体，这种报道常常在文中插入导读、提要或者小标题，来打破鸿篇巨制的冗长，便于受众接受。在中国，调查性报道不是一种独立文体，是可以通过消息、通讯、调查报告、电视新闻评论等多种文体呈现的新闻报道形式。由于通讯、调查报告、电视新闻评论篇幅较大，能够更容易呈现记者调查过程，因此中国调查性报道更多以这几种文体出现，消息较为鲜见。1998年获得中国新闻奖一等奖的《长江上游仍在砍树》是其中一例：

---

[1] Carole Rich: *Writing and Reporting News: A Coaching Method*, Sixth Edition, Boston: Wadsworth, p. 17.
[2] 顾潜：《中西方新闻文体：异同与创新》，《新闻大学》1998年秋季号。
[3] 姚里军：《中西新闻写作比较》，中国广播电视出版社2002年版，第195—196页。

以石为错

长江上游仍在砍树

　　新华社攀枝花1998年8月19日电（记者熊小立　黎大东）长江上游地区大片森林仍在遭受数千把斧头和电锯的砍伐。记者近日随世界银行组织的14名生态、环保和人类学专家考察雅砻江下游的二滩水电站库区生态环境，见到江面漂浮着上游漂运下来的上万根三四米长、脸盆般粗的木头，小舟左冲右突一个多小时后才驶离码头。行出不到1000米，数万根粗木密密麻麻地塞满了几百米宽的江面。

　　攀枝花市一位林业干部告诉记者，这仅是雅砻江沿岸近期所砍伐树木的很少一部分。由于二滩水电站关闸蓄水拦住了漂木的去路，大量木头在上面几个水运站捞上岸运走了，漂下来的只是"漏网之鱼。"他说，仅沿江国有森林工业企业今年就至少砍伐了30万立方米的木材，相当于砍光了5万亩原始森林。而流域各县乡伐木企业的砍伐量更大。

　　世行专家组成员、四川省林业科学院研究员刘仕俊说，四川宜宾市以上的长江三大干支流中，金沙江、大渡河两岸的森林早已所剩无几。雅砻江主要流经人烟稀少、交通闭塞的横断山脉，但现在，这条江两岸的森林资源也遭到了十分严重的破坏。

　　全长1517公里的雅砻江主要流经四川省甘孜、凉山、攀枝花等地市州。因水急谷深，沿江所伐树木主要以顺江漂流的形式运往下游，然后再装上火车经成昆铁路运出。

　　记者在几天的采访中看到，雅砻江下游两岸目前仅存些残次林木，水土流失严重。当地老乡说："每一场暴雨都造成洪水和滑坡、塌方。以前江水一年四季都是清的，现在变成'黄河'了。"[①]

　　《长江上游仍在砍树》播出在中国1998年抗洪后，报道篇幅虽短，

[①] 熊小立、黎大东：《长江上游仍在砍树》，《新华社》1998年8月19日。

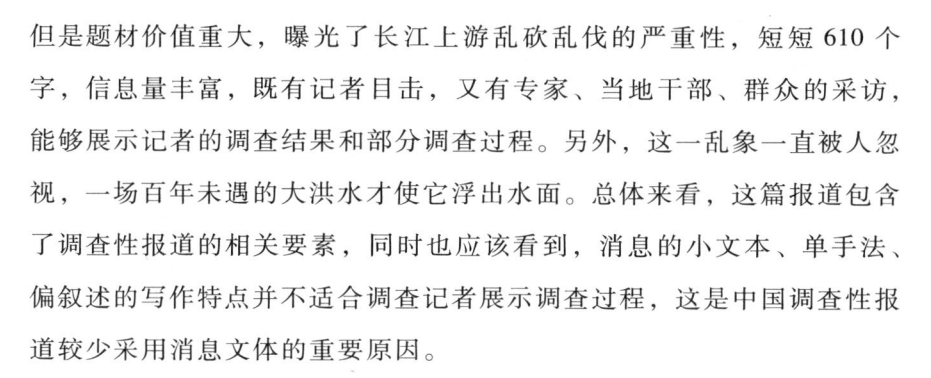

第四章 中美调查性报道写作实务辨析

但是题材价值重大,曝光了长江上游乱砍乱伐的严重性,短短610个字,信息量丰富,既有记者目击,又有专家、当地干部、群众的采访,能够展示记者的调查结果和部分调查过程。另外,这一乱象一直被人忽视,一场百年未遇的大洪水才使它浮出水面。总体来看,这篇报道包含了调查性报道的相关要素,同时也应该看到,消息的小文本、单手法、偏叙述的写作特点并不适合调查记者展示调查过程,这是中国调查性报道较少采用消息文体的重要原因。

3. 外围 & 核心 报道内容差异

观察中美调查性报道作品还可以发现调查记者在新闻事实的撷取方面也存在差异。中国调查性报道作品经常采用新闻记者加政府调查的模式,新闻记者在新闻采访中较难全息接触到核心事实,大多是经过调查,了解到外围事实和部分核心信息后,配合政府相关部门完成全部调查,掌握全部核心事实。2002年6月,《中国青年报》刊登的《山西繁峙矿难系列报道》是一则高难度的调查性报道。当年6月22日,山西繁峙发生金矿爆炸事故,37名矿工遇难,当地政府上报"死两人,伤四人。"为了调查事实真相,中国青年报记者刘畅、柴继军到当地采访,但在采访中,当地金矿黑恶势力控制着遇难家属,并有人对记者跟踪,记者冒着生命危险接触死者家属,了解现场情况,并且查寻到部分死难者名单,在记者刊登首篇报道《惨剧真相扑朔迷离——聚焦山西繁峙金矿爆炸案》后,国家安全生产监督管理局和省、市调查组赶到当地调查,最后查明共有37名矿工遇难。忻州市副市长宣明仁说,《中国青年报》的报道立了大功。看到该报报道后,忻州警方认真分析了其中三个线索,包括搬运尸体目击者的证言。宣明仁要求警方根据这些线索进行突破。他说,客观准确的报道,为最终破案提供了根据。[①] 从报道过程和当地官员的采访可以看到,新闻记者虽然接触到了诸如搬运

---

① 刘畅、柴继军:《山西繁峙矿难系列报道》,《中国青年报》2002年6月28日起,报道获得第十三届中国新闻奖一等奖。

尸体者的证言这样的核心事实，但不是全部，是政府部门根据新闻记者提供的线索将整个事实真相调查清楚后，新闻记者再报道出来。在中国新闻奖的获奖报道中，类似新闻还有《东方早报》的《甘肃14婴儿同患肾病 疑因喝"三鹿"奶粉所致》、《中国青年报》的《山西霍宝干河煤矿矿难记者领"封口费"事件》、广西电视台的《南丹7·17事故初探》等等。

还有一种是因为新闻记者在调查报道时或是由于被采访人不配合调查，或是采访受到限制不能接触到核心事实，而只能根据外围事实推论出核心事实，由于外围事实提供了强有力的证据链，也可以揭示出事实真相。例如中央电视台《新闻调查》栏目播放的《派出所里的坠楼事件》，由于掌握核心事实的民警和企业领导不愿意配合记者调查，记者就在目击者、死者家属、检察院办案人员中间展开采访，最后推论出死者不是死于自杀而是另有原因。《南方都市报》刊登的调查性报道名篇《被收容者孙志刚之死》也是类似报道：孙志刚死前曾经呆过三个地方：黄街村派出所、广州收容遣送中转站、广州收容人员救治站。记者采访时，当地民政局认为收容站不可能打人，救治站也否认孙志刚的外伤发生在住院期间，而掌握核心事实的黄村街派出所又拒绝接受采访，导致记者只能从法医、孙志刚的朋友、同事、尸检结果、护理记录、政府相关规定等外围人员和资料中推论孙志刚的真正死因和被收容的违法。

美国调查性报道更多是新闻记者通过独立的调查研究，直接掌握被掩盖事件的核心事实，然后予以披露。2015年获得调查性报道奖的《华尔街日报》记者通过调查了解到大量政府和医疗提供商数十年隐藏的数据。2013年获得调查性报道奖的《纽约时报》报道沃尔玛公司在墨西哥行贿谋求市场主导地位，记者在采访中搜集到大量第一手证明受贿的资料，花费15小时采访了墨西哥地区沃尔玛的前总裁塞尔吉奥·西塞罗·萨帕塔（Sergio Cicero Zapata），他向记者提供了向地方官员行

第四章　中美调查性报道写作实务辨析

贿的核心事实。2004 年,《维拉迈特周报》(*Wollamette Week*) 记者奈杰尔·杰奎斯(Nigel Jaquiss) 调查报道俄勒冈州前州长尼尔·戈尔特斯米特(Neil Goldschmidt) 性侵一名 14 岁女孩。由于事件发生在 30 年前,大量证据遗失再加上受害人苏珊矢口否认性侵,给记者了解核心事实造成巨大障碍。于是记者从外围入手,采访了苏珊的律师、朋友、庭审法官以及戈尔特斯米特的朋友、律师。搜集了警方档案、医院档案、庭审笔录,掌握了大量佐证资料,又顺藤摸瓜找到了从 1995 年 3 月戈尔特斯米特分期赔偿苏珊 25 万美元的核心事实。在报道前一周,记者给戈尔特斯米特写了一封信,在信中总结了调查情况:"我们的调查让我们相信您和苏珊之间的关系是真实的,如果你否认我们的调查,我想给您一个提供信息否认我们调查的机会。"[①] 这封信使戈尔特斯米特的防线彻底崩溃,第二天早上他的律师邀请记者和受害人苏珊的律师来到办公室,说他既没有肯定也没有否定记者调查,准备辞去一系列职务,由于涉及个人隐私要求记者不要刊登这篇报道,而苏珊的律师则要求记者在隐去受害人真实姓名的前提下刊登这篇报道。这次会面使记者从核心人物那里检验了调查结果,当事人实际承认了自己的性侵事实。这篇报道后来获得了 2005 年普利策调查性报道奖。类似这样直接掌握核心事实的报道还有很多。

第二节　中美调查性报道叙事比较

法国叙事学先驱罗兰·巴特(Roland Barthes) 在其名篇《叙事作品结构分析导论》中指出:世界上叙事作品之多,不计其数;种类浩繁,题材各异,对人类来说,似乎任何材料都适宜于叙事。[②] 作为主要

[①] Nigel Jaquiss: *The 30-Year Secret: A crime, a cover-up and the way it shaped Oregon*, *Willamette Week*, May, 11, 2004.

[②] [法]罗兰·巴特:《叙事作品结构分析导论》,张寅德译,见张寅德编选《叙述学研究》,中国社会科学出版社 1989 年版,第 2 页。

用书面和口头语言承载信息的新闻肯定是众多叙事作品的一种,但也是特殊的一种。"在英语中,我们经常使用'新闻故事'这个概念,这说明新闻是一种特殊的叙事,它和我们每天会话中、幼儿图书中以及小说中的叙事不同。"① 那么调查性报道作为新闻叙事的一类又具备哪些特点? 中美调查性报道叙事又有哪些区别呢?

一 中美调查性报道叙事的同一

调查性报道叙事主要探讨调查性报道的叙事原理和方法。作为一种特殊的新闻报道方式,尽管中美间新闻语境存在巨大差异,但是由于报道本身固有的特质以及中美新闻工作者有意识地融会贯通,在新闻叙事原理和技巧方面,中美仍然有一些统一的地方。

1. 调查性报道叙事母题的同一

母题最早源自文学领域,在《牛津英语大字典》简编本(The Shorter Oxford Dictionary)中将其定义为"一个作品或者设计中独特的个性或者元素,是支配行为的特定主题。"在《兰登书屋英语大词典》(The Random House Dictionary of the English Language)中将母题定义为"在文学、艺术、音乐作品中反复出现的主题、主旋律、思想等等。"陈力丹将母题看成是新闻价值要素的一种,对受众来说具有心理替代性。何纯则将母题看成是"原型"在文艺作品中的一种表现形式,它体现的是瑞士著名心理学家和精神病学家荣格定义的"集体无意识……新闻从古代缘起至今,也逐步形成了一系列叙事母题,如寻宝、灾变、性、死亡、异趣等等。"②

在调查性报道中,最常见的就是"寻宝"主题。在中西方文学作品中,寻宝母题比比皆是,最著名的上古故事原型是古希腊传说阿耳戈

---

① Teun A. Van Dijk, *News as Discourse*, Hillsdale, New Jersey: Lawrence Erlbaum Associates, Inc, 1988, p. 1.
② 何纯:《新闻叙事学》,岳麓书社 2006 年版,第 144—145 页。

第四章 中美调查性报道写作实务辨析

英雄们寻找金羊毛的故事,中古的例子有亚瑟王的圆桌骑士寻找"圣杯"的故事,① 包括后来的拉伯雷的《巨人传》、但丁的《神曲》、海明威的《老人与海》以及中国诸多武侠小说对武功秘籍和无敌兵刃的追寻都可以多多少少看到"寻宝"母题的踪迹。

在调查性报道中,调查记者也在凭借铁鞋踏破三千界的努力追寻自己的宝藏——新闻真相。古代英雄在寻宝路上会遇到千山万水、天灾人祸、魑魅魍魉;现代调查记者也可能遇到威逼利诱、掩盖阻挠、暗杀明殴。在调查性报道作品中,调查记者着重突出的是"寻"的过程,通过"寻"的艰难来凸显"宝"的珍贵。

2002年11月,湖北广播电台记者杨宏斌、胡成在乘车经过郧西县店子镇太平寨时发现路边陡峭的山坡上出现了一个巨大的水泥字,由于离得较近,水泥字又十分庞大,坐在车里的记者竟然看不到它的全部,当记者跑到500米开外才看清楚这是一个硕大的"禁"字,谁有如此魄力在山坡造出这么大的字?为什么要造这样的字?字后面又有哪些故事?这些疑问激起了记者调查的兴趣。记者翻山越岭,冲破当地一些乡镇干部的阻挠,终于发现了隐藏的"宝藏"——当地干部制作巨型标语以及弄虚作假的内幕:

说是"封、禁",可是记者在店子镇看到,造了字的山上,树木稀稀拉拉,零零星星地种着黄姜和小麦;牛、羊在随意地吃着草,没有人来管。

羊皮滩的"泥沟乡退耕还林示范区"10个大字中,"退耕还林"的"还"字里面还种了农作物;红岩寨"封禁治理"4个字中的"封"字,从远处看去,隐约有几个黑点,爬到字上一看,原来不知是谁种了两分地的黄姜!

红岩寨的大字标语下有两个村,因山高坡陡,水土流失严重,泥石流经常冲毁农民的房屋。从造绿化标语的那一年起,两个村的村民就强

---

① 高小康:《人与故事 文学文化批判》,东方出版社1993年版,第96—97页。

烈要求实施退耕还林。去年他们还挖好了树坑,等上级发树苗栽植,可至今没人理这个茬儿!

个别乡镇为了造字,竟然不惜毁林。夹河镇金銮山大型标语字,跨越三座山,其中有一座山的天然林比较好,但镇里为了造"封禁治理"的"封"字和"禁"字,砍掉了不少天然林木。①

曾经获得普利策调查性报道奖由《费城问询报》记者采写的《无罪的证据:对一起谋杀案的质疑》(*Evidence of Innocence: Doubt Cast on a Murder Case*)也是以寻宝为母题的一篇报道。为了找到被判二级谋杀罪的小特伦斯·麦克拉肯的无罪证据,记者在狱中找到当事人和知情者,采访了法律方面的专家,并且给麦克拉肯和相关者做了测谎试验,最后找到了事情的真相,推动了案件重审工作。

正因为大多数调查性报道属于"寻宝"母题,所以调查记者常常选用悬念式开头,在写作过程中使用推理、质疑、探案、揭秘等元素,使报道跌宕起伏,一波三折,这也是尽管大多数调查性报道都是长篇幅、大容量,但是读起来并不感到过于冗长和生涩的原因所在。

2. 调查性报道叙事建构的同一

何纯认为新闻作品的叙事单位有两种:事件和序列,正是它们按照各种不同的规则、逻辑组合成新闻事实。② 事件是新闻叙事的基本单位,反映的是状态的改变。借用法国文学评论家罗兰·巴特论述功能的观点:不是所有单位都具有同样的"重要性。"有些单位是叙事作品(或叙事作品的片段)的真正的铰链,另一些单位只是"填补"把功能——铰链隔开的叙述空间。我们称前一种单位为基本功能(或核心),鉴于后一种单位的补充性质,我们称其为

---

① 杨宏斌、胡成:《"造林"还是"造字"》,湖北电台、中央电台 2002 年 12 月 9 日播出。转引自中国新闻奖评选委员会办公室编《中国新闻奖作品选·2002 年度·第十三届》,新华出版社 2004 年版。

② 何纯:《新闻叙事学》,岳麓书社 2006 年版,第 115 页。

第四章　中美调查性报道写作实务辨析

催化。① 据此可以将事件划分为核心事件和催化事件。核心事件是新闻故事不可或缺的重要事件，是新闻故事发生状态重大改变的部分，它构成新闻故事的主体，催化事件是位于核心事件之间起到补充、连续功能的事件。

序列是数个事件按照时间或者逻辑顺序连接而成的系列。法国叙事学家克洛德·布雷蒙认为叙事也像句子有简单句和复合句一样有基本序列和复合序列。基本序列主要有三种功能：发生变化的人、物、事情形成；主人公采取行动；完成行动，达到目的。这三个功能有紧密的逻辑关系，需要指出的是这三个功能并不是必然连续发生，第一个功能是必不可少的环节，但是在情况形成后既可以行动也可以不行动，行动也可以成功还可以失败，可以用以下图形来表示：

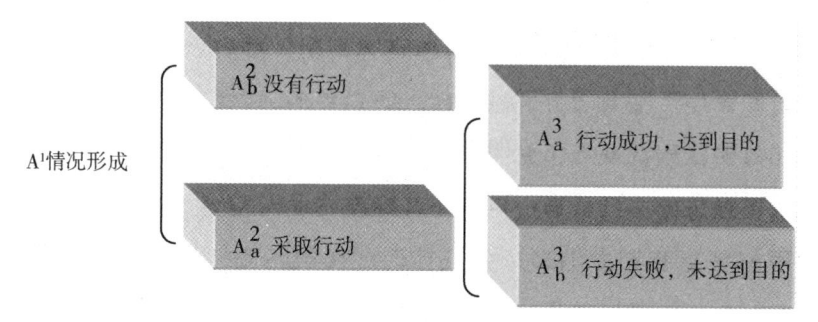

A^1情况形成 $\begin{cases} A_b^2 \text{没有行动} \\ A_a^2 \text{采取行动} \end{cases} \begin{cases} A_a^3 \text{行动成功，达到目的} \\ A_b^3 \text{行动失败，未达到目的} \end{cases}$

图5　克洛德·布雷蒙基本序列图

在中美调查性报道中就可以看到这种完全基本序列模式：情况或者问题出现，引发记者采取行动，进行调查，最后事实真相被揭露出来，达到原初目的。例如2002年度获得中国新闻奖一等奖的《兴华乡的"富民工程"掺了多少"水"》就是这样一个完整的基本序列：文章共有14段组成（每段录音计为一个自然段），其中前3段为情况形成阶段：

---

① ［法］罗兰·巴特：《叙事作品结构分析导论》，张寅德译，见张寅德编选《叙述学研究》，中国社会科学出版社1989年版，第14页。

· 171 ·

以石为错

3月25号，梅河口日报在显著位置刊发了一条消息：《兴华乡党委抓经济办实事扎实有效》，说地处山区、经济相对落后的梅河口市兴华乡引资3000万元，兴建矿泉水股份有限公司，同时，以"水稻绿优米、高油大豆、韩国辣椒"为支柱产业，大力发展"黄牛、林果、药材、食用菌"，并且形成了基地规模。

消息传开，兴华乡的干部、农民们懵了。兴华村六社的严宏文说，他们家就在报纸所说的矿泉水厂附近，住了大半辈子，还是头一回听说乡里有这么个企业：

（出录音1）

"据说是在什么敬老院那个地方，俺们也没看到什么厂子、也没看到有谁在哪，敬老院打的井能自动往上冒水，现在的水也不那么冒了也不冲了，根本这项工程就是没有。"

文章第4至12自然段为行动阶段，调查记者来到兴华乡的一些村采访，发现没有报纸所宣传的支柱企业，最后在13自然段，记者找到了真相和原因：

据了解，这篇在兴华乡老百姓和一般干部当中引起轩然大波的报道，是乡主要领导把一个本来就不切实际的"规划"以所谓"扎实有效"的成果投到了报社，并以此来彰显政绩。面对农民们的反感，兴华乡党委书记徐业军依然是振振有词。[①]

但是对于调查性报道来讲，由于其篇幅长、人物多、跨时长，所以很多作品表现出更加复杂的序列关系，我们把它叫做复合序列，即由多个基本序列组构而成的复杂序列。

布雷蒙在《叙述可能之逻辑》一文中将复合序列划分成三类：连接式、镶嵌式和两面式。分析获奖的中美调查性报道作品可以发现这几种模式都存在。

[①] 吴冬、王晓霞、刘春梅、周伟：《兴华乡的富民工程掺了多少水》，吉林人民广播电台，2007年8月21日。

第四章 中美调查性报道写作实务辨析

连接式就是两个以上基本序列头尾相连,一个基本序列的结果成为另外一个基本序列的原因:

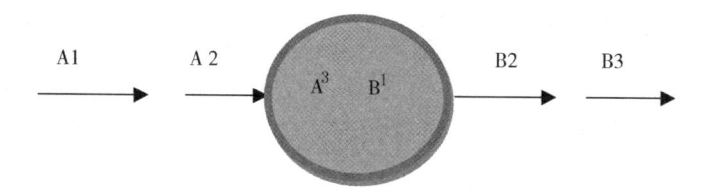

$$A1 \rightarrow A2 \rightarrow (A^3 \; B^1) \rightarrow B2 \rightarrow B3$$

图 6 基本序列图

2001 年度获得中国新闻奖的《河道里建起商品楼》就是由连接式复合序列组成的新闻叙事。2000 年,湖北武汉长江江段最狭窄的地段出现了刚竣工的住宅小区——外滩花园,影响了长江行洪安全(A^1),记者法展、刘文来到武汉采访(A^2),在采访中发现房地产公司具备所有的合法文件,这片明显是违法建筑的楼盘却是合法建筑引发记者进一步调查的兴趣(A^3B^1),记者继续采访,寻找合法中的违法(B^2),查明这片楼盘确属违法建筑(B^3)。

2013 年,美国华盛顿廉政中心报道当地律师和医生操纵相关系统拒绝为患有黑肺病的患者发放福利。在这篇报道开头是这样写的:

伯克利,西弗吉尼亚——联邦大厦里庄重严肃的会议厅使盖里·福克斯(Gary Fox)和他的妻子玛丽(Mary)感到不安。盖里在南部地区阿巴拉契亚煤矿,尘土飞扬的矿洞里工作了长达 25 年。他们从未上过法庭。

距离 Gary 第一次出现黑肺病的征兆已有至少 15 年之久。刚开始是呼吸不畅,紧接着是咳出黑色的黏液。到 1999 年,他的病情使他能够享受联邦福利。一位美国劳工部认证的医生对他进行了检查,诊断出最严重的疾病,被称为复杂的矿工尘肺病。政府责令商业巨头梅西能源公司的下属子公司每月向盖里支付福利,但是大多数情况下,公司都会提起上诉。现在盖里和玛丽发现他们好像来到了一个陌生的国家——在这个国家里有行政法官研读大量的医学证据,复杂的法律论据以及晦涩的法规，有煤矿公司的律师深谙法律系统并知道如何进行攻击矿工的索赔要求，还有进行诊断的医生，找出可能导致疾病的原因，除了黑肺病。

在那里最突出的是来自杰克逊·凯里（Jackson Kelly）律师事务所的律师们，他们主攻黑肺病的辩护……2000年9月的一个早上，在矿工维权官司中，谈判桌的一边是该事务所的资深律师罗伯特（Robert），另一边是无力负担高昂律师费的矿工及其家属。随着近几十年索赔人的辩护律师逃避黑肺病的法律辩护，这种不平衡现象非常普遍。煤矿公司占据时间和金钱的优势，雇佣大量专家并将矿工索赔申请无限制的拖延。而矿工律师无法从索赔人（矿工）那里得到任何费用。在毫无胜算的辩护中，律师的收入也是很微薄的。[①]

这篇报道的开头也是一个连接式复合序列：矿工盖里因为常年工作患上黑肺病（A^1），盖里和家人维权（A^2），盖里和公司打官司，公司聘请杰克逊·凯里的律师辩护（$A^3 B^1$），律师掩盖事实真相（B^2），矿工利益受损（B^3）。实际上这个序列并没有结束，它又引发了下一个基本序列：矿工利益受损（$B^3 C^1$），给记者提供新闻线索，引发记者调查（C^2），揭开事实真相（C^3），这篇报道获得了2014年度普利策调查性报道奖。

镶嵌式序列就是在一个基本序列的叙事中包含另外一个基本序列，这一基本序列成为上一序列的一个必要条件，如图：

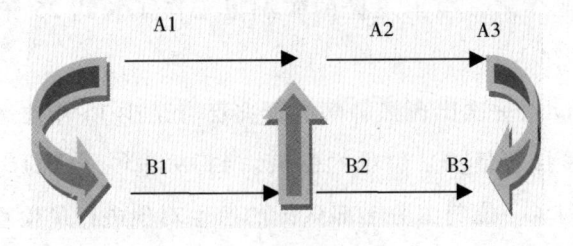

图7 镶嵌式序列图

[①] Chris Hamby: *Coal industry's go-to law firm withheld evidence of black lung, at expense of sick miners*, The Center for Public Integrity, October, 29, 2013.

第四章 中美调查性报道写作实务辨析

在调查性报道中，镶嵌式的复合序列也大量存在。获得 2008 年度中国新闻奖一等奖的《山西霍宝干河煤矿矿难记者领"封口费"事件》就含有镶嵌式复合序列，在记者到煤矿调查记者领"封口费"事件的同时发现了这一煤矿的瞒报问题。记者了解到新闻线索（A^1），找到线人戴骁军，赶赴干河煤矿采访（A^2），经过采访揭开记者领"封口费"真相（A^3），完成第一个基本序列，在叙述这一序列同时嵌入第二个序列：记者了解煤矿出现的问题（B^1），在煤矿展开调查（B^2），发现煤矿存在瞒报问题（B^3），这一序列是在记者叙述调查封口费问题时加入的，但它又不是孤立存在和第一个序列有密切的关系，正是由于煤矿发生矿难，煤矿领导意图瞒报，逃脱责任追究才引发了记者来索要"封口费"，它是第一个序列存在的必要条件。

最后再来看两面式复合序列，这一序列一般由两个基本序列组成，两个基本序列存在对立和矛盾关系，在行动、观点、言语等方面存在冲突，可以用下图来表示：

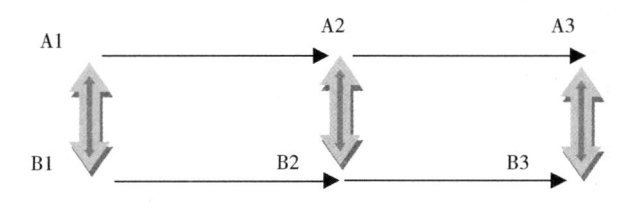

图 8 对立式序列图

2003 年，新华社播出的《五河：城市贫民背不动豪华广场》就存在这样两个对立的序列：居民晨练、晚休的体育场面临拆迁（A^1），群众质疑、抵制（A^2），导致新闻记者调查采访（A^3）；另一个序列是青年圩广场位于中心地带、环境差、群众休闲没有地方（B^1），政府开始组织拆迁（B^2），引发干群矛盾，对群众的抵制行为不理解（B^3），从以上分析就可以看出，这篇作品的两个序列以群众和干部为主体，围绕体育场是否应该拆除新建广场产生矛盾冲突，记者在作品中使这两个序列都得到了充分和平衡的体现，一方面暴露问题和真相，另一方面体现客观和平衡原则。正是由于这一复合序列存在上述优势,所以在调查性报道中也经常见到。

除了布雷蒙提到的这三种复合序列以外,在中美调查性报道作品中还存在一种并列式复合序列。一篇作品中含有几个存在并列关系的基本序列,它们由文章的内部逻辑联系在一起,其图示是这样的:

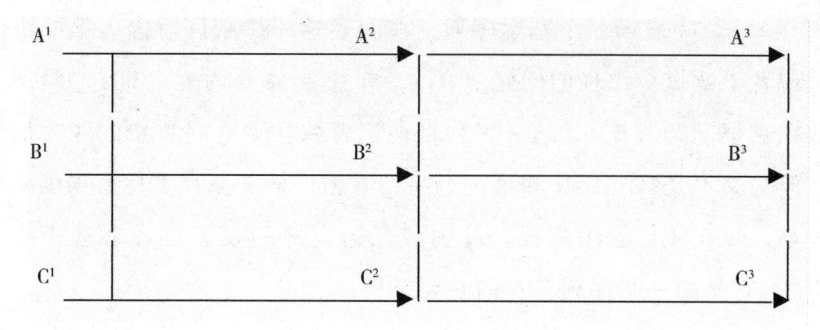

图 9　并列式序列

2013 年获得中国新闻奖一等奖的调查性报道《五问县级公立医院改革》采取的就是这样的结构,作品一共分五个部分:一问:老百姓看病便宜了吗?二问:门急诊人次为何少了?三问:住院患者为何猛增?四问:医护人员积极性高了吗?五问:医院的收入少了吗?五个部分其实就是五个基本序列[①]:

A^1(原来药价虚高)	A^2 医院取消药品加成	A^3 药价降低看病便宜
B^1(诊查费较低)	B^2 提高诊查费用	B^3 门诊人数减少
C^1(药品检查手术费高)	C^2 降低相关费用	C^3 住院患者猛增
D^1(积极性较低)	D^2 实行绩效工资	D^3 积极性得到调动
E^1 药品差价 2758 万元	E^2 一降一调一补	E^3 医院收入没有下降

图 10　《五问县级公立医院改革》序列图

---

① 表中带括号的部分是文中没有明确写出但是可以推论出来的。

第四章 中美调查性报道写作实务辨析

五个序列从五方面介绍了睢宁县公立医院改革情况,序列之间相对独立,由记者的调查采访贯穿,通过这种复合序列建构叙事显得层次分明、通俗易懂,尤其在关于社会问题的调查采访中应用比较广泛。

需要强调的是,在调查性报道作品中,上述四种复合序列并不是孤立存在的,有时候一篇作品甚至存在连接式、镶嵌式、对立式和并列式四种复合序列,使作品的叙事建构更加错综复杂。

3. 调查性报道叙事视角的同一

视角是文本呈现出来的叙述者对人物、事件、环境的认知和观察角度。视角无论在文学叙事还是历史叙事以及新闻叙事中都具有非常重要的地位。"视角便是意识形态对事实的折射。也正是如此,法国叙事学家托多罗夫认为视角具有第一位的意义。从某种程度上说,视角的不同是新闻文体本质的不同。"①

弗莱堡大学教授莫妮卡·福鲁德尼克(Monika Fludernik)将叙事视角分为外部视角和内部视角,并且分析了其和人称、心理状态以及客观性之间的关系:②

位置	具体呈现	反映了其他人的心理状态	不带个人色彩的
外部视角(故事外叙事层面)	所谓无所不知的叙事者	是	不带个人色彩的无所不知的
内部视角(故事叙事层面)	第一人称叙事者	否	中立的角度
	反射角色	否	0

图 11 叙事视角分类图

杰拉德·热奈特(Gerard Genette)用"焦点"概念代替"视角"

---

① 方毅华:《新闻叙事导论》,中国广播电视出版社2014年版,第67页。
② Monika Fludernik: *An Introduction to Narratology*, First published in German as *Einführung in die Erzähltheorie*, Darmstadt, Wissenschaftliche Buchgesellschaft, 2006, pp. 36 – 37.

或者"观点"。他认为"聚焦"只不过是信息的重组或者标准观点的一般介绍。① 热奈特将叙事焦点分为三类:第一类是无焦点或者零度焦点叙事文,这是一种无所不知的叙事视角,无论是视觉的、听觉的、感觉的以及思想的叙事者就如同上帝一样无所不知、无所不晓;第二类叫做内在式焦点叙事文,在这类叙事中,叙事者等同于人物,他借助特定人物的感觉和意识言说特定内容;第三类被称作外在式焦点叙事文,这是一种"客观式"或者"行为主义式"叙事视角,叙事者就是一个客观观察者,对自己没有看到的东西例如文中人物的内心世界无法窥测和表达。②

用热奈特的理论来分析中美调查性报道作品可以发现,在调查性报道中绝大多数采用第三种即外在式焦点叙事,因为这种叙述视角最适合记者架构整部作品。记者在整部作品中就是一个客观的调查者和记录者,将自己所听、所看、所感忠实地记录下来,报道给受众。

1995年获得普利策调查性报道奖的《长岛每日新闻报》在它对当地警察滥用残疾人养老金的调查性报道中是这样开头的:

Raymond Newbold 是拿索(巴哈马群岛之首都)的一名警官,41岁那年,他在工作期间伤了膝盖。根据政府养老保险制度,他残疾了,所以他退休后就要依靠残疾养老金度日。但是他现在却在琼斯海滩当一名救生员,他的领导说他跑、跳和游泳技术都非常棒。他的养老金是:一年 49568 美元,免税。

Richard Franzese 是萨福克缉毒队的负责人,前途光明,直到后来有部门控诉他破坏了一起毒品案。就在部门审判的前两天,他在上班时间出了车祸。所以他说他经常嗜睡,不能集中精力。一个医生怀疑他装病,但是其他医生不认同。在开庭审理前,政府宣告他残疾了。现在他

---

① Edited by Peter Hühn etc,*Handbook of Narratology*,New York:Walter de Gruyter,2009,p. 115.
② 参考[法]杰拉德·热奈特《论叙事文话语——方法论》,杨志棠译,见张寅德编选《叙述学研究》,中国社会科学出版社 1989 年版,第 243—245 页。

第四章　中美调查性报道写作实务辨析

47 岁了，是一个有执照的私人侦探。他的养老金是：一年 56823 美元，免税。

Robert Rich 是拿索的一名警官，在他 30 岁的时候，他说因为踩到苹果酱从可翻转的牵引车上摔下来。他描述的事故是有矛盾的。多年来，他抱怨脖子疼，要因伤退休，但是警局说他是滥用病假（其间照领工资）特权。15 年后，政府在一定程度上根据精神报告发现 Rich 真的残疾了，这份精神报告显示他是真的认为自己残疾了。后来警察了解到，在他抱怨自己受伤的时候，他正在从事草坪修剪生意。他的养老金是：一年 60471 美元，免税。

警员残疾养老金猛增说明了，长岛在过去十几年里，已经花掉纳税人额外的数千万美元，产生了像 Newbold、Franzese 和 Rich 相似的十几个案件，这些案件由《长岛每日新闻》调查发现。成百上千的警官利用警察残疾抚恤项目中不完善的指导原则和薄弱的监管获得利润丰厚的免税公费。①

再来看 2014 年上海广播电视台《1/7》栏目播出的调查性报道《食品工厂的"黑洞"》，记者运用隐性采访方式潜入上海福喜公司以普通员工身份工作了 3 个月，以严谨客观的态度忠实调查记录下该公司的种种黑幕：

欢迎关注《1/7》，有时候我们会选择吃洋快餐，因为它快捷、方便，更因为它的提供者是一些大的企业，大家就会认为它是高标准。我们很少关心，或者也无从知道一个汉堡、一个鸡块，它的原料是什么？它是如何生产出来的？我们不知道并不代表我们不想知道。我们深度调查组的记者就化身成流水线上的一名普通工人深入到快餐企业工作了 3 个月，发现的事实和真相可谓触目惊心，请看报道：

散落一地的麦乐鸡、调味牛肉排，工人们正在把地上的牛肉饼、鸡

---

① Brian Donovan and Stephanie Saul：*For some Li cops… lucrative disability*，Newsday，Long Island，NY，June，26，1994.

腿——捡拾起来。这组镜头并非来自小型作坊,而是美国欧喜集团在上海的分公司——上海福喜食品有限公司。欧喜集团成立于1909年,在全球有五十多家食品工厂,是麦当劳、肯德基、必胜客、全家超市等连锁品牌的全球指定供应商。

GMP认证,中文名为良好操作规范,在福喜公司的GMP培训中,明确指出"掉落地上的产品不可投入食盒。"上海福喜食品公司培训师告诉记者,GMP具有强制性,如果没有做好的话,最终会影响产品质量、安全、卫生。

然而在生产线上,记者看到,工人从地面捡拾落地肉后,并不擦拭和清洗,而是熟练地把肉直接扔回生产线上。流水线上的班长也一边手握对讲机,另一只手不戴手套,直接挑拣流水线上的食品。

在这两篇报道中,新闻记者完全以一个纯粹记录者的身份出现,呈现自己采访和搜集到的资料和证据。尤其在《食品工厂里的"黑洞"》中,记者运用较多的就是"记者发现"、"记者看到"、"记者了解到"这样的语言,记者没有采访到的资料,例如工人和企业管理者没有透露出来的心理活动在作品中就无法体现。

一些调查性报道作品还采用了内在式焦点叙事,这种叙事方式由于采用了叙述者的视角,所以容易带领受众进入新闻事实中,增加了新闻作品的亲切感和真实感。第十三届中国新闻奖获奖作品《杨先生痛说给孩子看病遭遇——看个"咳嗽"要掏1065元》就主要采用了这种叙事视角:

这篇报道通过杨先生的视角看待整个事件,使读者产生了强烈的亲历性,对医院虚开药方的痛弊体会更深。需要指出的是,内焦点叙事主要适用于线索简单、明晰,人物较少的新闻叙事,不适用于人物关系复杂,视野较为宏观的新闻选题,在这样的选题中如果出现也是和其他叙事视角混合搭配使用。

在中美调查性报道中,很少使用无焦点叙事视角。因为调查性报道

第四章 中美调查性报道写作实务辨析

最主要的是对事件真相的调查,一则记者很难掌握全部真相,因为调查性报道主要针对被掩盖的事实,所以记者调查难度很大。记者即使调查清了全部事实真相,也很难进入人物内心,了解清楚人物的内心世界;二则使用无焦点叙事,会破坏调查性报道的悬疑色彩。调查性报道经常给受众制造悬疑,通过设置疑问激发受众的接受兴趣。如果叙述者在叙述中间直接将事实真相揭示出来就会失去调查性报道的特有魅力。

中美调查性报道有时候也会采用混合焦点叙事方式,即在一篇作品中运用多种视角展开叙事。这种叙事方式可以结合各种叙事视角的优点,使报道既亲切又不失客观。当然这种叙事方式对新闻记者要求较高,要求他能够在不同焦点中自由转换而不留明显痕迹。前文所述美国华盛顿廉政中心报道当地律师和医生操纵相关系统拒绝为患有黑肺病的患者发放福利的报道就运用了这样一种转换方式,文章开头运用的是内焦点叙事法:

伯克利,西弗吉尼亚——联邦大厦里庄重严肃的会议厅使盖里·福克斯和他的妻子玛丽感到不安。盖里在南部地区阿巴拉契亚煤矿,尘土飞扬的矿洞里工作了长达25年。他们从未上过法庭。

距离盖里第一次出现黑肺病的征兆已有至少15年之久。刚开始是呼吸不畅,紧接着是咳出黑色的黏液。到1999年,他的病情使他能够享受联邦福利。一位美国劳工部认证的医生对他进行了检查,诊断出最严重的疾病,这种疾病被称为复杂的矿工尘肺病。政府责令商业巨头梅西能源公司的下属子公司每月向盖里支付福利,但是大多数情况下,公司都会提起上诉。现在盖里和玛丽发现他们好像来到了一个陌生的国家——在这个国家里有行政法官研读大量的医学证据、复杂的法律论据以及晦涩的法规,有煤矿公司的律师深谙法律系统并知道如何攻击矿工的索赔要求,还有进行诊断的医生,找出可能导致疾病的原因,除了黑肺病。

紧接着,文章又运用了零焦点叙事,叙述杰克逊·凯里多年来一直为煤炭企业辩护的情况：

在那里最突出的是来自杰克逊·凯里律师事务所的律师们，他们主攻黑肺病的辩护。200多年来一直服务于煤炭巨头，是许多行业巨头遇到矿工维权问题的首选。杰克逊·凯里律师事务所遍布阿巴拉契地区、丹佛以及华盛顿州，为公司遇到的环境污染、危险药物销售以及对工人歧视的指控进行辩护。

在后文中，记者又经常运用外在式焦点叙事法，突出媒体调查的客观，例如：

公共廉政中心的调查显示：盖里·福克斯的经历并不是一位不负责任的律师或者单一的环境所致，它只是几十年以来杰克逊·凯里采取的残酷无情的方式对抗矿工索赔诉讼的一部分。现在和以前的法官、律师以及国家行政官员认为该团队的一些手段已经超出了积极宣传的范围，变得不道德了。结果，那些生病中和快要死亡的矿工最基本的利益和可以负担的医疗保障也被否决了，他们无力养家糊口。

通过分析可以发现，这篇报道主体运用的是外焦点叙事法，中间穿插有内焦点叙事和零焦点叙事。内焦点叙事主要运用在开头和后文与盖里相关的情节中，形成一种类似华尔街日报体风格的报道，使读者能够通过一个小人物的视角真切感受黑肺病患者的痛苦。零焦点叙事主要用在背景和环境的交代，使报道在突出点的同时展示面，这样点面结合，使报道更具典型意义。

4. 调查性报道叙事结构的同一

调查性报道的叙事结构是指调查性报道线索、序列、情节、段落等的搭配、组合和布局。董小英指出：叙述结构分为外结构和内结构，外结构是指从情节和场面之中叙事形式本身可以看到的东西，而那些要通过语句而推理得到的这样一些被叙述的内容，并且由被叙述的内容以命题为中心为线索来安排外结构的这种方式，我们称为内结构。[①] 她进一

---

① 董小英：《叙述学》，社会科学文献出版社2001年版，第288页。

第四章 中美调查性报道写作实务辨析

步阐述：外结构是指情节安排为序列、为故事服务，或者说，完整的或切割的情节之间的联系是序列、时序，目的是组合故事。内结构是指单纯的序列之间的联系是意象或命题，目的是多角度地阐述命题。① 因为内结构在调查性报道的叙事建构中已经谈过，这里主要分析中美调查性报道的外结构。

（1）结构程式

从新闻报道的结构程式看，梵·迪克（Teun A. Van Dijk）在《作为话语的新闻》，曾庆香在《新闻叙事学》中都绘制了新闻话语的程式图，例如梵·迪克的假设性新闻图式结构是这样的：

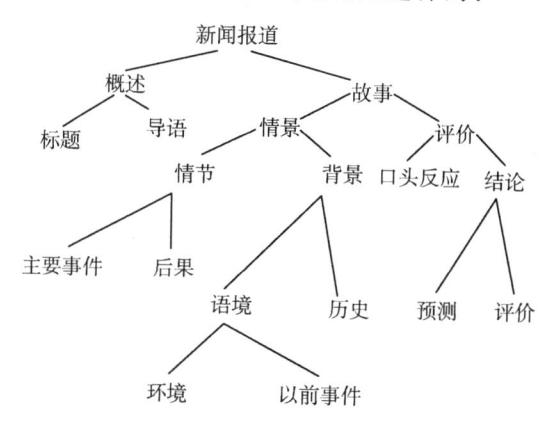

```
                    新闻报道
              ┌────────┴────────┐
            概述                故事
         ┌───┼───┐          ┌───┼───┐
       标题  导语 情景       评价
                  ┌──┴──┐   ┌─┴─┐
                情节   背景 口头反应 结论
              ┌─┴─┐   ┌─┴─┐      ┌─┴─┐
          主要事件 后果 语境 历史  预测 评价
                      ┌─┴─┐
                    环境 以前事件
```

图 12　假设性新闻图式结构

曾庆香绘制的结构图和上图大同小异。需要指出的是，梵·迪克和曾庆香建构的主要是消息文本的结构程式。消息一般篇幅较短，范式较为固定。美国相关研究表明："大约50%的新闻报道是程式化的，而纯新闻语体即消息的程式化程度几乎达到了100%。"② 调查性报道和消息不同。消息是一种独立文体，结构以倒金字塔形式为主，其他类型大多是倒金字塔的变体。调查性报道既有单一型报道，也有组合型报道，篇

---

① 董小英：《再登巴比伦塔》，生活·读书·新知三联书店1994年版，第188页。
② 曾庆香：《新闻叙事学》，中国广播电视出版社2005年版，第28页。

· 183 ·

幅长、结构复杂。尤其在中国，它并不是一种独立的新闻文体，而是一种由多种文体构成的报道方式，因此建构调查性报道的结构程式显得比较困难。在分析大量中美调查性报道基础上，尝试建构以下调查性报道程式图：

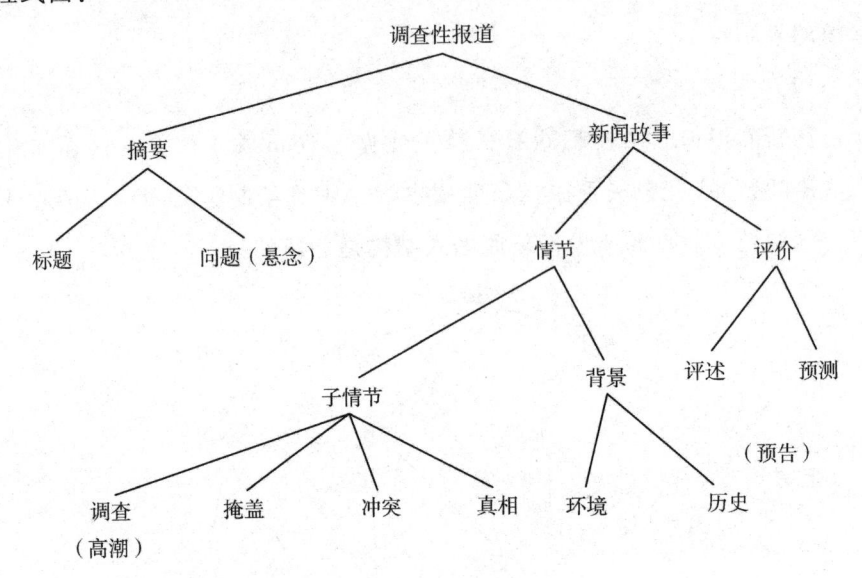

图 13　调查性报道程式图

从图中可以看出，调查性报道的叙事结构可以分为四层：第一层由摘要和新闻故事组成，摘要又可以分为标题和问题（悬念）。问题（悬念）和消息的导语不同，导语是一个几乎完全概括性意义的语句或者段落，而问题（悬念）虽然也带有概括性，但更多是提出问题，引导受众。新闻故事分为情节和评价两部分，情节由子情节和背景构成。记者的调查是报道的核心情节，在这一部分，记者的调查往往和被调查方的遮蔽和掩盖相伴相生，尤其二者之间的冲突构成了调查性报道的高潮，最后以记者揭开事实真相结束。背景一般由环境、情景、历史组成。和普通消息不同的是，调查性报道的背景更多穿插在子情节中，通过交代事件环境和历史条件使报道升华。另外，评价并不是所有报道必备的环节，为了凸显报道的客观性，叙事中往往运用"用事实说话"

第四章 中美调查性报道写作实务辨析

的手法,寓新闻主题和真相评价于采访对象的语言中,在评价中还可以加入对事件的预测以及后续相关报道的预告。

(2) 文本结构方式

在文本结构方式上,中美两国既有同一又有差异,同一体现在都以线性结构为主。线性结构指文本按照时间、逻辑、事物发展、以及记者对采访对象认知的顺序来安排,有一条或者多条线索贯穿故事始终,线性结构可以分为单线式或者复线式。

单线式指文本线索相对单一,作者一般按照事件发展和记者调查的单一顺序安排结构,有比较明显的开始——发展——高潮——结尾的历时过程,多使用连接式序列,在中美调查性报道中最普遍。这类报道可以用下图表示:

A ⟶ B ⟶ C ⟶ D ⟶ E ⟶ F ⟶ G

图 14　单线式结构

2012 年,《明尼阿波利斯名星论坛报》报道了当地由于监管不力导致儿童死亡的事实。这篇报道就是按照记者的调查来安排报道结构的。报道由 10 篇文章构成,以第一篇为例,其结构是这样的:

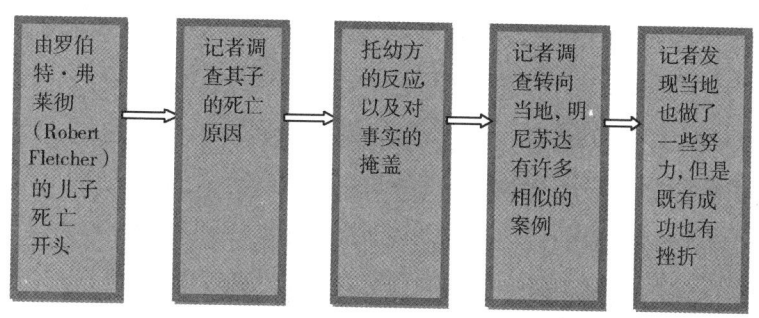

由罗伯特·弗莱彻(Robert Fletcher)的儿子死亡开头 ⟶ 记者调查其子的死亡原因 ⟶ 托幼方的反应,以及对事实的掩盖 ⟶ 记者调查转向当地,明尼苏达有许多相似的案例 ⟶ 记者发现当地也做了一些努力,但是既有成功也有挫折

图 15　《明尼阿波利斯名星论坛报》相关报道结构

复线式是指文本中存在两条或者两条以上线索,有的线索平行发展,有的线索互相交织,形成类似影视剪辑中的交叉式蒙太奇式的效

· 185 ·

果。由于调查性报道经常存在美与丑、善与恶、黑与白的二元对立，因此采用复线式结构也可以更好地互相对比和印证，突出报道的冲突性和矛盾性。平行发展复线式的结构图是这样的：

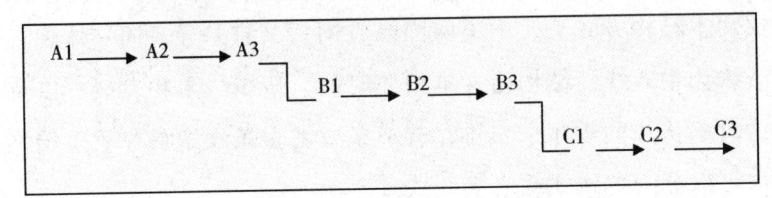

图 16　平行发展复线式结构

交叉发展复线式的结构图是这样的：

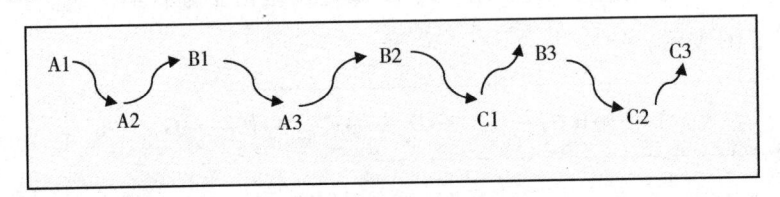

图 17　交叉发展复线式结构

2012 年 4 月，美国《纽约时报》报道沃尔玛墨西哥分公司在墨西哥通过行贿谋求市场主导地位。在这篇报道中，就存在两条线索：一条是《纽约时报》记者的调查；另一条是沃尔玛公司总部的调查。在文章中这两条线索互相交织，互相映衬，将沃尔玛墨西哥分公司行贿事实暴露得一览无余。2003 年由新华社记者采写获得中国新闻奖的《五河：城市贫民背不动豪华广场》也主要由两条新闻线索构成：一条是拆迁户在拆迁过程中利益受损以及对当地政府的质疑；另一条是当地政府拆迁的缘由和苦衷。两条线索交叉推进，遥相呼应，既反映拆迁户的困难，又客观反映当地政府和干部的"困惑和委屈"。整篇报道客观、平衡，既有警示意义，又使主题得到升华。

除了线性结构，中美调查性报道还采用板块式结构，即围绕同一主题从不同侧面布局不同事实，最后达到展示和丰满主题的效果，如下图：

第四章 中美调查性报道写作实务辨析

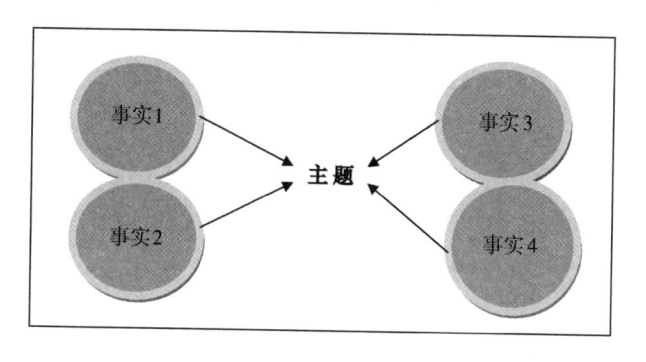

图 18 板块式结构

《费城问讯报》刊登的调查性报道《法院的失序》就采用了板块式结构。文章从"政治和私人交易困扰本市司法系统"、"任人唯亲"、"律师无能、要求重审"、"政治利益集团是如何阻碍改革的"等方面展示费城法院的无序状态，使读者能够全景观察到费城法院的种种黑幕。在中国调查性报道中，由于存在一些关于社会问题的调查和报道，所以板块式结构也可以看到。2013 年，《人民日报》"求证"栏目刊登了策划和调查一年之久的《探析 PX 之惑》，文章共分四篇："PX 产业，我们可以不发展吗"、"日本 PX 工厂如何保障安全"、"韩国 PX 积极扩容增产"、"PX 如何走出困境。"报道既有产业分析研究，又有国内 PX 事件实地调研，还有国外经验介绍，围绕澄清 PX 认识误区系列展开，全方位地探讨了 PX 产业发展。

和线性结构相比较，板块式结构的优势在于视野较宽阔，可以更广泛地展示新闻事实，较深刻地揭示新闻主题。缺点是没有线性结构那样凝练和富于变化，如果运用不好，文章格局会显得死板，缺乏生气。

（3）结构特色

中美调查性报道除了在结构程式和文本结构方面存在很多相似点以外，在结构特色方面也有同一的地方，首先表现在悬念的设置上。

悬念是文学表现手法。作者有意制造一些激发欣赏者兴趣和紧张心

以石为错

情的充满未知的细节，一般在后面交代详情。① 著名的悬疑片大师希区柯克曾经对悬念做过一个非常形象的解释：如果你想表现一群人玩牌的时候，牌桌下面炸弹爆炸的场景，假如你不使用设置悬念的手法，你只能拍摄到爆炸一刹那的镜头，而假如你在人们玩牌前就表现桌子下面设置了炸弹，那么在爆炸前你就可以一直牵动观众的心，这就是悬念。

  在中美调查性报道中，悬念是调查记者们惯用的一种手法。他们往往在开篇通过一个情节为受众设置谜面，让受众对事实真相也就是谜底有强烈期待，然后在下文中为他们揭开谜底。1996 年，《西雅图时报》记者揭露为印第安人提供的住房项目中的腐败和不端行为，报道第一篇就采用了设置悬念的手法：

  金县（美国）距离好莱坞星球酒店和耐克城有半个小时的路程。但即使是在金县，也有印第安人住在破旧的棚户里，像是经济萧条时期的阿巴拉契亚。

  如果你看到100000多土著美国人的家庭生活条件，你可能会想帮助他们。孩子、父母、祖父母睡在摇摇欲坠的破旧的车里和单间棚户。很多家庭没有电、卫生间和自来水……

  ……这周，我们将向你们介绍在住房和城市发展部门监管下这个郡发生了什么？以及你们的钱都去了哪里？②

  2002 年，《中国青年报》记者采写的《山西繁峙矿难系列报道》开篇也采用了这一手法：

  明媚的阳光下，乡村大道旁边的一处大院显得空空荡荡。十多名家属和幸存者仍然执著地坚守在这里。6 月 22 日，一场金矿爆炸事故夺走了他们的亲人。6 月 28 日，许多死者家属都在"私了"协议上签了字，带着 2.5 至 6 万元不等的"赔偿费"离去了。而这十多名家属流着

---

① 朱立元：《美学大辞典》（修订本），上海辞书出版社 2014 年版，第 673 页。
② Barbara Laker Wendy Ruderman: *The informer, the cop & the conspiracy Snitch says narc lied to jail alleged drug dealers, did he?*, *Philadelphia Daily News*, February, 9, 2009.

第四章　中美调查性报道写作实务辨析

眼泪依旧不肯离去，坚持要"最后看死者一眼。"

6月22日15时左右，山西省繁峙县义兴寨金矿松金沟矿井发生一起爆炸事故。6月23日，繁峙县人民政府报告称"死亡两人，伤4人。"而幸存者坚持说"远不只这个数。"当记者赶到繁峙县时，有人一直在驻地"盯梢"，外出采访时，服务人员、死者家属都不停地叮嘱记者："有人跟踪，注意安全。"

这一切，使得这起金矿爆炸案显得很不寻常。①

在报道开头，记者既简要概述了发生的事件，又提出了官方和幸存者在死亡人数上的分歧，为读者设置了疑问：死亡人数到底是多少？是谁在撒谎？而这种疑问会更好地激发读者兴趣，带领他们寻找事实真相和答案。

其次，由于调查性报道天然存在正义与邪恶和揭露与掩盖之间的对立，所以调查记者往往运用二元对立模式形构整篇报道。二元对立模式的代表人物是法国结构人类学家克洛德·列维-斯特劳斯（Claude Levi-Strauss），他在建构结构主义神话学时经常使用这一重要概念，通过对南北美洲1400多个神话的研究提炼出以二元对立及其中介为核心的神话结构，发现"在一个神话中，不仅有一组二元对立，而且有一系列二元对立。列维认为，一个神话中所有的二元对立关系都包括两个彼此对立的方面，他们在价值上是彼此相当、可以互相转换的，这种二元对立、彼此相当、互相转换的关系就是一个神话的基本结构。"② 运用其思想观照中美调查性报道作品就会发现，在作品中存在两组天然对立关系：一组是正义与邪恶；另一组是揭露与掩盖。几乎所有的作品都是围绕正义与邪恶之间的强烈对抗以及揭露与掩盖之间的矛盾冲突展开，其模式一般是这样的：

总之，在叙事结构方面，调查性报道比消息更加复杂，大多以记

---

① 刘畅、柴继军：《山西繁峙矿难系列报道》，《中国青年报》2007年8月20日。
② 田园：《偶像叙事学》，北京理工大学出版社2014年版，第167页。

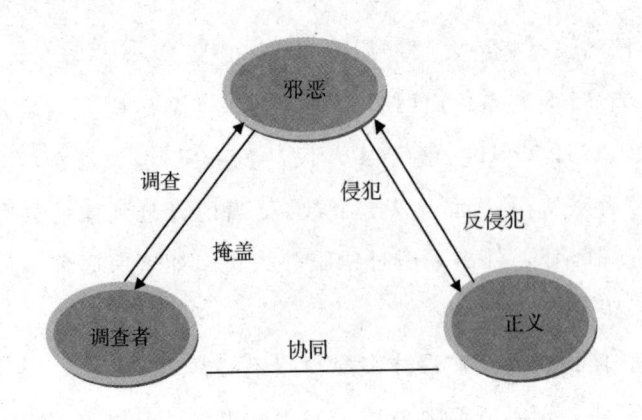

图19 二元对立模式图

者调查为轴心形篇布文，开头设置悬念吸引受众，文中通过二元对抗进一步强化，使读者不至于对调查性报道冗长的文字感到厌倦。

二 中美调查性报道叙事差异

1. 调查性报道叙事结构差异

中美调查性报道叙事结构方面的显著差异就是中国调查性报道叙事比较朴直而美国则相对曲折。"朴直"是指调查性报道线索比较单一，行文相对较少变化，一般按照事件的发生、发展、高潮、结束安排结构，直来直去；"曲折"是指文章线索相对复杂，行文变化无常，故意打破直接叙述的结构和格局，曲径通幽、起伏不定。

《中国青年报》2008年刊登的《山西霍宝干河煤矿矿难记者领"封口费"事件》是获得中国新闻奖的调查性报道中较长的一篇。该报道由18篇文章组成，以其代表作《真假记者排队领"封口费"》、《端着新闻饭碗的丐帮》、《新闻出版总署通报"封口费"事件处理结果》三篇报道分析。这三篇报道分析的分别是新闻的核心事件、背景和结果。第一篇《真假记者排队领封口费》是一篇单线式调查报道，报道由48个自然段组成，分为8部分：（1）1—8段讲述事件起因：《西部时报》记者戴骁军为《中国青年报》提供了新闻线索；（2）9—14段

第四章 中美调查性报道写作实务辨析

讲述事件背景；(3) 15—17段讲述记者在矿区的调查；(4) 18—19插入国务院《生产安全事故和调查处理条例》；(5) 20—25段是中国青年报记者采访霍州煤电集团；(6) 26段继续插入国务院条例；(7) 27—44段是记者关于霍宝干河煤矿的采访；(8) 45—48段是记者对外围的采访。整篇文章基本按照时间顺序和记者调查来安排，线索相对单一，行文变化较少。

如前所述的美国华盛顿廉政中心报道当地律师和医生操纵相关系统拒绝为患有黑肺病的患者发放福利的报道。该报道一共由11篇文章组成，这里分析第一篇《煤矿企业拒绝向律师事务所提供黑肺病证据，忽视病痛中的矿工》。文章一共有84个自然段，共分4部分内容：

第一部分是引子：有22个自然段，通过盖里·福克斯同矿主打官司引出事件，并且概括介绍廉政中心的调查情况。

第二部分是"发现"：从23至41自然段，又分为2大段：第一段"高薪水是要付出代价的"讲述盖里·福克斯的工作和发病；第二段"迫切需要得出的答案"叙述盖里的律师约翰·克莱因（John Cline）的情况以及他和其他律师为矿工辩护的过程。

第三部分"否认所有证据"由5大段组成：第一段是杰克逊·凯里公司在和盖里的案子中如何隐藏证据；第二段"一种模式出现，隐藏"讲述该公司在和矿工克拉伦斯·卡罗尔（Clarence Carroll）的案件中掩盖真相；第三段"彬彬有礼的Eller氏家人"揭露该公司在和矿工诺曼·艾乐（Norman Eller）的官司中作弊；第四段"有许多的遗孀（去世旷工的妻子）"记录该公司和病逝旷工妻子的法律官司；第五段"Gary，你需要辞职"讲述盖里的病情已经十分严重。

第四部分"决定"分为四大段：第一段"相似的模式——一次机会"讲述盖里和约翰·克莱因的相识，以及克莱因请求法官让凯利公司交出隐秘的证据；第二段"法律临界点"叙述为矿工辩护的律师发现凯利公司的律师经常隐藏证据，引起法院重视；第三段"长期战的高潮"讲述盖里终于获得了最后胜利;第四段"最后的呼吸"讲盖里虽然打赢了官司,生命却走到了尽头。

报道采用了华尔街日报体的叙事风格,文章从盖里的官司开头,然后自然过渡到新闻主体,揭露凯利公司的律师如何隐藏证据,使矿工罹患黑肺病的事实被掩盖,难以获得人身赔偿。最后,故事又回到盖里身上,从盖里虽获赔偿但生命已逝的悲剧,进一步凸显矿方和律师公司的刁恶。文章线索复杂:一条是盖里的病情和官司;一条是凯利公司如何隐藏证据并在官司中获胜;另外一条是记者的调查。三条线索交织融汇,并且不时穿插进其他矿工的故事。整篇文章波澜起伏、曲折迂回、悬念丛生,显示出美国调查性报道的叙事特色。

2. 调查性报道文体互渗差异

文体互渗,是指不同文体在同一文本中使用或一种文体代替另一种文体使用的现象。[①] 在新闻叙事中,前者表现为"不同新闻文体的命题场组合",后者表现为文学形式的新闻。[②]

不同新闻文体命题场组合指构成调查性报道的一组文章体裁各异,是新闻事件各个侧面的独立报道,类似于前面讲述的板块式结构。由于美国调查性报道基本是组合报道,因此相较中国,这一类的文体互渗现象表现得更加突出。例如获得2014年普利策公众服务奖的《卫报》(美国版)报道美国国家安全局实施大范围监听计划。该报道一共由14篇子报道组成,既有新闻专稿,又有独家消息,还有新闻专访。新闻专访则和传统由新闻记者主持和提问的专访不同,这次专访由记者格伦·格林沃尔德(Glenn Greenwald)发起,请美国中央情报局前技术分析员爱德华·斯诺登(Edward Snowden)直接回答报纸读者的问题。《卫报》的这篇报道还实现了文体互渗基础上的媒体互渗,在这些报道中不但有文字报道,还有影像报道。2013年6月8日,《卫报》电子版播

[①] 董小英:《叙述学》,社会科学文献出版社2001年版,第330页。
[②] 何纯:《新闻叙事学》,岳麓书社2006年版,第187页。

第四章 中美调查性报道写作实务辨析

放了记者格伦·格林沃尔德独家采访斯诺登的视频节目《国家安全局检举者爱德华·斯诺登说：我不想生活在一个做这种事的国家里》，造成了美国严重的信息泄露。2013年10月31日，《卫报》还将自己搜集的文字素材以及对包括国家安全局前主管和法律顾问、新闻记者、律师等在内的采访通过图像合成和三维动画技术制作了综合专题《国家安全局档案：解码》，全息解读斯诺登事件以及美国政府实施的大规模监听计划。类似这样存在复杂文体互渗现象的调查性报道在中国新闻奖中还没有出现过。

文学形式的新闻在美国调查性报道中同样表现得比较明显，美国调查记者在写作报道时大量引入文学叙事手法和技巧，打破新闻话语和文学话语的界限，使二者交叉融合，出现了调查性报道文学化现象。2010年，获得普利策调查性报道奖的《费城每日新闻》（*Philadelphia Daily News*）曝光了缉毒警察的不法行为，这些行为使联邦调查局和数百起案件受到牵连。在报道开头，记者就使用了文学化语言：

文图拉·马丁内斯总是感觉背后有人。在这个城市的街道上，复仇者和毒品贩子都警告他，他死定了。在家里，马丁内斯透过窗户偷偷向外看，注意着听一个杀手的声音，这个杀手潜伏在黑暗中，时刻准备射击。在外面的时候，他射击他的头部，想着今天能否把他干掉。马丁内斯呜咽着说："早上上班和下班回家都非常痛苦，我会一直想有人会在背后将我打死。"①

再看获得普利策地方特别报道奖的由《费城问讯报》（*Philadelphia Inquirer*）记者埃塞尔·目尔（Acel Moore）和小文德尔·罗斯（Wendell Rawls Jr.）采写的《令人恐惧的法佛尤》，这是一篇非常典型的带有文学形式的调查性报道：

在波克诺斯北部山峦起伏、草木丛生的乡村，有一块被三层砖楼围

---

① Barbara Laker Wendy Ruderman：*The informer, the cop & the conspiracy Snitch says narc lied to jail alleged drug dealers, did he?*, *Philadelphia Daily News*, February, 9, 2009.

成的景色优美的疗养地，这就是法佛尤州立医院。它看上去几乎同当年设想的一样，治疗，如果可能的话，治愈那些犯过罪的精神病患者。

人们驱车路过这一没有工业污染的地区，准会把它错当成一所规模不大的学校，一家接待游客的郊外旅馆，或一座寺院。

不，这儿既不是学校，也不是旅馆，更不是寺院。那些还在法佛尤的病人和有幸从那儿出来的人，都口口声声地说法佛尤是一座人间的地狱。

还有大量的旁证可以证实这个说法。这些旁证有的来自医院的看护人员和行政人员；有的来自研究人员；有的甚至来自政府调查人员，他们调查的结果都被禁止公诸于世。这些人都说，把法佛尤描述成人间地狱，让人毛骨悚然，但却千真万确。

本报经过3个月的调查，发现：

在法佛尤，精神病人不是被看护人员或受他们怂恿煽动下的其他病人毒打时当场丧命，就是在毒打后死亡。

就在法佛尤，凡遭毒打致死的精神病人都被诊断为死于心脏病突发。

就在法佛尤，精神病人的性命被视为儿戏，打得鲜血淋淋不省人事。

就在法佛尤，一个看护人员在打病人，其他所有在场的看护人员必须上去一起打，这已成为一条不成文的法规。

就在法佛尤，精神病人被强行与看护人员或其他病人互相鸡奸。

就在法佛尤，精神病人被迫连续几年赤身裸体，有时还被戴上手铐，住在冰凉的病房里。

就在法佛尤，看护人员把精神病人召集在一起，挑唆他们互相斗殴，而看护人员却就其输赢打赌。

就在法佛尤，除了使用镇静药外，几乎没有任何别的治疗手段，其中有些镇静药其他医院10年前就已停用。

就在法佛尤，名曰专治精神病，竟没有一个持有执照的精神病医生。

就在法佛尤，一个因扰乱社会秩序被判处30天监禁的精神病人，

第四章 中美调查性报道写作实务辨析

被关上30年才能获得自由。

就在法佛尤,一个病人从住院到被确诊为患有精神病需要等上28年,这里仅举此一例。

就在法佛尤,精神病人连诸如卫生纸这样起码的享受都被剥夺。

就在法佛尤,精神病人乃至工作人员,都必须在互相欺骗、敲诈和偷盗的基础上生活。①

报道开头描绘了法佛尤州立医院美丽的景观,和医院内部的丑恶形成了强烈对比,运用嘲弄的口气揶揄这家医院"它看上去几乎同当年设想的一样,治疗,如果可能的话,治愈那些犯过罪的精神病患者"。紧接着,作者通过引用病人说这家医院就是一座人间地狱的话给读者制造了一个巨大悬念,吸引读者继续深读下去。再接着,作者一连用13个排比句将这所医院的丑恶淋漓尽致地刻画出来,让读者对这所医院有了较为全面的认识,具有非常强的感染力和震撼力。

细读美国调查性报道作品可以发现,调查记者善于运用比喻、拟人、排比、设问、反问等修辞手法,长于将叙述、描述、议论等表达方式综合运用,悬念设置、伏笔铺垫、层层深入、以小见大、过渡照应等结构技巧也屡见不鲜。正是由于广泛运用了这些手法和技巧,所以美国调查性报道才能做到长而不冗,多而不杂,繁而不乱。

在看到文学和新闻结合的优势同时也要看到文学和新闻毕竟具有本质差别,并不是所有文学手法都能够在调查性报道中使用。例如夸张这一手法就是文学所特有的,如果新闻写作中使用了它,就会出现虚假新闻。再比如由于新闻报道的客观性要求,抒情这一手法在调查性报道写作中也较少使用。

3. 调查性报道意识形态建构差异

意识形态这一概念最早由法国思想家德斯图·德·特拉西(Destutt de Tracy)提出,他认为意识形态是一门新的学科即"观念科学"。以

---

① 王蕾编著:《外国优秀新闻作品评析》,中国广播电视出版社2000年版,第19—21页。

后这一概念又经拿破仑、黑格尔、费尔巴哈、马克思等人使用,使其内涵和外延得到深化、拓展,含义变得极其复杂。总体来看,意识形态是和经济形态相对应的重要范畴。作为社会的上层建筑,它是一定社会或者一定社会阶级、集团,基于自身根本利益对现存社会关系自觉反映而形成的思想体系。这种思想体系是由一定的政治、法律、哲学、道德、艺术、宗教等社会学说、观念、信仰等构成的,并成为一定社会阶级或集团的政治纲领、行为准则、价值取向、社会理想的思想依据。从意识形态的本质内容来看,价值观是它的一个组成部分,甚至可以说是意识形态的核心内容之一。[①]

新闻话语是意识形态建构的重要途径,新闻媒体和从业者通过新闻题材选择、新闻解释框架建立、新闻文本组构、新闻编辑的取舍和排列等手段建构意识形态的符号世界,传递价值理念。作为新闻话语的重要组成部分,调查性报道也对意识形态建构发挥着不可替代的作用。而且和一般新闻报道正面建构的方式不同,调查性报道是对有悖于主流意识形态的行为开展批判和揭露而达到正面弘扬目的。

中美两国国情的巨大差异导致两国调查记者的意识形态建构也存在许多不同。正如上文所言,意识形态是一个非常复杂的概念,为简化起见,这里只比较其核心内容之一——价值体系。

中国从 2006 年提出建立社会主义核心价值体系,2012 年中国共产党第十八次全国代表大会报告中用三个倡导、24 个主题字概括社会主义核心价值体系,即:在国家层面倡导富强、民主、文明、和谐;在社会层面倡导自由、平等、公正、法治;在个人层面倡导爱国、敬业、诚信、友善。

分析获得中国新闻奖的调查性报道作品可以看到其报道主题基本映射了这一系列核心价值。例如《食品工厂的"黑洞"》、《胶囊里的秘密》、《祸起三鹿奶粉》、《甘肃 14 婴儿同患肾病 疑因喝"三鹿"奶粉

[①] 宋惠昌:《哲学问题二十讲》,中共中央党校出版社 2014 年版,第 132—133 页。

第四章 中美调查性报道写作实务辨析

所致》、《谁在造假》、《欠债咋就不还钱》等作品是对诚信和敬业价值的捍卫。《河道里建起商品楼》、《南丹7·17事故初探》、《山西繁峙矿难系列报道》、《铲苗种烟违法伤农》、《山西霍宝干河煤矿矿难记者领"封口费"事件》、《"罚"要依法》等作品呼唤的是法治和公正。《五河：城市贫民背不动豪华广场》、《贫困县刮起奢侈风》、《干部图政绩普九变儿戏》、《兴华乡的富民工程掺了多少水》、《造林还是造字》、《住在涵洞为讨薪》等则是对侵害文明、和谐、民主价值行为的鞭挞。

经过200余年的发展，美国也建立起了一系列核心价值观，主要体现在：

1. 自由：包括言论自由、出版自由、宗教自由、以及公正审判的自由；

2. 平等：人人生而平等，在追求幸福、快乐、财富、成功等方面的机会均等；

3. 民主：遵循人民主权原则，在此基础上的民主共和制度；

4. 人权：强调造物者赋予人们的不可剥夺的权利，诸如生命权、自由权以及追求幸福的权利；

5. 个人主义：崇拜英雄，视成功和失败是个人原因导致，忽视集体和社会；

6. 法治：以宪法为基础、以违宪审查制为核心的司法中心主义模式。

比较中美两国核心价值体系可以看出，在自由、民主、平等、法治方面，两个国家实现了不约而同。这说明人类尽管境遇不同但是存在共同的社会集体意识和精神追求。同时美国的核心价值体系更加强调人权和个人主义，这在美国的调查性报道话语中也有所体现。

和中国不同，在抽样的美国调查性报道中有14条国际题材，这些题材集中体现在人权侵犯现象的揭露。例如1993年《纽约时报》和《每日新闻》获奖的关于波斯尼亚—黑塞哥维那杀戮与暴行的报道、1994年《达拉斯晨报》（*The Dallas Morning News*）揭露一些国家侵犯妇女人权的报道、1995 年美联社关于卢旺达大屠杀的报道、1996 年《基督教科学箴言报》(The Christian Science Monitor) 关于斯雷布尼察穆斯林被屠戮的报道、2001 年《芝加哥论坛报》关于非洲政治冲突和疾病肆虐的报道、2003 年《华盛顿邮报》揭露墨西哥刑事司法系统恐怖现状以及对公众生活影响的报道、2014 年路透社关于缅甸罗兴亚族在受到暴力迫害逃离缅甸后成为人口贩卖网络牺牲品的报道都属于这一类,这类报道在中国调查性报道中难寻踪迹。

美国调查性报道对个人主义的崇拜和宣扬首先体现在作品对个人自由和个人权利的肯定,对反抗权威和抵制国家、集体强迫力量的个人进行英雄塑造。例如 2014 年获得公众服务奖的《卫报》(美国版)和《华盛顿邮报》刊登了美国政府前雇员斯诺登提供的情报机构大规模监听的内容。监控公众信息本身就是对个人主义的限制和阻碍,而且斯诺登在整个事件中单枪匹马,因此在事件之初被塑造成了维护个人隐私和自由的"孤胆英雄"。《卫报》这样报道:"在多天的采访后,《卫报》在斯诺登的要求下揭开了他的真实身份,从他向公众揭秘大量绝密记录开始,他就决定不使用匿名,'我没有什么好隐藏的,因为我做的没错'。斯诺登将会载入美国史册,他是美国最重要的告密者之一,就像丹尼尔·埃尔斯伯格 (Daniel Ellsberg) 和布拉德利·曼宁 (Bradley Manning) 一样,这次,他提交的材料来自世界上最神秘的机构——美国国家安全局。"[1]

其次,美国调查性报道对个人主义的崇拜和宣扬体现在调查性报道的制作过程。正如前文所言,中国调查性报道经常采用调查记者+政府的报道形式,而在美国,报道绝大部分由记者和媒体完成,政府和其他组织很少涉入,媒体独立性很强。

---

[1] Glenn Greenwald, Ewen MacAskill and Laura Poitras, The 29-year-old source behind the biggest intelligence leak in the NSA's history explains his motives, his uncertain future and why he never intended on hiding in the shadows, The Guardian US, June, 8, 2013.

第四章　中美调查性报道写作实务辨析

第三节　中美调查性报道写作语言比较

作为新闻的一种，调查性报道的语言既具有新闻文本的普遍特点又具有独特魅力。它既要简洁、准确同时又要具备张力；它既要平实、自然同时又要吸引受众；它既要客观、公正同时又要表达主题。由于文本的大容量、人物的多样化以及结构的复杂性，调查性报道既是一门采访的艺术更是一门语言的艺术。

一　中美调查性报道写作语言的同一

1. 简洁、准确又富有张力

新闻理论家梁衡曾说"新闻如饭，文学如酒"，饭重在吃，酒重在品。新闻关注的是在第一时间将信息传递给受众，最大限度满足其信息需求，而文学关注的是如何将现实世界艺术化，它满足的是受众的审美需求。

正因为如此，新闻信息要求简洁和准确，用简单、准确的话语传递丰富信息，寥寥数语，即将新闻事实描述清楚，调查性报道也是这样。1997年获得普利策新闻奖的由《西雅图时报》记者采写的揭露为印第安人提供的住房项目中存在腐败和不端行为的报道开头是这样的：

> 金县（美国）距离好莱坞星球酒店和耐克城有半个小时路程。但即使是在金县，也有印第安人住在破旧的棚户里，像是经济萧条时期的阿巴拉契亚。
>
> 如果你看到100000多土著美国人的家庭生活条件，你可能会想帮助他们。孩子、父母、祖父母睡在摇摇欲坠的破旧车里和单间棚户。很多家庭没有电、卫生间和自来水。
>
> 你可能不介意其实你缴纳的税的一部分是要给联邦项目的，这

个项目用来帮助这些人住进舒适的房间。尤其因为这是用来帮助他们的,因此在知道这数百万美元是如何花费的之前,你是不会介意的……

……穿过这个国家一个又一个部落,一个又一个州,印第安人的建房项目充满着欺骗、滥用和管理不善。①

这段报道用洗练的文字将当地印第安人破旧的住房条件描述出来并揭示这是由政府管理不善和欺骗导致的。这样的文字在中国调查性报道中也常常见到:

回顾整个过程,就像看一部惊险大片。

闪光灯亮起,"咔嚓咔嚓"两响,迅即退出房间,跑到楼道里,又是"咔嚓咔嚓咔嚓"三响,然后箭步下楼,跑到一楼大厅,未等保安缓过神来,又是一顿连拍。随即冲出大门,钻入早已发动的汽车,一踩油门,车子马上消失在潇潇夜雨中。

这是 42 岁的戴骁军在山西霍宝干河煤矿的一次拍摄,前后历时 19 分钟。②

短短 164 个字将戴骁军冒险拍摄矿难记者领"封口费"的图景生动地展示出来。

作为深度报道的一种,调查性报道语言在简洁、准确的同时还要求富有张力。张力是美国美学家鲁道夫·阿恩海姆(Rudolf Arnheim)在《艺术与视知觉》中从物理学引入美学的一个名词,认为"当我们观看一个位于白色正方形中心的黑色圆面时,我们就会感到黑色圆面具有一种似乎要离开原位运动的内在的力,即内在张力。"[3] 在调查性报道中,即通过语言表达多重意义和意蕴,冲击单纯和有限的语言外壳,有时可

---

① Barbara Laker Wendy Ruderman:*The informer, the cop & the conspiracy Snitch says narc lied to jail alleged drug dealers, did he?*,*Philadelphia Daily News*, February, 9, 2009.
② 刘畅、柴继军:《山西繁峙矿难系列报道》,《中国青年报》2007 年 8 月 20 日。
③ 朱立元主编:《美学大辞典》(修订本),上海辞书出版社 2014 年版,第 122 页。

第四章 中美调查性报道写作实务辨析

以揭示本质，有时可以意韵深远，有时可以拓展文本。

1994年，美国《长岛每日新闻》披露当地警察滥用残疾人养老金。文章开始选取了3名退休警员，将他们的实际生活、工作同领取的残疾养老金进行对比。虽然没有明确指出其中的问题，但是语言的张力和内在的逻辑强烈指示读者残疾养老金被滥用。

在获得中国新闻奖的调查性报道中既有报纸作品，又有广播电视作品。作为视听兼备、声画俱全的媒体，电视语言表达多种多样，尤其是画面和有声语言的结合使信息更加丰富也更加富有张力。中央电视台《焦点访谈》的经典节目《罚要依法》中有这样一个片段：

11月15号，记者搭乘一辆运煤的空车，在309国道河北省涉县到山西长治市230公里的路段进行了采访。正常行驶中的车辆，在山西省黎城县遇到了这样的一件事。（交警要对运煤的空车罚款）

记者：多少？

刘带江（山西省黎城县交警）：二十。

记者：给十块算了。什么钱这是？这是什么钱？

刘带江：来来来，下来我告诉你。下来我告诉你。

记者：啊？

刘带江：下来我告诉你。

记者：你给我写上吧。

刘带江：再来二十。

记者：谢谢，谢谢。

刘带江：拿来！

记者：你照顾一下算了。

刘带江：快点！

记者：谢谢。

刘带江：四十！

记者：多少？

201

以石为错

刘带江：往前走一下好不好？往前走一下，不要你钱了，往前走，往前走，往前走一下好不好？

汽车司机：算了，再说就揍你了。给他四十算了，你不要再掏钱了，给他四十算了。

在这一段中，记者运用声画结合的方式通过执法者的蛮横粗暴对比货车司机的忍气吞声，极有张力地表现出违法交警的"原生态"。时任国务院总理朱镕基对这期节目赞不绝口，在视察中央电视台时，他还津津有味地回忆起这期节目："二十，不行，四十，太形象了！太形象了！"

2. 平实、自然又生动鲜明

调查性报道要通过记者调查展示事实真相，揭开事件内幕，它不需要过多感情色彩。正如盖恩斯所言："记者必须用事实说话，避免被个人情绪、偏见和观点支配报道的现象出现，调查性报道并不是记者写给编辑的义愤填膺的私人信件。"① 调查性报道的语言也不需要过于精雕细琢，其要求是通俗、实际、自然，将新闻事实叙述清楚，同时又要生动形象。在调查性报道中，虽然不完全排斥议论、抒情等写作手法，但是在实际操作中，调查记者较少采用此类手法。

调查记者运用较多的是白描。白描是中国绘画的一种技法，指通过简单的线条勾勒轮廓，表现人物或者山水。后来被借用到文学和新闻写作中，"要求作家准确地把握文学形象（主要指人物）的特征，不加渲染、烘托、铺陈，而以极简洁、精炼的语言昭示对象的深情、风度和外貌。"② 2011 年，美联社揭露纽约警方秘密监视穆斯林社区日常生活的报道就有这样的精炼描写：

在纽泽西新布朗斯威克，温馨的周二，房屋管理人打开 1076 号房

---

① ［美］威廉·C. 盖恩斯：《调查性报道》第二版，刘波、翁昌寿译，中国人民大学出版社 2005 年版，第 112 页。

② 朱立元主编：《美学大辞典》（修订本），上海辞书出版社 2014 年版，第 679 页。

第四章 中美调查性报道写作实务辨析

间的门,看到惊人的一幕:恐怖文学散布在桌子上,电脑和监控器材放在相邻房间。2009年6月2日下午,惊恐的房屋管理人拨打了911,让警察和联邦调查局冲进罗格斯大学附近的建筑内。但是,他们在一楼公寓发现那不是恐怖分子的藏匿地点,而是纽约市警察局情报组的一个秘密指挥中心。①

再如1998年新华社记者熊小立、黎大东采写的《长江上游仍在砍树》:

长江上游地区大片森林仍在遭受数千把斧头和电锯的砍伐。记者近日随世界银行组织的14名生态、环保和人类学专家考察雅砻江下游的二滩水电站库区生态环境,见到江面漂浮着上游漂运下来的上万根三四米长、脸盆般粗的木头,小舟左冲右突一个多小时后才驶离码头。行出不到1000米,数万根粗木密密麻麻地塞满了几百米宽的江面。②

由于白描手法是对新闻事件和人物的描写,因此它可以增强报道现场感,使新闻人物生动形象。当然,白描的使用也是有限制的,美国新闻学者卡罗尔·里奇就认为白描和其他元素一样,只在推进故事意义时使用,我们描述一个棕色房子的细节只是在这些细节有重要作用的时候,白描既不是故事的装饰也不是记者炫耀文采的工具。③

3. 客观、公正且表达主题

客观、公正是新闻专业主义不可分割的一部分,尤其在较好体现新闻品质的调查性报道中,客观、公正地报道事实显得尤为重要。调查性报道的客观和公正体现在新闻事实的选择上,因为调查性报道常常要展现对立双方的冲突,此时就需要调查记者客观公正地选择事实,把握平衡原则,给予对立双方说话的权利和机会,不能为了实现报道意图就剥

---

① Matt Apuzzo and Adam Goldman, *With CIA Help, NYPD Moves Covertly in Muslim Areas*, Associated Press, Aug, 24, 2011.
② 熊小立、黎大东:《长江上游仍在砍树》,《新华社攀枝花》1998年8月19日电。
③ Carole Rich: *Writing and Reporting News: A Coaching Method*, Sixth Edition, Boston: Wadsworth, p. 204.

以石为错

夺一方受采访的权利。这一点在论述调查性报道的平衡性时已经阐释，这里就不再赘述。需要说明的是强调调查性报道作品的客观、公正并不排斥新闻主题的实现。相反，有经验的调查记者正是通过对立双方行为的展示以及语言的对抗达到"用事实说话"的目的，这一点中西方调查记者实现了同一。

中央电视台《新闻调查》曾经报道山西运城渗灌工程造假，在报道中记者就善于通过展示对立双方对抗式语言达到表达新闻主题的目的。例如记者在渗灌工程示范乡芮城县学张乡采访时有这样一段：

记者：这个渗灌用过了吗？乡长。

任干军：用过。

记者：下水管在哪儿呢？

任干军：那不是。

记者：这地里有没有埋管子？

杜秀英（山西省运城地区芮城县学张乡）：没有埋管子。

记者：那个池子用过没有？

杜秀英：没有。

记者：从来没有用过？

杜秀英：没有用过。

任干军：她一个老太婆，她又不整天在地里，她怎么知道。我老在地里，你一个一个落实，你要是这样，非落实好不行，谁胡说了，我马上收拾他。

记者：你肯定那个渗灌从来没有用过吗？

杜秀英：没有。

记者：绝对没有？

杜秀英：没有。

记者：没有放过水进去？

杜秀英：没有放过水。

第四章　中美调查性报道写作实务辨析

任干军：谁胡说了，我马上就收拾他，你哪能这样跟我搞，咱们实事求是，你讲实事求是，就叫住家来。你如果再这样说，我不管你，你随便上哪儿去就上哪儿去。

这一段采访既有乡长又有村民，而且乡长和村民之间爆发了激烈对抗，它一方面驳斥了乡长编造的90%的渗灌工程已经配套的谎言，另一方面暴露了一些乡镇干部飞扬跋扈、蛮横粗暴的工作作风。

再如 2000 年获得普利策调查性报道奖的由美联社记者采访的关于朝鲜战争期间发生在朝鲜老根里地区的一次屠杀，屠杀幸存者和一些美军士兵回忆有数百人被杀害，而美国军事部门却否定这次屠杀，甚至说实施屠杀的部队根本没有到过老根里地区。记者采访了美军官员和幸存者等人，让他们的语言在文本中形成对抗性效果，既披露了屠杀内幕，又使军事部门的行为欲盖弥彰，更好地凸显了新闻主题。

调查性报道的客观和公正还体现在记者语言的使用上，尤其在对报道对象的评价方面。调查性报道不同于普通消息，它允许调查记者在作品中通过议论点明主题和事实真相，但是记者的语言必须客观、公正。

1996 年《西雅图时报》关于印第安人住房项目的报道：

穿过这个国家一个又一个部落，一个又一个州，印第安人的建房项目充满着欺骗、滥用和管理不善。这个项目由美国住房与城市发展部门运行，在过去 5 年向部落建房局拨款将近 3 亿美元。在此期间，先后由民主党人 Jack Kemp 和共和党人 Henry Cisneros 指导，住房与城市发展部门大幅度减弱了对资金是如何分配和花费的监督。

《西雅图时报》用了六个月的时间预约、采访部落和政府官员以及审查记录，发现因为放松监管导致的问题。结果是：使住房与城市发展部门成了取款机，随意支出却缺乏监管。住房与城市发展部门的政策不仅打开了腐败的大门，而且还是导致腐败的直接因素。①

---

① Barbara Laker Wendy Ruderman: *The informer, the cop & the conspiracy Snitch says narc lied to jail alleged drug dealers, did he?*, *Philadelphia Daily News*, February, 9, 2009.

中央电视台《每周质量报告》2012年播出的《胶囊里的秘密》：

明胶厂明明知道这些工业明胶被胶囊厂买去加工药用胶囊，却给钱就卖；胶囊厂明知使用的原料是工业明胶，却为了降低成本、不顾患者的健康，使用违禁原料加工药用胶囊；而制药企业呢，则没有尽到对药品原料的把关责任，使得这些用工业明胶加工的胶囊一路绿灯流进药厂，做成重金属铬超标的各种胶囊药品，最终被患者吃进了肚子里。接下来我们还有一连串的问号，还有多少食用明胶厂暗中生产销售工业明胶？片子当中这些明胶厂生产的工业明胶还流向了哪些胶囊厂？胶囊厂用工业明胶加工的药用胶囊还卖到了哪些药厂？

这两段文字都是记者对调查现象的总结和评价，文字犀利、语言率直，很好地表达了报道主题，同时也应该看到这两段文字都立足于记者调查，有充分的资料支撑，是记者对调查对象客观、公正的评价和议论。

二 中美调查性报道写作语言的差异

1. 中美调查性报道写作语言客观性差异

新闻要实事求是地反映客观事物是中美调查记者共同的旨趣，这一点在前文已经有所论及，需要指出的是由于中美新闻语境和新闻传统差异，在新闻客观性的实现程度上，中国新闻记者要略逊于美国调查记者。

这首先表现在带有浓烈感情色彩词语的使用方面。在获得中国新闻奖的调查性报道作品中，一些报道会使用感情色彩浓厚的褒贬词语。例如1999年中国新闻奖获奖作品《"三盲院长案"系列报道》中，记者就使用了较多带有强烈贬义的词语："流氓"、"恶棍"、"犯罪"、"作恶多端"、"流氓恶势力"、"令人发指"、"罪行"、"陷害"、"报复陷害"、"非法"等等。通过词频统计分析，发现带有贬义的词语出现频率如下表：

第四章 中美调查性报道写作实务辨析

表 15 《"三盲院长案"系列报道》词频分析

序号	词语	出现频次	出现频率（%）
1	犯罪	7	0.3739
2	非法	7	0.3739
3	罪	7	0.3739
4	贪污	6	0.3205
5	报复	6	0.3205
6	陷害	6	0.3205
7	罪行	6	0.3205
8	流氓	4	0.2137
9	恶棍	3	0.1603
10	法盲	3	0.1603
11	挪用	2	0.1068
12	令人发指	2	0.1068
13	贪污罪	2	0.1068
14	隐患	2	0.1068
15	指使	2	0.1068
16	黑社会	2	0.1068
17	恶势力	1	0.0534
18	攻守同盟	1	0.0534
19	供认	1	0.0534
20	非法所得	1	0.0534
21	拉拢	1	0.0534
22	经济犯罪	1	0.0534
23	殴打	1	0.0534
24	涉嫌	1	0.0534
25	推诿	1	0.0534
26	污辱	1	0.0534
27	无法	1	0.0534
28	凶手	1	0.0534
29	诱骗	1	0.0534
30	赃款	1	0.0534
31	作恶多端	1	0.0534
合计		82	4.3798

以石为错

有统计表明，在新闻报道中，中性词占到97%，明显的褒贬词仅占3%，这是符合新闻语体基本情况的。[①] 而在这篇报道中，仅仅带有明显贬义的词语就有31个，出现频次为82次，频率达到4.3798%，高于上述标准，尤其是使用了诸如"作恶多端"、"令人发指"、"恶棍"、"流氓"等带有强烈贬义的词语，这些词语的使用必然会削弱文章的客观性。

再例如2007年获奖作品《贫困县刮起奢侈风——河南濮阳干部建豪宅机关盖大楼》也使用了"奢侈"、"揭露"、"巧立名目"、"殴打"、"强拉"、"强行占地"、"腐败楼"、"豪华住宅"、"民心失掉"等带有贬义的词语。

来看美国调查性报道，笔者随机选取了2006年获得调查性报道奖的一篇作品，报道由《华盛顿邮报》记者采写，通过华盛顿说客杰克·阿布拉莫夫曝光国会严重的腐败。该报道由10篇组成，本文仅分析2005年3月12日刊登的第一篇文章，文章由58句话、1790个单词（含标点符号）、10535个字母组成，带有贬义的词语如下表：

表16　　　　　《华盛顿邮报》相关报道词频分析

序号	词语	翻译	出现频次	出现频率（%）
1	gambling	赌博	10	0.57
2	crime	犯罪	1	0.06
3	casinos	赌场	1	0.06
4	violation	侵害	1	0.06
合计			13	0.75

从表中可以看出，全文共有4个明显带有贬义的词语：gambling、crime、casinos、violation，出现频次13次，出现频率为0.75%，远低于3%的标准，更低于《"三盲院长案"系列报道》4.3798%的频率。

其次，为了客观地报道事实，必须准确地表述事物名称、动作、数

[①] 李元授、白丁：《新闻语言学》，新华出版社2001年版，第83页。

第四章　中美调查性报道写作实务辨析

量、时间、位置、范围以及事物之间的关系等等，就需要大量的限制性修饰语，这些主要由名词、动词、介词以及名词性词组和动词性词组完成。重点起描述作用的形容词、副词以及形容词和副词性词组带有人对事物的主观认识，在新闻中过多使用就会削弱报道的客观性，还会使文章显得啰嗦、麻烦。美国新闻学者泰德·怀特认为在新闻文本中应该少用形容词，因为形容词有时只是增加了不必要的细节，并不能够提高文本的活力。[①] 安娜·麦克凯恩也说："没有经验的新闻从业者总是认为添加些形容词和副词可以使文章变得有文采。由于形容词和副词只是一些描述性词语，它们就像覆盖在蛋糕上的糖和果仁，如果蛋糕味道难以下咽，这些糖和果仁并不能使它变得好吃，只能使它变得更糟糕。"[②]

仍旧以前两篇文章为例，在对《"三盲院长案"系列报道》进行语素分析后发现：文章共有形容词 62 个，副词 101 个，名词 598 个，动词 368 个，数词 95 个，量词 26 个，代词 63 个，介词 87 个，连词 43 个，助词 104 个，习用语 12 个，缩略语 10 个，非语素字 4 个，标点符号 344 个。除去非语素字和标点符号，共有语素 1569 个，形容词和副词所占比例为 10.38%。

再来看《华盛顿邮报》的文章，通过 Count Characters, Words, Sentences, Lines-Text Mechanic 工具计算词频，再通过 Claws Pos Tagger 工具标注词性[③]，经统计，结果为形容词：85，副词：42，名词：508，冠词：196，连词：59，动词：211，介词：187，专有名词：111，数词：40，代词：66，其他：78，标点：207，除去标点符号，经计算，形容词和副词占比为 8%。从这两篇文章的语料分析可以看出，《"三盲院长

[①] Ted White: *Broadcast News Writing, Reporting, and Producing*, Fourth Edition, Burlington: Elsevier Inc, 2005, pp. 25 – 26.

[②] Anna McKane: *News Writing*, Trowbridge, Wiltshire, Printed in Great Britain by Cromwell Press Ltd, 2006, p. 95.

[③] CLAWS 是一种将概率统计模型和词性标注技术相结合的分析统计工具，这种技术很大程度提高了原有机器词性标注技术的准确性，对语料分析的正确率可以达到 97% 以上。

案"系列报道》中形容词和副词的使用率略高于《华盛顿邮报》记者采写的文章。

第三,一些语言误用现象也会影响作品客观性。邵培仁认为语言传播误用主要体现在 6 个方面:死线上的抽绎、误认为同一、潜意识的投射、估计极端化、语言与实际混淆、推论与事实相乱。①

"误认为同一"就是我们平时说的以偏概全,忽视整体各组成部分的区别,将其混为一谈。《贫困县刮起奢侈风——河南濮阳干部建豪宅机关盖大楼》有这样两段文字:

在一座座豪华办公楼拔地而起的同时,濮阳县领导及各局委的头头们还各找借口,为自己建起了漂亮的别墅式住宅。这些被县国土局负责人称为"独立的低层住宅"有独栋的,有联排的,最大的一户建筑面积达 600 平方米……

……经纪检部门调查,已确定濮阳县县直局委负责人和个别县级干部已建成高档低层住宅 100 多套,涉及县国土局、计生委、社保局、建工局、纪检委等十余个单位,其中至少有 79 套不同程度地违反了有关规定。②

经过分析可以发现这两段文字之间存在矛盾:众所周知,中国县级政府麻雀虽小,五脏俱全,目前在濮阳县政府网站可以查到仅政府局委就有 26 个,如果包括该篇报道提到的纪委等党委部门,数量则更多,而且相比 2007 年,目前政府部门数量已经有所下降。在报道第一段写"濮阳县领导及各局委",就意味着大约 30 个单位会牵涉其中,但是在第二段记者又写,经过纪检部门调查有十余个单位 79 套房屋违反规定,显然前后矛盾。之所以会出现这种前后不一的现象,就是记者在写作新闻时"误认为同一",将存在于部分局委的现象当成了整体现象看待。

---

① 邵培仁:《传播学》,高等教育出版社 2000 年版,第 136—139 页。
② 李均德:《贫困县刮起奢侈风——河南濮阳干部建豪宅机关盖大楼》,《新华社》2007 年 2 月 27 日。

第四章　中美调查性报道写作实务辨析

有些调查记者在写作调查性报道时还容易出现"潜意识的投射"。"潜意识的投射"是传播者将自己的体验、意识加入到对事物的评价中，从而影响了文本客观性。广州《新快报》1998年刊登的《经理摧残卖花女 局长庭长壁上观》就非常典型：

当13岁的卖花女小容带着阳光般灿烂的笑容，推开朝都卡拉OK包厢的门时，她万万没有想到，这竟然是一扇厄运之门：已被酒精与三陪女撩拨得兽性大发的蔡尚斌一把将她拉进卫生间进行了惨无人道的摧残……正欲火焚身的蔡尚斌见小容走进来，不由得眼前一亮，罪恶的念头迅即在脑海中生成。①

这段文字描述的情景新闻记者并没有亲眼看到，也没有直接引用被采访者的原话，他对蔡尚斌以及小容的描述尤其是心理描写是自我意识的反应和投射，掺杂了自身对新闻人物的同情和憎恶，影响了新闻报道的客观性。

调查性报道揉入主观成分容易给记者带来隐患。《"三盲院长案"系列报道》提到报道引发了一些法律问题，姚晓红的家属认为报道"严重失实"、对被告构成人格侮辱，他的律师说："新闻媒体把姚晓红描绘成一个十足的恶棍，激起了全国人民的极大愤慨，他请求法庭不要受舆论'误导'。"②《经理摧残卖花女 局长庭长壁上观》也是一波三折，"回看'卖花女'的核心报道篇目，离客观是有差距的…该报道之所以经历诸多周折，和记者当时客观性意识缺乏是有关联的。"③

总之，一些中国调查记者在写作报道时注入了较多感情色彩，这对报道本身是不利的，需要尽量使用中性词语，减少使用形容词和副词，力避语言误用现象，通过新闻事实阐释调查对象的不义和非公，这样不但可以提高报道的客观性，更重要的是通过"用事实说话"的手法可

---

① 曾华锋：《经理摧残卖花女　局长庭长壁上观》，《新快报》1998年9月23日。
② 《三盲院长案即将审判　一名同案被告人昨天死亡》，《法制日报》2000年1月4日。
③ 郑宇丹：《在路上——哲学思想关照下的媒介伦理探索》，见《新快报》编辑委员会编著《深度阳光——新快报调查性新闻十大案例》，中国传媒大学出版社2008年版，第23页。

以避免新闻官司，保护记者安全。

2. 中美调查性报道写作语言风格差异

语言风格是新闻作品集中体现出的语言格调。李元授、白丁将新闻语言风格概括为简练与细腻、朴实与华丽、明快与含蓄、庄重与幽默、豪放与柔婉十种类型。卡罗尔·里奇也强调作品的风格："硬新闻强调客观和真实，绝大多数缺少一种特有的风格，在故事化的新闻中，讲述者应该创造一种风格或者氛围，诸如欢乐、悲伤、神秘、刺激或者其他基调。"① 由此可见中西方学者都重视从风格角度探究作品蕴含的规律。

中美调查性报道语言风格方面一个显而易见的区别就是美国很多调查性报道都洋溢着一种故事化风格。故事化是一个综合概念，它既可以依靠新闻叙事完成，比如悬念的设置，华尔街日报体式的结构等等，同时也可以通过故事化语言展现，这里主要探讨第二个方面。

故事化的语言首先要求通俗易懂，就像唐代诗人白居易每次写完诗不但自己反复吟诵，还读给不认识字的老婆婆听，如果她不懂，白居易会再去修改直到她听懂为止，这被称作"老妪能解。"新闻学者安娜·麦克凯恩也说："最好的新闻故事应该尽可能简短，让读者易懂，它应该直接而生机勃勃，一个好的新闻故事不允许存在让读者阅读两遍才能读懂的句子。"② 对于英语而言就是不用生僻字词；少用长句，多用短句；化用专有名词和数字等。例如 2014 年公共廉政中心获奖作品的开头：

The stately, wood-paneled chamber in the federal building here unsettled Gary Fox and his wife, Mary. Fox was used to the dusty caverns of the mines in the southern part of the state, where he'd spent more than 25 years working underground in the heart of Appalachian coal country. They had never

---

① Carole Rich: *Writing and Reporting News: A Coaching Method, Sixth Edition*, Boston, Wadsworth, p. 209.

② Anna McKane: *News Writing*, Trowbridge, Wiltshire, Printed in Great Britain by Cromwell Press Ltd, 2006, p. 105.

第四章 中美调查性报道写作实务辨析

been in a courtroom before.

It had been at least 15 years since Fox first noticed signs of black lung disease. It started with shortness of breath. Then a cough that yielded black mucus. By 1999, his symptoms convinced him to apply for federal benefits. A doctor certified by the U.S. Department of Labor examined him and diagnosed the most severe form of the disease, known as complicated coal workers' pneumoconiosis. The government ordered his employer, a subsidiary of behemoth Massey Energy Co., to begin paying him monthly benefits, but, as is almost always the case, the company appealed.[①]

这两段文字语言十分通俗，没有过长的句子以及影响读者理解的修饰成分，就像一个老者在给我们娓娓道来一则悲情故事。

第二，故事化语言强调描述而排斥概括。美国新闻记者在写作新闻时特别注意通过细腻的笔触描绘新闻事实和现场，这正是故事讲述需要的。卡罗尔·里奇说："表现而不是讲述，如果你是电视记者就让你的摄像机讲故事，让细节和新闻源描述行为和感触。"[②] 他认为新闻记者描述时应该注重创设场景、抓住行为和使用有生气的动词。看下面两则例子：

贝奇·卡拉海姆（Becky Callaham）步入南卡罗来纳州议会大厅，满脸乐观，她要支持一项为家庭暴力受害者提供更好保护的法案，她认为立法者这次会有所作为，因为9月以来，女性被害案件已经排名第一。

卡拉海姆是一家女性庇护组织的负责人，一直在努力促成阻止屠杀女性法案的通过。

"我觉得我们可以将这件事情做好。"

---

① Chris Hamby: *Coal industry's go-to law firm withheld evidence of black lung, at expense of sick miners*, The Center for Public Integrity, October, 29, 2013.
② Carole Rich: *Writing and Reporting News: A Coaching Method*, Sixth Edition, Boston, Wadsworth, p.164.

但是在 3 月 27 日希望破灭后她离开了。她不认识那些议员，但是一个议员咨询她问题时将女性受害者称作"那一类型的人。"

她因为震惊而张开了嘴就像已经去世了很久的人。

她眼看着法案最后被肢解，关于枪支管理和限制施虐者权益的条文都没有通过。

法案建议对非法携带枪支然后自首的嫌疑人羁押 180 天，但后来削减到了 60 天。

卡拉海姆说："它减少的已经快没有了，我感到非常沮丧，我太天真了"

《信使邮报》2014 年，2015 年获得公众服务奖

四年前三月的一个清晨，仅仅在他的妻子阿曼达将布雷克送到幼儿园后几个小时，她就在电话另一头歇斯底里地对他大喊："布雷克死了。"

园方在午睡时让孩子脸部朝下睡在围栏里，这是违反相关规定的，而且园方每半个小时才查看一回，在医护人员赶来时，布雷克已经没有生命迹象。

《明尼阿波利斯名星论坛报》，2013 年获得普利策新闻奖地方报道奖

这是两篇调查性报道的开头，都是通过一个具体的人物或者实例开头，将描写和叙述融为一体，既有强烈的带入感，使受众更直接地感受新闻故事，同时通过叙述快速推进事件进程。

第三，重视直接引语的使用。直接引语就是在新闻中直接引用被采访人的话，在新闻作品中起多方面作用。由于直接引语内容大多属于口语，所以更加生动、通俗、真实、富有人情味，可以增强作品的故事化和现场化效果。直接引语还可以起到转换新闻视角的作用，通过展示不同人物语言来转换新闻聚焦和视角，达到提高新闻作品客观性的效果。另外，直接引语在文中直接点出消息来源可以使信息更具

第四章 中美调查性报道写作实务辨析

权威性，同时对新闻记者来说也是一种保护。为比较中美两国直接引语的使用情况，笔者在中美获奖调查性报道中各随机抽取了5篇文章，由于美国调查报道多为组合式报道，篇幅较长，只挑选每组中的一篇进行分析。

表17　　　中国调查性报道直接引语、间接引语数量统计

获奖年份	媒体	题目	直接引语数量	间接引语数量
1994年	新华社	菜价追踪	5	8
2003年	新华社	五河：城市贫民背不动豪华广场	8	13
2007年	新华社	贫困县刮起奢侈风	2	8
2008年	《东方早报》	甘肃14婴儿同患肾病 疑因喝"三鹿"奶粉所致	4	14
2013年	《徐州日报》	五问县级公立医院改革	11	5
合计			30	48
所占比率（%）			38.5	61.5

表18　　　美国调查性报道直接引语间接引语数量统计

获奖年份	媒体	题目	直接引语数量	间接引语数量
1999年	《迈阿密先驱报》	一张选票十美元	37	40
2000年	美联社	战争背后的故事：Ex-GIs讲述如何屠杀朝鲜难民	46	44
2004年	托兰多市《刀锋报》	第一天：猛虎部队在中部高地制造恐怖	39	36
2009年	《纽约时报》	消息机器：电视评论员讨好五角大楼退休官员和相关的军事承包商	95	44
2011年	《萨拉索塔先驱论坛报》	羸弱的保险公司将数百万人置于险地	21	10
合计			238	174
比率（%）			57.8	42.2

经过统计比较后发现，中美调查性报道有一个显著不同是中国使用直接引语较少，使用间接引语较多，间接引语比直接引语多23%，而美国直接引语使用较多，比间接引语的使用率高了15.6%。将中美报道使用直接引语的比率对比可以发现，美国调查性报道使用直接引语比中国高了19.3%，这说明美国调查记者更加热衷使用直接引语。通过

分析内容也可以发现，美国调查记者有时候只引用几个关键的词语，因为直接引语虽然有其优势，但是因为它和时间的同步性，大量使用直接引语会减缓故事进程，因此记者将间接引语和重要的直接引语结合起来就可以扬长避短。再一个，美国记者还经常连续使用多名被采访人的直接引语，起到信息的补充、延展、对抗作用，使叙事焦点快速转换，来增强调查性报道的戏剧化效果。

总体来说，由于美国传媒体制高度商业化，媒体普遍格外重视受众需求，再加上其调查性报道篇幅很长，都在万字以上，因此，美国调查记者十分看重语言的故事化，通过故事化语言激发读者阅读兴趣，提高信息接受效率。

第五章
中美调查性报道相关培养和激励机制比较

马克思曾讲:"要改变一般人的本性,使它获得一定部门的技能和技巧,成为发达的和专门的劳动力,就要有一定的教育和训练。"他还认为:"人的全部发展取决于教育和外部环境。"由此可见,教育不仅在人的一生中发挥重要的社会化和个性化作用,还在社会发展中至为关键,从教育的视角观察中美调查性报道的差异十分必要。

调查记者的培养主要依靠两种教育:学校教育和社会教育,学校教育是培养记者的根本,社会教育是必要补充。学校教育包括大学阶段和研究生阶段的学习;社会教育主要指学校教育以外的其他有关调查记者的培养行为。例如行业协会组织的培训工作,有关方面开展的调查性报道作品奖励工作等等。

第一节 中美调查记者学校培养机制比较

对于调查记者来说,学校教育就是在新闻院校通过有组织、有目的、有计划地向新闻相关专业学生教授新闻传播知识,塑造高尚品格,培养专业能力,使之符合国家(政治组织)和社会需要的一种职业活动。大学和研究生阶段教育可以使调查记者了解新闻传播一般规律,掌握采写编评播等传播技巧,树立良好新闻职业道德,培养专精的职业理念,它是调查记者培养体制的基础和关键。

考察中美两国调查记者的学校教育可以发现,二者之间异大于同,美国更加重视调查记者的专业培养,这从专业和课程设置、教师背景、学生活动、校友发展等多个方面都可以折射出来。

为了考察方便,笔者在中美新闻院校中各自选取了十所实力雄厚、知名度高的新闻院校以兹比较。中国分别是复旦大学新闻学院、中国人民大学新闻学院、中国传媒大学新闻学院、武汉大学新闻与传播学院、华中科技大学新闻与信息传播学院、北京大学新闻与传播学院、清华大学新闻与传播学院、暨南大学新闻与传播学院、南京大学新闻传播学院、浙江大学传媒与国际文化学院。

美国分别是哥伦比亚大学新闻学院(Columbia Journalism School, Columbia University)、密苏里大学新闻学院(School of Journalism, University of Missouri)、维斯康辛大学麦迪逊校区新闻与传播学院(School of Journalism and Communication, University of Wisconsin-Madison)、西北大学麦迪尔新闻学院(Medill School of Journalism, Northwestern University)、佛罗里达大学新闻与传播学院(College of journalism and communications, University of Florida)、纽约城市大学新闻学院(Graduate School of Journalism, City University of New York)、佐治亚大学格雷迪新闻与大众传播学院(Grady College of Journalism and Mass Communication, University of Georgia)、亚利桑那州立大学沃尔特·克朗凯特新闻与大众传播学院(Walter Cronkite School of Journalism and Mass Communication, Arizona State University)、加州大学伯克利分校新闻学院(UC Berkeley Graduate school of Journalism)、南加州大学安纳堡传播学院(USC Annenberg School for Communication, California)。

一 中美两国调查性报道专业与课程设置差异

对比中美两国新闻学院可以发现,在本科专业和研究生方向设置方

第五章 中美调查性报道相关培养和激励机制比较

面,两国有较大区别。中国新闻学院开设的专业和方向相对固定。以本科为例,中国各高校专业一般依据教育部颁布的普通高等学校本科专业目录设置,目录分基本专业和特设专业,新闻传播学基本专业包括新闻学、广播电视学、广告学、出版学、编辑出版学。特设专业有网络与新媒体和数字出版。美国则相对灵活,美国本科阶段的"主修"(Major)大体和中国的专业相对应,是指有一定逻辑关系的课程组合,是课程较为自由的、柔性的组织,通过课程的不同组合形成了不同的专门化,这种组合可以灵活地适应社会、学科、学生个人的需要。① 美国本科专业的设置完全由学校自己做主,高校具有很大自主权。因为中国本科专业目录中没有调查性报道专业,所以各高校也没有开设相关专业,美国虽然也很少有学校开设调查性报道专业,但是一些高校在研究生阶段设置了相关方向。例如西北大学麦迪尔新闻学院设有"社会公益和调查性报道"方向,哥伦比亚大学新闻学院则设有"专业化调查"方向。

美国西北大学麦迪尔新闻学院由曾经创办《芝加哥先驱报》(Chicago Tribune)的报业大亨约瑟夫·麦迪尔(Joseph Medill)在1921年捐助创建。学院有本科和研究生层次教育,研究生开设有"社会公益和调查性报道"方向。这一方向旨在培养未来从事调查性报道的记者,使学生致力于揭露社会问题和不公,特别针对权力滥用和社会不平等展开调查,放大边缘人群声音,解决社会问题。专业学生在校期间学习系统新闻专业课程和诸如"调查性报道"、"麦迪尔探索"、"华盛顿报道——印刷媒介/在线报道"、"麦迪尔公正话题"等特色课程。教师中既有像路易斯·吉尔男(Louise Kiernan)和大卫·杰克逊(David Jackson)这些曾经获得普利策新闻奖的调查记者,又有《芝加哥先驱报》的业界精英。学生在校期间还能够参加相关社团组织,针对不同主题展开调查,诸如毒品政策、精神卫生服务、种族隔离等等,使学生在校期间就

---

① 康全礼:《我国大学本科教育理念与教学改革研究》,中国海洋大学出版社2012年版,第249页。

具备调查记者的基本素质和相应能力。

哥伦比亚大学新闻学院是一所只招收研究生的学院。它开设有三种不同项目：科学硕士项目、文学硕士项目和哲学博士项目，其中科学硕士项目中设有"专业化调查"方向。这一方向依托托尼·斯塔比尔调查性新闻中心（Toni Stabile Center for Investigative Journalism），学生在修习传统研究生课程的基础上可以选择这一方向，学制2年，第一年主要学习调查性报道课程，进行相关研讨；第二年开展实践锻炼，学生实际采制调查性报道作品。斯塔比尔调查性新闻中心为学生的采访和研究提供支持，包括他们的出行费用，甚至在学生毕业后仍然为他们提供帮助。

在校期间，这一方向学生需要学习两大类课程：一类是对所有学生开放的课程："竞选金融学"、"国际新闻编辑部：如何调查军队和间谍"、"医疗保健调查"、"调查性报道设计"、"新闻记者调查技巧"、"多媒体叙事：科学与环境"、"跨国数据调查"；另外一类是只针对中心学生开设的课程："调查工具"、"调查性报道研讨会"等等。

在调查性报道课程设置方面，两国新闻教育也呈现巨大差异。美国新闻教育更加重视调查性报道的采访和写作，绝大部分学校都开设有相应课程，有的学校不止一门，学分权重也较大。中国新闻教育在调查性报道技能的训练和培养方面相对不足，只在少数一些学校开设有包含调查性报道在内的"深度报道"课程。

表19　　　　　　　　中国调查性报道相关课程开设情况

学校	学历层次	专业（方向）名称	课程名称	学分	课程性质	备注
复旦大学	本科	新闻学	深度报道	2	必修课	
	本科	广播电视学	广播电视深度报道	2	必修课	
中国人民大学	本科	新闻学	深度报道	2	选修课	
	本科	广播电视学	广播电视深度报道	2	选修课	
中国传媒大学	本科					不详

第五章　中美调查性报道相关培养和激励机制比较

续表

学校	学历层次	专业（方向）名称	课程名称	学分	课程性质	备注
武汉大学	本科					无
华中科技大学	本科	新闻学	深度报道			
北京大学	本科	新闻学、广播电视学、广告学、编辑出版学专业通选	社会调查研究方法	3	必修课	
清华大学	本科	新闻学	调查性报道	3	选修课	
暨南大学	本科	广播电视学	电视新闻深度报道	2	选修课	
四川大学	本科	新闻学	深度报道研讨	3	必修课	
浙江大学	本科	新闻学	深度报道	2	必修课	
			数字挖掘与可视化	2	必修课	

表20　　　　　　　**美国调查性报道相关课程开设情况**

学校	学历层次	专业（方向）名称	课程名称	学分	课程性质	备注
哥伦比亚大学	研究生	专业化调查	1. 国际新闻编辑部：如何调查军队和间谍 2. 医疗保健调查 3. 调查性报道设计 4. 新闻记者调查技巧 5. 调查工具 6. 调查性报道研讨会	不详	不详	
密苏里大学	本科	各专业通选	调查性报道	3	兴趣课程	
维斯康辛大学	本科	新闻学 传播策略	深度报道 调查性报道	4 4	高级[①]	
西北大学	本科	各专业通选	调查性报道		选修	
	研究生	社会公益和调查性报道	1. 调查性报道 2. 麦迪尔探索 3. 华盛顿报道 4. 麦迪尔公正话题		选修 选修 选修 选修	
佛罗里达大学	本科	新闻学	调查性报道	3	总结	
	本科	电讯（新闻方向）	调查性报道	3	核心	

---

① 维斯康辛大学麦迪逊校区新闻与传播学院的本科课程分为三类基本课程（Elementary）、中间课程（Intermediate）、高级课程（Advanced）。

续表

学校	学历层次	专业（方向）名称	课程名称	学分	课程性质	备注
纽约城市大学	研究生	各方向通选	1. 调查性报道 2. 健康调查报道 3. 城市调查 4. 数据驱动互动新闻 5. 新闻抓取	3 3 3 3 3	选修 选修 选修 选修 选修	
佐治亚大学	本科	新闻学	调查性报道	3	选修	
亚利桑那州立大学	本科	新闻学	深度报道		选修	
加州大学	研究生	调查性报道	1. 每日加利福尼亚调查性报道 2. 调查性报道	2 3	不详 不详	
南加州大学	本科	新闻学	1. 调查性报道 2. 高级调查性报道	4 4	选修 选修	

从上述列表可以看出，中美两国在调查性报道课程设置方面存在较大不同：

一是中国较少有专门的调查性报道课程，只在"深度报道"、"广播电视深度报道"、"数字挖掘与可视化"等课程中包含有调查性报道内容，针对这一报道并没有详细和系统的关注和介绍。美国绝大多数学校开设有调查性报道课程，像哥伦比亚大学、维斯康辛大学、西北大学、纽约城市大学、加州大学和南加州大学的新闻或者传播学院中还开设了不止一门调查性报道课程。哥伦比亚大学新闻学院开设了6门调查性报道相关课程。纽约城市大学新闻学院则给学生开设了5门调查性报道课程。

二是中国的调查性报道相关课程主要在本科阶段开设，研究生阶段很少涉及。美国在本科和研究生阶段都有开设，在调查的10所新闻传播学院中，有5所在本科阶段开设，4所在研究生阶段开设。西北大学麦迪尔新闻学院在本科阶段开设"调查性报道"，研究生阶段为学生开设四门相关课程，分别是"调查性报道"、"麦迪尔探索"、"华盛顿报道"和"麦迪尔公正话题"。

三是课程学分设置存在差别。从学分来看，中国高校中调查性报道

第五章　中美调查性报道相关培养和激励机制比较

课程学分相对较低，一般为 2 或者 3 学分，1 学分大概为 18—20 学时，如果按照 3 学分计算，最多为 60 学时，由于所属课程并不是纯粹调查性报道，调查性报道只是授课内容的一小部分，因此学生学习调查性报道知识的时间不长。美国调查性报道课程大多为 3—4 个学分，课程内容全部和调查性报道相关，因此学生在校期间能够更系统完成调查性报道的知识接受和能力培养。

四是课程性质有所不同。中国新闻学院中调查性报道相关课程有的被放置在必修课程，有的被放置在选修课程，必修课相对较多。美国大多是作为选修课程。佛罗里达大学新闻与传播学院将其作为总结和核心课程。维斯康辛大学新闻学院将其作为高级课程。

虽然中国新闻学院将调查性报道相关课程列为必修课的远远多于美国，但是这并不能说明在课程性质方面相对重视调查性报道。因为中美两国人才培养计划存在巨大差异，中国高等院校必修课程比重远远大于美国。以浙江大学 2015 级新闻学培养方案为例，学生在四年需要修满 160 + 6 + 4 学分，"6" 包含在通识教育平台中，"4" 为第二课堂学分。具体划分为：通识课程 42 + 6 学分，大类课程 24 学分，专业课程 82 学分（必修课程 50 学分，选修课程 12 学分，实践教学环节 12 学分，毕业论文 8 学分），个性课程 12 学分，第二课堂 4 学分。总体来看必修课占 146 学分，选修课占 24 学分，必修课所占比例为 86%，选修课占 14%。笔者所在的广播电视学本科专业需要修满 160 学分，其中必修课 112 学分，选修课 48 学分（其中 5.5 学分限选课性质上等同于必修课），因此必修课所占比例为 73.4%，选修课比例为 26.6%。

美国大学采用完全学分制，学生修业年限没有明确规定，只要修够规定最低学分即可获得学位，学生培养灵活度大，可以根据自身实际安排修学计划，改换其他专业，在选课方面也有很大空间。以麻省理工学院为例，大学普通基础必修课实为有充分选择的选修课。真正的必修课所占比例很小，而有选择余地的课程占80%左右[①]。密苏里新闻学院和麻省理工相似，本科学生分为4个阶段：大一（Freshmen）、大二（Sophomore）、大三（Junior）、大四（senior），四年需完成学分120。大一和大二阶段为前专业培养阶段，学生主要学习13学分的新闻学必修课和47学分通识教育必修课。在大三和大四阶段为专业培养阶段，学生需要修满60学分，其中新闻核心课程6学分，新闻必修课15学分，选修课10学分，不属于新闻类的选修课程29学分。如果简单从表面的学分构成分析，必修课为81学分，选修课为29学分，必修课占比为68%，比例并不低。但是一个潜在因素是密苏里新闻学院的很多必修课程都有较大选择余地，以新闻必修课为例，学生需要从"杂志编辑"、"媒介写作"、"新闻评论"、"新闻报道"、"组合报道"、"生活新闻"、"健康与环境报道"、"食品报道"、"杂志从业者"、"高级写作"、"新闻与民主"、"杂志印刷"12门课程36学分中选择5门课程15学分，其性质类似于中国培养方案中的限制性选修课程。经过详细甄别，在120学分中，除了早期13学分新闻学必修课和后期的6学分新闻核心课程，其他101学分课程都有不同程度的选择空间，必修课比例仅为16%。

二 中美两国调查性报道专业教师背景差异

中美两国新闻传播学教师职业背景差异十分明显。笔者2011年曾经就北京大学新闻与传播学院和密苏里大学新闻学院的教师职业背景做过一次调研和比较。发现北京大学新闻学院当时共有30名专业教师，拥有新闻传播学或者其他学科博士学位的教师为19人，在所有教师中占63%，曾经在新闻媒体从事过新闻实践的有8人，占27%。密苏里大学新闻学院广播电视专业有11名教师，拥有博士学位的教师只有2人，所占比例为18%，而具备新闻从业经历的教师达到10人，占91%。从这组数字可以看出，中国新闻教育更多看重教师的学历背景，尤其是

[①] 蔡先金等编著：《大学学分制的理论与实践》，中国海洋大学出版社2006年版，第61页。

第五章 中美调查性报道相关培养和激励机制比较

否具备博士学位,而美国新闻教育更加看重教师的实践应用能力,尤其新闻媒体的从业经历更是一个重要的衡量指标。

中美新闻教育的这一点差异在调查性报道相关课程中也得到体现。中国高校新闻学教师中有调查记者背景的不多,中山大学胡舒立和汕头大学特聘教授、硕士生导师王克勤是其中的代表。

胡舒立是著名的财经类调查记者。在《财经》杂志期间,她曾经和同事采写了《银广夏陷阱》、《庄家吕梁》、《基金黑幕》、《谁在操纵亿安科技》、《谁的鲁能》、《寡头之盟》、《兵败微硬盘》等调查性报道,被称为"亚洲最危险的女人"。2009年到中山大学任传播与设计学院院长、博士生导师。

王克勤也是中国杰出的调查记者。早期在甘肃兰州从事新闻工作,采写过《兰州证券黑市狂洗"股民"》、《甘肃回收市场黑幕》、《公选"劣迹人"引曝黑幕》等报道。曾经有一年160多黑恶分子被他的笔送入监狱,黑社会出500万买他的人头。后到北京继续从事调查性采访,写出《北京出租车业垄断黑幕》、《山西疫苗乱象调查》等影响广泛的调查性报道,被称为中国的"林肯·斯蒂芬斯"。王克勤在《经济观察报》的调查性报道团队被解散后开始从事公益活动并在人民大学、汕头大学兼任教师。目前在汕头大学长江新闻与传播学院的硕士研究生招生简章中,新闻实务方向的导师就有王克勤。

在美国的高等新闻院校中,很多教师都有业界背景,教授调查性报道相关课程的教师基本都从事过调查性报道实践。

西弗吉尼亚大学新闻学院教授调查性报道课程的教师是助理教授艾莉森·芭丝(Alison Bass),她在到学校之前是一名获奖记者和广受好评的作家,出版过《厄运临头:性工作者和法律》等多部纪实性作品,曾经为《波士顿全球报》(*The Boston Globe*)、《赫芬顿邮报》以及一些公共电台投稿。[①]

[①] http://reedcollegeofmedia.wvu.edu/faculty-staff/faculty/alison-bass.

以石为错

西北大学麦迪尔新闻学院非常重视调查性报道，专门成立有"麦迪尔公正计划项目"，项目主任亚力克·克莱因（Alec Klein）教授同时讲授调查性报道课程。到高校之前他一直在《华盛顿邮报》、《巴尔迪莫太阳报》（*The Baltimore Sun*）、《弗吉尼亚向导报》（*Virginian-Pilot*）等媒体担任调查记者，并长达20年之久，他的调查性报道影响很大，一些重大改革措施因为他的报道出台，国会因为他的报道召开听证会，一些法律因为他的报道得以颁布，还曾经有个人和组织因为他的报道被罚款5亿美元。[1]

南加州大学安纳堡传播学院主讲调查性报道课程的教师是盖里·科恩（Gary Cohn）副教授，他也是一名有20年从业经历的调查记者，曾经在《洛杉矶时报》、《巴尔迪莫太阳报》、《费城问询报》、《华尔街日报》等报刊工作，在他的记者生涯中赢得了无数新闻奖项：1次IRE奖、1次乔治·波克奖、2次塞尔登钟声调查性报道奖、2次海外新闻协会奖，还是首届职业记者协会杰出新闻奖调查性报道奖的获奖人。1998年获得普利策调查性报道奖，1996、2002年获得普利策奖提名。

和以上学院相比较，密苏里新闻学院教师的实践能力更强。学院共有128名专业教师，这些教师一方面大部分有新闻实践经历，另一方面由于密苏里新闻学院将教学与新闻实践充分融合，很多教师在学院开办的KOMU-TV电视台、《哥伦比亚密苏里人报》（*The Columbia Missourian*）、KBIA-FM电台、《VOX杂志》中担任记者、编辑兼指导教师。学院还进驻了较多新闻专业机构，像大名鼎鼎的调查性报道记者和编辑组织（IRE）就设在学院内。学院Moen教授说："让一些专业机构设在密苏里新闻学院是有传统的。这样可以把学校的教学同专业领域的发展结合起来，而不是有一个明显界限，校园是象牙塔，外面是专业机构。通过这样的机构，我们的学生能够获得更多工作机会，教授能有更多机会了解这些机构的工作，并提供咨询意见，反之这些机构也给我们提供咨

---

[1] http://www.medill.northwestern.edu/about/faculty-and-staff/faculty/alec-klein.html.

第五章　中美调查性报道相关培养和激励机制比较

询。它们有各种竞赛，我们担任竞赛的评委，在这种过程中就学习了专业标准，学会了什么是好的，什么是不好的。这是一种非常不错的交流。"①一些教师还将调查性报道的理论和实践融会贯通，出版了著作或者教材，例如IRE组织的《调查记者手册——文件、数据及技巧指南》（*The Investigative Reporter's Handbook: A Guide to Documents, Databases and Techniques*）②、史蒂夫·温伯格（Steve Weinberg）撰写的《记者手册——文档调查指南与技巧》（*The Reporter's Handbook: An Investigator's Guide to Documents and Techniques*）、黛布拉·梅森（Debra Mason）和艾米·怀特（Amy White）合著的《调查宗教：调查记者指南》（*Investigating Religion: An Investigative Reporter's Guide*）等等。

三　中美两国大学生调查性报道实践能力培养差异

中美两国新闻教育诞生相差半个世纪。美国新闻教育起源于1869年华盛顿大学（现为华盛顿和李大学 Washington and Lee University）首任校长罗伯特·李将军（Robert E. Lee）开办的新闻学科。中国新闻教育发端于1918年的北京大学新闻研究会。发端之初中国就借鉴了以哥伦比亚和密苏里新闻学院为代表的美国模式。密苏里新闻学院院长威廉博士（Dr. Walter William）五次造访中国，燕京大学新闻系和密苏里新闻学院互换师生。百年流转，中国新闻教育已经走出了一条有中国特色的道路，人才培养成果丰硕，但在某些方面和美国还有差距，尤其在学生实践能力培养方面差距较大。

作为一种要求相对较高的新闻报道方式，调查性报道要求新闻记者具备敏锐的洞察力、娴熟的采访技巧和高超的文字能力。这些都不能一蹴而就，因此实践能力培养显得尤为重要。如果从大学阶段高等院校就

---

①　蔡雯、周欣枫：《新闻教育的"密苏里方法"——美国密苏里新闻学院办学模式探析》，《现代传播》2006年第2期总第139期。

②　该书由张威、许海滨主译成中文，2005年10月由南方日报出版社出版。

注重学生实践技能培养，激发学生调查潜质，就可以使调查记者在未来实际工作中更快进入角色，更容易成为优秀的"扒粪者"。

美国高等院校在培养未来调查记者时通过突出职业化特征锤炼学生实际能力，不仅引进业界精英进入课堂授课，还在教材编排以及教学平台建构方面凸显实践。

目前，中国关于调查性报道的书籍有两类：一类是学术著作，内容多是理论阐释、历史盘点和概念界定；另一类是媒体自述，多是某一媒体的经验总结和采访手记。这两类书籍一类理论性强，系统性好，但是实践指导价值偏低；另一类虽然是实践经验的总结，但是局限于单一媒体，缺乏普适性，因此这两类书籍都不太适合作为教材使用。

美国关于调查性报道的著作较多。从2010年—2015年，IRE前执行董事史蒂夫·温伯格（Steve Weinberg）就收集了相关著作600余部。[①] 美国出版的相关教材也不少，除了已经列出的密苏里新闻学院编写的《记者手册—文档调查指南与技巧》和《调查宗教：调查记者指南》以外，还有威廉斯·C.盖恩斯（William C. Gaines）的《调查性报道》（The Investigative Reporting）、德里克·福布斯（Derek Forbes）的《看门狗指南：调查性报道》（A Watchdog's Guide to Investigative Reporting）、杰西卡·米的福德的《扒粪的艺术》（Poison Penmanship: The Gentle Art of Muckraking）、马克·李·亨特（Mark Lee Hunter）的《全球个案记录——师生的调查新闻选集》（The Global Casebook: An Anthology for Teachers and Students of Investigative Journalism）[②]。

和中国教材的系统性、逻辑性强不同的是，美国新闻学教材更注重实用性，内容也更加全面。以盖恩斯撰写的《调查性报道》为例，全书共16章，关于调查性报道的理论阐述只有第一章的5页内容，其他

[①] http://www.ire.org/publications/book-list/.
[②] 又名《全球调查新闻手册：联合国教科文组织的新闻教育系列》（The Global Investigative Journalism Casebook: UNESCO Series on Journalism Education）。

第五章　中美调查性报道相关培养和激励机制比较

介绍的都是调查性报道的实用技巧。内容涉及如何追踪秘闻，怎样设计调查性报道项目，怎么针对政府、消费者权益、私人企业、公众人物、医疗保健等对象展开调查和采访。如何做好电视调查性报道策划和制作调查性报道，以及调查性报道记者与法律等诸多方面。教材包含大量实例，每一章节都有个案回顾，将作者阐述的方法落实到一个实际案例。有的章节还列出调查的练习提纲，例如"设计调查性报道项目"一章就为学生提出四步练习方案：第一步让学生初步拟定报道主题，根据报道主题列出调查大纲；第二步将学生草拟好的大纲交由全班讨论，选出最好的方案；第三步讨论获选方案的优点以及落选方案的缺点；最后根据学生讨论结果开展实际调查。

这类教材的最大优势在于具有非常强的可操作性，既介绍真实的新闻案例，又为学生列出操作步骤，学生可以根据教材展开实际调查，对培养学生的动手能力帮助较大，这一点值得中国新闻教育借鉴。

再一个，美国高等新闻院校高度重视调查性报道的实践教学平台建设，实现教学和未来职业无缝对接。

密苏里新闻学院开办有报纸、杂志、电台、电视台、网络等传统媒体和新媒体，这些媒体不单是校园媒体，同时也是真正的公众媒体。媒体的记者、编辑是大学讲堂的教授，学生同时是媒体的实习记者，新闻采访课堂就放在真实的新闻实例中，学生练习的调查性报道作品可以通过媒体直接刊播。

纽约城市大学新闻学院和专业调查记者密切结合，在新闻媒体因为调查性报道耗费巨大而减少投入的时候资助调查记者和学生开展调查采访，目前设立的资助项目主要有三类：城市报道资助项目、拉维奇·菲斯卡奖学金、麦格劳商业新闻中心项目。以最后一个项目为例，该中心2014年由霍华德·W.麦格劳家庭基金投入三百万美元设立，中心设在纽约城市大学新闻学院，旨在资助从事商业调查性报道的新闻记者和学生。每月资助5000美元，最多资助3个月。调查者完成采访后可以将作品通过大众传媒、电子书或者新闻学院自己的印刷品刊播。中心还为新闻学院学生专设了奖学金，提供机会并且鼓励学生从事商业调查性报道。

西北大学新闻学院为了提高学生动手能力，一方面邀请获得普利策奖的新闻记者担任专业课老师，另一方面将调查性报道课堂搬到新闻媒体。在麦迪尔的芝加哥新闻编辑部里，学生可以编辑和撰写自己采访的调查性报道，然后再通过《芝加哥论坛报》（*Chicago Tribune*）、《芝加哥读者》（*Chicago Reader*）、《芝加哥报道》（*Chicago Reporter*）和WBEZ公共广播等媒体刊播。学生在校期间就可以进行真实采访，进入社区采访社区负责人，甚至可以深入到库克县监狱访问。除了这些，学校还有"麦迪尔正义项目"（*Medill Justice Project*），这是一个在美国备受赞誉的调查新闻中心，主要针对司法犯罪的公正性展开调查和考量。中心办有刊物、广播、电视台、融合媒体。西北大学新闻学院学生在校期间就可以进入中心工作，和这里的老师和工作人员一起对危害国家公正的事件展开调查报道，完全真实地训练调查采访技能。

正是由于美国高等新闻院校重视实践技能培养，因此学生的职业适应能力较强，在校期间就可以采制出较为优秀的调查性报道作品。例如哥伦比亚大学新闻学院的学生到中国、印度、哥伦比亚、西班牙等国家采访，作品在《纽约时报》、CBS的《60分钟》、《华尔街时报》、ProPublica、Vice、BuzzFeed等媒体刊播，获得全美多种调查性报道奖项。纽约城市大学新闻学院学生关于马萨诸塞寄宿学校严重依赖公共资金、被羁押孕妇沾染毒品的报道分别获得IRE奖和奖项提名。有的学生还利用信息自由法深入挖掘FBI档案，显示了非凡的调查采访技能。这些学生毕业以后大都可以迅速进入职业状态，运用所学知识制作出精良的调查性报道作品。

美国学校除了在普通本科和研究生阶段对学生开展调查性报道相关培养外，还对在职的新闻记者开展继续教育。哥伦比亚大学新闻学院每

第五章 中美调查性报道相关培养和激励机制比较

年开设为期三周针对全世界专业调查记者的培训。培训由设在学院的调查性报道中心具体负责课程设计和教师选聘,教师主要是学院专业教师以及有丰富经验的调查记者,他们来自全美享有盛誉的调查性媒介和团体,获得过专业新闻奖项。课程主要有"如何发起一次调查"、"怎样对国际间的数据和记录展开调查"、"怎样理解和利用财务记录"、"采访的方法"、"如何结构化一个调查性报道项目"、"如何发现、获得、分析数据"、"使用数据搭建一个项目的结构"等等。这个培训吸引了全美乃至世界很多调查记者参与,每年最少有12个国家的调查记者参与培训。

第二节 中美调查记者社会培养机制比较

调查记者的社会培养机制指一个国家除学校教育以外主要通过新闻记者的行业组织和新闻媒体自身等构建的一套运行架构。这套架构主要针对调查记者的道德和业务素养展开培训、教育。由于各个新闻媒体千差万别、各有特色,代表性较差,因此不在本研究的范畴。

一 中国调查记者的社会培养机制

中国新闻记者行业组织主要由中华全国新闻工作者协会以及它主管的各个省、市地方新闻工作者协会以及一些专业记协组成,新闻记者的在职培训也主要由记协会同有关部门和新闻单位完成。目前中国专门的调查性记者行业组织很少,调查记者数量也不多,"即使用最宽松的定义标准,全国调查记者也不过数百人。"① 因此,由相关行业组织发起的调查性报道培训和教育十分鲜见。

在调查技能培养方面,中国记者群体更倾向于自学成才或者师徒授受。曾经在2003年调查过孙志刚之死的《南方都市报》记者陈峰大学

---

① 张志安、沈菲:《中国调查记者行业生态报告》,《现代传播》2011年第10期。

阶段修习的是历史专业，他曾经这样描述自己的记者生涯：

"1994年我毕业后，在满脑子理想的情况下，没去当公务员，选择当记者。但是当时，没有今天这种市场化的都市报，也没有人教我们应该如何写新闻，书店里全是很旧的教材，书的著作者们，不仅仅从来没有写过新闻，而且看的也全是党报时代那些经常"心潮澎湃"型的新闻。

我经常开玩笑说，那些教材上，可以列出几十种写导语的方式，看完以后，还是一条新闻写不出来。后来经常面试大学生，还经常有学生把不是新闻的新闻当成大新闻，一问之下，大半是被这种教材毒害了。

当时想学习新闻，只有去看《参考消息》，感谢新华社，虽然"新华体"今天不是一个很正面的词，可是没有他们办的《参考消息》，我当时就没有地方去看真正的新闻到底是怎么写的。

报业自然也没有今天这么发达，除了党报和晚报，就只有行业报可进。我当时就是进了一家行业报，不管怎样，终于开始了自己梦想的记者生涯，虽然与自己的梦想差得太远。

于是这么一拖两拖，大概快到20世纪末了，我才有机会开始学习真正的新闻操作，那已经是我工作4年后了。还记得当时看到一个老总写的编辑大纲时，那种"新闻原来是如此操作"的惊讶心情，也记得第一次上西祠胡同记者的家，看到全国的同行们在讨论业务时那种羡慕的心情，才知道原来新闻有这么多东西可以学啊"。[1]

从陈峰的描述可以看到，调查记者业务知识和专业能力的获得并不主要来自新闻院校，它们更多靠记者在新闻采访中的摸爬滚打积累得来，靠新闻同行之间的切磋琢磨得来，尤其是20世纪八九十年代的那一批调查记者，他们把强烈的社会责任感和"以天下为己任，上报国家，下济苍生"的侠义情怀以及改革开放带来的新闻理念和专业精神

---

[1] 白红义：《以新闻为业 当代中国调查记者的职业意识研究》，上海交通大学出版社2013年版，第31页。

第五章 中美调查性报道相关培养和激励机制比较

融汇交织,形成了中国调查记者一笔宝贵的精神财富。

二 美国调查记者社会培养机制

美国的调查性报道行业组织相对较多,它们主要承担调查性报道的采访、报道、编辑以及调查记者的社会培养、资金支持和技术指导工作,是美国调查性报道持续繁荣不可或缺的动力。

表 21　　　　　　　　　美国知名调查性报道组织

中文名称	英文名称	简称	时间	地点	备注
调查性报道记者与编辑组织	Investigative Reporters and Editors, Inc.	IRE	1975 年	密苏里新闻学院	
美国公众诚信中心	The Center for Public Integrity	CPI	1989 年	华盛顿	
调查性报道中心	Center for Investigative Reporting	CIR	1977 年	加利福尼亚	
艾丽西亚帕特森基金会	The Alicia Patterson Foundation	APF	1965 年	华盛顿	
奥兰治县声音	Voice of OC	VOC	2010 年	加利福尼亚	
非盈利新闻协会	Institute for Nonprofit News	INN	2009 年	加利福尼亚	
佛罗里达调查性报道中心	Florida Center for Investigative Reporting	FCIR	2010 年	佛罗里达	
富兰克林政府与公众诚信中心	Franklin Center for Government and Public Integrity	FCGPI	2009 年	弗吉尼亚	
公共教育中心	Public Education Center	PEC	1992 年	华盛顿	
加利福尼亚观察	California Watch		2009 年	加利福尼亚	CIR 的一部分
看门狗非营利组织	Watchdog.org		2009 年	弗吉尼亚	FCGPI 的一部分
威斯康辛调查性报道中心	Wisconsin Center for Investigative Journalism	WCIJ	2009 年	维斯康辛大学	
新英格兰调查性报道中心	New England Center for Investigative Reporting	NECIR	2009 年	波士顿大学	
政府改革协会	Better Government Association	BGA	1923 年	芝加哥	
国民报研究所	The Nation Institute	NI	不详	纽约	
调查性报道基金	Fund for Investigative Journalism	FIJ	1969 年	华盛顿	

1. 提供培训

首先,这些行业组织为调查记者提供业务指导,构成调查记者社会教育的最重要组成部分。调查性报道记者和编辑组织(IRE)的首要目标就是为调查记者提供培训、资源和社会支持。20世纪80年代,IRE就为新闻机构提供短期调查性报道培训,《孟菲斯商业诉求报》(Memphis Commercial Appeal)、《洛杉矶时报》、《首都时报》(Capital Times)、《伯明翰·阿拉巴马新闻》(Birmingham Alabama News)、《圣路易斯商业杂志》(St. Louis Business Journal)、ABC的《20/20》等媒体都接受过IRE的培训。《基督教科学箴言报》的大卫·温德尔(David Winder)在接受了培训后说:"IRE的培训像一束火把照亮了我们……我们学会了如何深入故事挖掘细节,现在我们只需要将所学的付诸实践。"① 目前,IRE开设的训练项目包括:看门狗工作坊(Watchdog Workshops)、在线培训(Online Training)、训练营(Boot Camps)、定制训练(Custom Training)、总编辑室训练(Total Newsroom Training)等等。以看门狗工作坊为例,它是一个调查记者补充学习的项目,主要提供调查性报道故事构建、数据和资料搜寻、使用网络工具开展调查、调查访谈技巧、如何使报道更加精确、如何利用《信息自由法》搜集公共记录以及一些其他特定内容的培训。IRE邀请了《纽约时报》、《华尔街日报》、《华盛顿邮报》、《洛杉矶时报》等媒体的精英作为培训主讲教师。这些培训使调查记者能够了解最新调查事业动态,掌握新的调查工具和调查技巧,和一流调查记者直面交流。《明尼阿波利斯星报》调查记者乔·里格特(Joe Rigert)曾经两次参加IRE的培训,他说:"在培养调查记者方面,IRE做了让人难以置信的卓越工作,培训不仅仅停留在专门项目,还包括一些日常报道的技巧:如何得到记录、到哪里进行采访、到哪里获得记录、如何找到新闻源、如何发展新闻源、如何控制主题、如何写作调查性报道,它的培训涉及报道的所有过程和方面。"② 塔尔萨

---

① James L., Aucoin: *The Evolution of American Investigative Journalism*, Columbia and London, University of Missouri Press, 2005, p. 185.

② Ibid., p. 177.

第五章　中美调查性报道相关培养和激励机制比较

论坛报（*Tulsa Tribune*）的负责人温莎·里德诺（Windsor Ridenour）不仅自己参加培训还派调查记者玛丽·哈格罗夫（Mary Hargrove）参加，很快哈格罗夫就在一次针对佩恩广场银行的内幕采访中使用了在 IRE 学到的采访技巧，了解到事件内幕。

政府改革协会（BGA）是美国在 1923 年由一群牧师、律师和商人为了抵抗政府腐败自发建立的组织，现在已经成为一个通过调查性报道促进政府改革的新闻团体。协会实施有 BGA Watchdog 项目，通过聘请有经验的调查记者和律师培训新闻记者和公众运用《信息自由法》（*Freedom of Information Act*）和《阳光法》（*Open Meeting Act*）更好地监督地方政府，从而确保政府公正和透明。

英格兰调查性报道中心（NECIR）是一个依托波士顿大学和波士顿公共电视台（WGBH News）从事调查性报道的非盈利新闻机构。为了确保严肃的调查性报道能够生存以及培养新一代调查记者，NECIR 开办有针对高中生和在职记者、大学生的培训项目。针对高中生的项目为夏季调查性报道工作坊，主要教授学生如何发现和写作调查性报道，怎样改革背景调查，如何利用政府数据库和其他信息源展开采访，访问技巧，计算机辅助报道，新闻伦理以及通过网络等媒体展示调查性报道作品。调查性新闻认证项目主要针对在职记者以及刚刚毕业并且有兴趣从事调查性报道的大学生。参加者在一周时间里学习以下课程：商业调查、数据驱动的调查性报道、计算机辅助报道、通过数据表报道、环境问题调查、关于卫生部门的调查、访问技巧等等。培训教师来自波士顿大学和获得调查性报道相关奖项的新闻媒体，例如有 35 年调查性报道经历的乔·贝甘迪诺（Joe Bergantino）、曾经在《华盛顿邮报》和《巴尔迪莫太阳报》担任 30 余年记者的道格·斯特拉克（Doug Struck）等等。

2. 采写报道

美国调查性报道行业组织都大量采写相关报道，有的组织本身就开办有新闻媒体,有的则通过向其他媒体提供调查性报道刊播自制作品。

美国公众诚信中心(CPI)集合了一大批文字编辑、新闻记者、研究人员、《信息自由法》专家和数据专家,主要针对政府权力滥用、环境污染、国家安全、政府透明度等问题开展调查,采写的报道通过中心开办的网站以及平面媒体、电子媒体和博客刊播。截至目前,CPI已经获得了超过50种专业新闻奖项。2014年,CPI关于揭露律师和医生操纵系统拒绝为患有黑肺病的患者发放福利的报道还获得了普利策调查性报道奖。曾经报道"美莱大屠杀"的著名调查记者西摩·赫什(Seymour Hersh)说:"如果没有CPI,华盛顿会怎样?美国会怎样?那时我们对国会的运行就会知之甚少,就会对税金的使用知之甚少,就会对权力的运行知之甚少。CPI将诚信看做生命,它的调查模式已经成为美国调查性报道的标杆,希望它能为主流媒体做得更多。"哈佛大学教授亚历克斯·琼斯(Alex S. Jones)说:"在这个媒体发展前景不确定的时代,调查性报道由于要花费大量时间和金钱,因此在报纸和其他商业新闻机构中备受压力,如果没有类似CPI这样的非盈利新闻机构,美国调查性报道的境遇将更不乐观。CPI做了大量严谨、规范的工作,在我看来,它对这个国家至关重要。"[1]

富兰克林政府与公众诚信中心(FCGPI)是一个主要致力于监督地方政府的新闻组织。它设有Watchdog.org项目。这一项目主要致力于监督地方政府,使官僚和政客更好地向纳税人负责,并且通过客观公正的新闻报道破坏主流政治叙事,引发对于传统政治的争论和挑战。它主要通过调查性报道使这样的观念进一步深入人心:政府必须是透明、公开和诚实的;会议、记录、合同、预算、竞选报告、审计结果等等其他公共记录应该让公众容易进入。FCGPI近两年分别报道了政府官员受贿、官僚体制中的渎职行为、近两年地方枪杀案件数量飙升、河流和泻湖水资源危机等内容。报道获得IRE奖等多种奖励。

---

[1] https://www.publicintegrity.org/about/our-work/quotes-testimonials.

第五章　中美调查性报道相关培养和激励机制比较

美国公共教育中心（PEC）也是一个由获奖调查记者组成的非盈利新闻组织。PEC设有两个新闻通讯社，并且和全球很多知名媒体以及调查性报道栏目合作。诸如：《华尔街日报》、《纽约时报》、《洛杉矶时报》、《商业周刊》、彭博通讯社、《今日美国》、《星期日泰晤士报》、《60分钟》、《日界线》、《20/20》、BBC、NHK、NPR、CNN、ABC、NBC、CBS等等。PEC采制了很多有影响的调查性报道：第一次海湾战争后对无家可归士兵的采访；2000年同《共和报》（*La Republica*）合作报道美国中央情报局在秘鲁军事丑闻中扮演的角色；2005年出版的《恐怖的前奏》一书中对萨达姆·侯赛因和美国中央情报局的关系进行曝光；2009年和《纽约时报》一起报道一些退休后担任广播和电视分析员的将领如何被五角大楼延聘，为伊拉克战争辩护的过程。这篇报告还揭示有多位将领由于不当得利而为一些公司代言，这篇报道获得了当年普利策调查性报道奖。另外，PEC的其他报道几乎获得过美国所有新闻奖项。

3. 编发书刊

美国调查性报道行业组织开展的一项重要工作就是出版调查性报道书籍和期刊。通过这些书籍和期刊进行媒介素养教育，推广调查性报道作品，阐述"看门狗"新闻理念。

IRE出版有一年4期的调查性报道杂志——*The IRE Journal*。每期内容包括一到两个案例，一个关于法律问题的专栏，书评以及关于IRE的新闻。杂志着重通过突出的调查性报道来阐述和介绍新闻理念，调查性报道的新趋势以及和调查记者密切相关的核心话题。各类媒体的调查记者、新闻工作者以及有志于从事调查性报道的学生构成杂志的主要读者群。IRE的书籍出版工作开始于1979年，平均每年有200部左右问世。1983年，IRE在得到圣马丁出版公司1万余美元资助后出版了著名的《（调查）记者手册》，从1983年到2002年的20年中，此书连出4版，目前已再版5次，成为一部脍炙人口的调查记者的百科全书，同时也是大学讲堂的教科书和新闻编辑部的操作标准。在这部书中，IRE要求：调查记者……需要一种对世界为什么如此或为什么不如此的强烈好奇心，这种好奇心一定要伴之以并非玩世不恭和虚无主义的怀疑精神、愤世嫉俗和"杀富济贫"的义愤，在这些素质的基础上铸成一种暴露的品格；成功并非靠运气而因胸有成竹、把握机会……。① 类似的书籍还有《环球丑闻揭发：世界 100 年的调查新闻》（Global Muckraking: 100 Years of Investigative Journalism from Around the World）、《杀人游戏：一本勇敢调查者的著作》（The Killing Game: The Writing of an Intrepid Investigative Reporting）、《看门狗不再吠叫：金融危机与调查性新闻的消逝》（The Watchdog That Didn't Bark: The Financial Crisis and the Disappearance of Investigative Journalism）、《水门事件的遗产与媒体：调查冲动》（Watergate's Legacy and the Press: The Investigative Impulse）等等。这些书籍和杂志已经成为 IRE 重要的资金来源，同时也是 IRE 开展社会教育不可或缺的一环。

CPI 也非常关注调查性报道书籍的出版印刷。它分别出版了《腐败记录：25 个调查记者关于他们国家权力滥用的报道》（The Corruption Notebooks: 25 Investigative Journalists Report on Abuses of Power in Their Home Country）、《有害的错误：美国地方检察官调查》（Harmful Error: Investigating America's Local Prosecutors）、《水业大亨：几个强大的水企如何使水资源私有化》（The Water Barons: How a Few Powerful Companies Are Privatizing Your Water）、《公民揭发丑闻：社区中如何调查和纠正错误》（Citizen Muckraking: How to Investigate and Right Wrongs in Your Community）等书籍。此外，CPI 还和密苏里新闻学院的新闻研究所合作将自己采写的调查性报道以及其他相关资料制作成电子书籍供人阅览。

4. 技术支持

美国调查性报道行业组织对调查新闻事业的一个显著推动作用表现

---

① [美] 布兰特·休斯顿、莱恩·布卢兹斯、史蒂夫·温伯格：《调查记者手册》，张威、许海滨主译，南方日报出版社 2005 年版，第 3 页。

第五章　中美调查性报道相关培养和激励机制比较

在为调查记者提供技术支持,包括开放数据库、业务垂询和指导、新闻协作等等。

例如 IRE 的一个重要宗旨就是为调查记者提供信息资源,从其成立之日起就非常重视图书馆建设。IRE 的图书馆在 20 世纪 80 年代就已经拥有了 970 个类别的 10000 多则调查性报道,[①] 每天都有人员咨询和浏览这些报道。最初的信息资源主要是印刷品和广播电视作品,随着网络的普及,IRE 在网站建立了电子资源中心,使图书资源数字化。目前,IRE 网站专门建设有服务会员的资源中心,中心由 8 个栏目构成:报道技巧列表、调查性报道、故事包、视频、书店、专题通信服务、教育中心、信息自由中心。

"报道技巧列表"栏目包括 IRE 广泛搜集的调查记者采制新闻的一些实用技巧。IRE 专门对其分门别类、细致梳理,供其他调查记者查阅学习。例如题为"监管机构调查"的技巧单被编号为 4906,分享自全国公共广播电台的霍华德·贝尔克斯(Howard Berkes),讲解调查记者如何从权威政府部门获得所需记录和数据,如何发现政府监管中的人为因素,通过数据分析来甄别问题,这条技巧单被归类到政府系列。类似这样的技巧单还有 4000 多条,给调查记者提供非常实用的帮助。

"调查性报道"栏目有 IRE 精心挑选具有代表性和借鉴意义的 26000 多则调查性报道供记者学习参考。IRE 对这些故事编号,提供主题、来源、地域、年份、出版日期、摘要、分类、篇幅、关键词等信息,记者可以通过专门的搜索工具寻找自己需要的信息。

"故事包"栏目则是 IRE 将"报道技巧列表"和"调查性报道"结合的产物,通过数则案例对一个采写技巧进行诠释,使调查记者更扎实地掌握它。

其他 5 个栏目分别为调查记者提供视频、图书购买、法律咨询等服

[①] James L., Aucoin: *The Evolution of American Investigative Journalism*, Columbia and London, University of Missouri Press, 2005, p. 176.

务。IRE 的网站可以查到美国任何一个罪犯的姓名和资料,如果新闻记者进行的是犯罪方面调查,他可以利用这个数据库追踪搜索犯罪记录,其功能非常强大。总体来说,IRE 的资源中心已经成为调查记者的巨大宝库,是记者学习、培养调查性报道技能的训练场,是记者实际开展调查报道的工具包,是记者应对法律诉讼的保护伞,还是调查性报道历史的记录簿。

政府改革协会(BGA)也为调查记者提供数据库查询功能,主要有:薪金数据库、养老金数据库、伊利诺伊州教育数据库、法律信息库、FBI 档案库、劳资谈判数据库、公共安全数据库、政府人员信息库等等。同时,它还为调查记者提供一些特殊采访工具,例如教授记者如何使用《信息自由法》和《阳光法案》。BGA 还建设有关于政府政策的资料馆供给记者查阅,并且对美国各州的相关诚信指数进行评估。例如2013 年,在信息公开方面做得最好和最差的 10 个州分别是:[①]

表22　　　　　　　　排名前十

所属州	排名	公开率(%)
阿肯色州	1	80.6
新泽西州	2	76.1
内布拉斯加州	3	74.2
伊利诺伊州	4	74.0
内华达州	5	72.1
佛蒙特州	6	71.1
肯塔基州	7	67.7
科罗拉多州	8	65.1
弗吉尼亚州	9	63.6
罗德岛州	10	63.0

---

① BGA-Alper Services: *Integrity Index-An exclusive report and analysis of vital laws enacted in all 50 states to fight government corruption and compel public officials to be more open and responsive to the people*, http://www.bettergov.org/sites/default/files/pdf/2013% 20BGA-Alper% 20Services% 20Integrity% 20Index.pdf.

第五章 中美调查性报道相关培养和激励机制比较

表 23　　　　　　　　　　排名后十

所属州	排名	公开率（%）
阿拉巴马州	50	0.0
蒙大拿州	49	14.4
怀俄明州	48	16.1
亚利桑那州	47	22.4
特拉华州	46	31.3
缅因州	45	31.8
阿拉斯加州	44	32.5
马萨诸塞州	43	33.0
南达科他州	42	36.3
密西西比州	41	37.6
俄克拉荷马州	41	37.6

这些数据可以使调查记者了解各州信息公开范围、程度和速度，方便记者查阅相关资料和信息，提高了记者的调查采访效率。

5. 资金支持

调查性报道是一种十分复杂的报道方式，和其他报道相比，它不但需要花费更多的时间和人力，在资金方面也投入更大。由于调查是一个漫长过程，调查记者的食宿交通、各种数据采集、调查报道的采访工具都需要资金支持，一些媒体就是因为难以承担调查性报道的高额费用而不得不放弃它。美国一些新闻行业组织为了振兴调查性报道事业开始向调查记者提供资金方面支持，像佛罗里达调查性报道中心（FCIR）、国民报研究所（NI）和调查性报道基金（FIJ）都有这种服务。

这类组织都向新闻记者提供数量不等的资金支持。FCIR 是 500—5000 美元，NI 是 1500—10000 美元，FIJ 是 5000 美元左右。资助对象是从事调查性报道的新闻记者，无论他们是独立记者还是平面、电子和网络媒体的记者。有的组织对调查对象有所限制，例如 FCIR 只资助对侵害佛罗里达州公共权益的行为展开调查的记者，主要资助他们查阅数据库、交通食宿、设备租赁的费用。

新闻行业组织的资金支持对于调查性报道来说犹如雪中送炭,是它健康发展的动力之一。FIJ 在成立后的 30 年中共为调查性新闻事业注入资金 150 万美元,资助了 700 多件调查性报道和 50 余本相关著作。记者马修·罗斯柴尔德(Matthew Rothschild)说:"如果没有 FIJ 支持,很多我们骄傲的作品就不能和受众见面,民主离不开信息的自由流通,FIJ 使流通成为可能。"可见,正是由于有了充沛的资金,美国调查记者才能够拥有"积极的自由",看门狗才能够长吠不休。

6. 记者协作

进入 21 世纪后,经济全球化脚步加快,信息数量呈现几何式增长,信息载体越来越多样化,国家和民族之间的交流和联系越来越密切,不法组织和个人侵害公共权益的行为越来越隐蔽和国际化,导致调查记者的工作难度相应增加。这些迫切需要调查记者打破媒体、地域、国家限制,加强协作和交流,共享信息和资料,采制跨地域和跨国界的调查性报道。美国的调查性报道行业组织很好地发挥了这一作用。

IRE 就成为美国和一些国家调查记者的协作纽带。在 IRE 刚成立时,它仅有成员 177 人,1980 年达到 900 人,1985 年达到 3000 人。据估算在 1984 年,IRE 有 1036 名报社记者、239 名电视记者、39 名广播记者、编辑、97 名新闻专业学生、95 名新闻学教师、58 名独立作者和编辑、20 名杂志记者。另外还有 10 名报纸发行者、1 名杂志发行人、11 名通讯社记者和 1 名作家。[①] 目前,IRE 拥有成员 5000 多名,他们虽然来自不同国家、不同媒体,但是他们共享信息、技术和资料,在一些调查报道中密切合作,另外,IRE 还每年召开国际会议,各国调查记者在会上交流、碰撞、学习、观摩,成为调查记者国际协作的盛会。

CPI 也和 60 多家媒体有长期合作关系。2013 年,CPI 和 58 个国家

[①] James L., Aucoin: *The Evolution of American Investigative Journalism*, Columbia and London, University of Missouri Press, 2005, p. 174.

第五章 中美调查性报道相关培养和激励机制比较

的48个媒体协作伙伴共同合作，通过112位记者艰苦工作，完成了题为《秘密出售：全球离岸资金迷宫》的调查性报道，实现了世界调查记者规模最大的一次合作。

7. 制定规范

美国新闻教育一贯重视新闻工作者的职业道德规范建设。1914年，密苏里新闻学院首任院长沃尔特·威廉博士（Dr. Walter William）撰写《新闻记者信条》并纳入密苏里新闻学院学生的教材。这一信条还被翻译成100多种语言，成为世界新闻界广泛认可的关于新闻工作的道德规范。后来美国编辑人协会、美国记者公会、职业记者协会、广播电视新闻主编协会等行业组织又分别制定了职业道德规范，使新闻从业者的行为纳入完整的伦理规范约束之下。

对于调查性报道行业组织而言，其社会教育的一个重要任务就是建构调查记者的职业伦理和道德规范。CPI将美国职业记者协会制定的职业规范作为组织成员必须恪守的准则，强调调查记者的职责是寻找真相并报道，在新闻采制过程中要减少伤害、独立采访、承担责任，另外CPI的成员还必须遵循以下原则：

（1）CPI成员不允许采写含有本人、家庭成员和经济伙伴参与的经济活动的报道。

（2）CPI不回避关于捐赠人的揭露报道。相关报道应该揭示CPI和捐赠人之间的关系。

（3）慎重使用秘密消息来源，在特殊情况并得到批准前提下才允许使用。

（4）在必要情况下才暴露性犯罪的受害者和被指控的未成年罪犯的真实身份。

（5）采访报道时需亮明记者身份，记者在以下情况才能采用隐性采访：在保护公众利益的采访中如果表明记者身份就无法获得信息，隐瞒身份采访要得到CPI的同意。

（6）CPI 的成员要注意网络传播中的行为，其行为应该是彬彬有礼和没有党派成见的。①

调查性报道中心（CIR）认为新闻记者应该秉承最高道德标准，其行为应该公平、诚实、正直，其作品应该精确、深入、全面和公平。大体有以下方面：

（1）匿名消息来源：避免使用匿名消息来源提供的信息。如果信息具有非常高的价值，而从其他信息源无法得到，在编辑主任同意后可以使用匿名消息来源。在使用匿名消息来源之前要了解其动机，避免使用匿名消息来源对个人和组织表达负面评价。作品中交代使用匿名消息来源的原因。

（2）聚合新闻

当聚合新闻来自其他新闻源，新闻记者应该非常谨慎。完整地加上引号并且标明来源以及能正确地链接到新闻源。较长的节选应该用破折号隔开并链接到新闻源。聚合内容应该简短——全部内容的一小部分，一般情况下不超过一段并且是一部分重述后的内容。当重述聚合内容时，一定要标明来源并且可以链接到新闻的全部内容。

（3）署名

关于联合报道，我们让既定的新闻编辑部工作人员解决署名和编辑人员名单。当出现分歧的时候，编辑们会做出最后决定。一般来说，会署上那些在报道文章中做出突出贡献的人的姓名。大多数情况下，会附加一行那些没有出现在署名名单中的参与人员的姓名。我们一定清楚地标明所有图片、图表、参考文段和网址的来源。

（4）对事实和公正的挑战

我们认真地对新闻报道的完整性提出所有质疑。如果记者或者制作人在发表或播放之前意识到那些有争议的情况，那么高级编辑们应该被及时通知。对那些已经发表或播放的内容的质疑应该立刻引起编辑者们

---

① *Editorial Policies* https：//www.publicintegrity.org/about/our-work/editorial-policies.

第五章 中美调查性报道相关培养和激励机制比较

的注意并且告知编辑主任、主编和执行董事。而且高级编辑者们应该通知法律顾问调查那些质疑或者与我们报道相关的其他问题。如果发现与任何的工作人员有关系，我们会立刻通知监管以及我们的法律顾问。高级编辑应该告知法律顾问所有的撤回要求或对我们准确性的任何质疑。加利福尼亚法律要求在特定时间内对撤回要求作出回应，所以诸如此类的要求应该被迅速处理。任何的质疑同样具有紧迫性。编辑应该协同记者针对所有的质疑准备一份书面的回应。这份书面回应仅是出于内部目的，如果需要，它将帮助编辑或我们的法律顾问准备一份正式的回应。当质疑或撤回要求成立的时候，应该要谨慎地避免对提出人或者受害人代表律师的任何回应。

（5）利益冲突

新闻编辑部工作人员或被指派的自由职业者和合同工不应该进行掺杂有私人关系、既得利益或经济利益的报道、项目或提案。我们要求工作人员、合同工和自由职业者培养针对这些问题的谨慎态度。即使是一次可以理解的冲突也会损坏我们的信誉。这一原则适用于业务伙伴、配偶或国内合伙人的参与和活动。如果发现冲突，应该立刻通知你的主管。如果情形发生了可能终止现有或潜在冲突的任何改变，请通知你的主管或编辑。如果他们对新闻完整性让步，请避免二次就业、政治参与、公职和社区组织服务。我们的记者们应该避免投资他们管辖下的公司和产业。如果你的配偶或重要的人参与到可能引起冲突的活动中，我们会禁止你讨论任何可能影响你配偶或搭档行为的事宜。这可能包括正在讨论中的报道，涉及配偶或合作伙伴，或者把他们的合伙人或企业作为潜在的新闻源。

总之，美国调查性新闻行业组织十分发达，是美国调查性报道大厦的一根柱石，不但在调查性新闻社会教育中起决定作用，而且在其他方面也扮演着不可替代的角色。

第三节 中美调查记者激励机制比较

调查记者的激励机制指激发调查记者工作主动性、创造性和积极性的具体运行方式,这里主要指相关的新闻奖项。新闻奖项是国家和社会为激励新闻工作者更好从事本职工作所设立的典范和榜样,它具有风向标和指示塔的功能,能够彰显新闻理念,维护新闻规范,树立行业目标,体现新闻价值,通过建构荣誉评选体系来综合实现社会教育和激励的现实作用。

一 中美调查性报道相关奖项概述

中国和调查性报道相关的新闻奖项主要分为四类:一类是全国性新闻奖项,主要由中国记协或者中国记协和有关部委联合评选。例如中国新闻奖、长江韬奋奖、中国广播电视新闻奖、五四新闻奖、全国政法综治优秀新闻作品奖、中国国际新闻奖(2004年纳入到中国新闻奖中)等;第二类是各省(直辖市、自治区)以及各部委自己组织的新闻作品评选。像各省(直辖市、自治区)记者协会组织的新闻奖项,它实际是中国新闻奖的初赛。全国总工会以及各省总工会组织的五一新闻奖等等;第三类是一些专业记者协会组织的新闻评选,像中国法制新闻协会每年评选的全国法制好新闻奖、全国省级党报每年联合评选的省级党报好新闻奖等等;第四类是一些媒体(栏目)自己组织的评选,例如《南方周末》的"致敬!中国传媒"[①]、《齐鲁晚报》和《生活日报》联合主办的齐鲁新闻奖。中央电视台《讲述》栏目评选的"中国记者风云榜"等等。

---

① 2010年《南方周末》"年度传媒致敬"被叫停。但它最终以图书的形式复活,结集为《读懂中国——中国传媒读本2010》一书。2011年,《南方周末》与南京大学的110年校庆结合,进行了"年度传媒致敬"颁奖。该段文字转引自齐爱军《社会转型期中国主流媒体发展路径分析》,山东人民出版社2013年版,第257页。

第五章 中美调查性报道相关培养和激励机制比较

美国的新闻奖项更加繁杂,有全国性的、地区性的、行业组织评选的,林林总总,不一而足。仅美国广播电视数字新闻协会(Radio Television Digital News Association)组织的新闻奖项就多达12种。经过研究,关于调查性报道的奖项主要有3类:第一类主要由新闻院校组织评选;第二类由新闻行业组织负责评选;第三类由新闻媒体和个人出资对优秀调查性报道作品进行奖励。

由新闻院校组织评选的新闻奖项有哥伦比亚大学的普利策新闻奖、阿尔弗雷德·杜邦·哥伦比亚大学奖(Alfred I. duPont-Columbia University Award)、卡波特新闻奖(Maria Moors Cabot Prizes)、长岛大学的乔治·波尔克新闻奖(The George Polk Awards in Journalism)、华盛顿州立大学的爱德华·默罗奖(Edward R. Murrow Award)、印第安纳大学新闻学院的斯克里普斯·霍华德奖(Scripps Howard Award)、佐治亚大学格雷迪新闻与大众传播学院的皮博迪奖(Peabody Award)、哈佛大学肯尼迪学院的哥德·史密斯调查性报道奖(Goldsmith Prize for Investigative Reporting)、哈佛大学尼曼基金会的尼曼奖学金(Nieman Fellowship)、密执安大学的利文斯顿奖(The Livingston Awards)、南加州大学安纳堡传播学院组织的塞尔登调查性报道钟声奖(Selden Ring Award for Investigative Journalism)

具有代表性的由新闻行业组织负责评选的奖项有调查性报道记者和编辑组织的IRE奖、广播电视数字新闻协会的爱德华·默罗奖(Edward R. Murrow Awards)、国民报计算机辅助报道研究所(National Institute for Computer-Assisted Reporting)和亚利桑那州立大学沃尔特·克朗凯特新闻和大众传播学院联合评选的菲利普·梅耶新闻奖(The Philip Meyer Journalism Awards)、职业记者协会(Society of Professional Journalists)的杰出新闻奖(Sigma Delta Chi Awards for Excellence in Journalism)、周日杂志编辑协会(Sunday Magazine Editors)设立的新闻奖等等。

由个人出资的有:斯克里普斯·霍华德基金会组织的全国新闻奖

(The Nation Journalism Awards)、西德尼·希尔曼基金会（Sidney Hillman Foundation）的西德尼奖（The Sidney Award）、沃斯·宾厄姆基金会（The Worth Bingham Foundation）的沃斯宾厄姆奖（The Worth Bingham Prize）等等。

二 中美调查性报道相关奖项的差异

虽然中国和美国都设立有和调查性报道相关的新闻奖项，但是两相比较还是有不少差异，具体表现在：

1. 专注程度不同

和美国相比，中国设立的新闻奖项并不少，例如中国新闻奖由中国记协组织评审，各省、市、自治区甚至部分地级市记协也组织评审该地区的新闻奖，但是中国缺少专门的调查性报道奖励，在新闻奖中设立调查性报道类别的也较少。南方报业集团的"致敬！中国传媒"从2003年开始设立年度调查性报道奖，从2003年至2011年获得这一殊荣的分别是：

表24 "致敬！中国传媒"中年度调查性报道奖

年份	媒体	标题	作者
2003年	《南方周末》	《两任省委书记批示亿万富翁沉冤初雪》	曹勇
2004年	中央电视台《经济半小时》《财经》	西安宝马彩票案系列报道《致命禽流感》	张凯华等 曹海丽等
2005年	《南方周末》	《公安部督办2.20特大枪案四年前骇人一幕石破天惊》	曹勇
2006年	《财经》	《上海社保 危险的投资》	胡润峰等
2007年	《财经》	《谁的鲁能》	李其谚等
2008年	《中国新闻周刊》《中国青年报》《南方都市报》	瓮安事件调查系列报道《习水县多名公职人员嫖宿年幼女生》《女服务员与招商办官员的致命邂逅》	蔡如鹏等 陈强 龙志
2009年	《中国青年报》	《王佳俊冒名顶替读大学路线图》	刘万永
2010年	《新民周刊》《财经》	《大连"被石油"再调查》《再问央视大火》（提名）	胡展奋等 欧阳洪亮等
2011年	《财经》	《公共裙带》	罗昌平

第五章　中美调查性报道相关培养和激励机制比较

中国新闻奖在2014年第24届评选中设立了调查性报道奖,在以前的23届以及后面的25、26届评审中都没有设立调查性报道奖,由此可见记协在调查性报道奖项的设立方面还是莫衷一是的态度。另外,中央电视台《讲述》栏目曾经评选"中国记者风云榜",意图为中国记者搭建一个群英荟萃的舞台,上榜的绝大多数记者都以调查性报道闻名和位列,2003年评选的8名记者中有6名是调查记者:揭露孙志刚事件的《南方都市报》记者陈峰、报道北京出租业垄断黑幕的《中国经济时报》王克勤、追踪山西临汾矿难的中央电视台记者曲长缨、报道"夫妻家中看黄碟"事件的《华商报》记者江雪、暗访广州长洲戒毒所逼迫戒毒女卖淫案的《羊城晚报》记者赵世龙和披露"龙胆泻肝丸"事件的新华社记者朱玉。可"中国记者风云榜"只是昙花一现,只评选了2003年、2004年两届。

美国新闻奖励比较关注调查性报道,既有专门的或者主要奖励调查性报道的奖项,又有在新闻奖中设立调查性报道类别的。前者如 IRE 奖、哥德·史密斯调查性报道奖、塞尔登调查性报道钟声奖、菲利普·梅耶新闻奖、沃斯宾厄姆奖等等。在这些奖项中,最具代表性的是 IRE 奖。

IRE 奖是调查性报道记者和编辑组织每年进行的关于最佳调查性报道的评选,提议于1979年,开始于1980年。奖项覆盖印刷、电子、网络媒体,分为7大类:印刷/在线媒体、广播/视频媒体、广播/音频媒体、图书系列、学生媒体、调查性新闻事业革新以及一些关于调查性报道的特殊奖项。每个大类再根据媒体的规模分为一些小类,每年大体有17个调查性报道作品获奖,IRE 的最高获奖者可以获得 IRE 奖章。2015年获奖的有美联社、ProPublica 和美国国家公共电台、坦帕湾时报(*Tampa Bay Times*)的三个作品。IRE 对获奖报道要求严格,强调调查记者采访写作的相对独立性,主要针对个人和组织意图逃避公众监督的事实,要求报道要和受众关注的公共权益相关,并且在资料搜集、数据整理、故事讲述、作品生产、在线呈现等方面有超出一般报道之处。

除了专门调查性报道奖,美国还在一些新闻奖项中专门设立调查性报道类别,像普利策新闻奖、爱德华·默罗奖、职业记者协会的杰出新闻奖、周日杂志编辑协会的新闻奖以及斯克利普斯·霍华德基金会的全国新闻奖都设有调查性报道奖。

美国专业记者协会每年都对优秀新闻作品组织评奖,奖项分为报纸、杂志、摄影、电视、广播、在线新闻、研究、时事通讯8大类,在报纸、电视、广播、在线新闻、杂志类别下都设有调查性报道奖,2015年有13篇作品获得调查性报道奖,如下表:

表25　　　　　　　2015年美国专业记者协会调查性报道奖

获奖类别	媒体	标题	作者
调查性报道（日发行量10万以上）	美联社	《奴隶生产的海产品》①	爱思特·胡珊等
调查性报道（日发行量5—10万）	《棕榈滩邮报》	《火线》	劳伦斯·摩厄尔等
调查性报道（日发行量5万以下）	《贝尔维尔新闻》	《信托侵害》	乔治·帕拉克里等
调查性报道（非日刊）	《波特兰贸易期刊》	《骗局》	马修·基士
杂志调查性报道（全国发行）	《财富》	《黑客的世纪》	彼得·埃尔金德
杂志调查性报道（地区发行）	《德克萨斯观察》	《坟墓的耻辱》	约翰·卡洛斯·富利
广播调查性报道（大型）	KCBS	《邪恶的水》	道格·首温
广播调查性报道（小型）	北部乡村公共广播电台	《为什么对于加勒特·菲利普斯来说正义如此复杂》	娜塔莎·哈佛蒂等
电视调查性报道（大型）	KNBC–TV	《洛杉矶的核秘密》	乔尔·格罗夫等
电视调查性报道（小型）	WVUE–TV	《擦边球：金融管理的漏洞》	李·朱莉克等
电视调查性报道（联合）	加州大学伯克利分校调查性报道计划等②	《海龙坠落》	麦克等
在线调查性报道（有依托）	《明星论坛报》	《悲惨的收获》	杰夫·美托特等
在线调查性报道（独立）	独立	《发生在夜班的强奸》	伯尼斯·杨等

① 该调查性报道还获得了2016年普利策新闻奖的公众服务奖。
② 该报道由加州大学伯克利分校调查性报道计划、NBC新闻、《弗吉尼亚人导报》联合完成。

第五章 中美调查性报道相关培养和激励机制比较

美国周日杂志编辑协会囊括了美国主要新闻期刊,设立有专门的新闻奖项,奖励类别有调查性新闻事业奖、写作奖、设计奖、摄影奖。其中调查性新闻事业奖是最早设立的,从1987年该组织成立当年就已经设置,当年获奖的是《华盛顿邮报杂志》。

2. 获奖比例有别

中美调查性报道获奖方面的第二个区别就是中国的有关新闻奖项中调查性报道所占比例相对较低,美国这一比例相对较高。

中国新闻奖是中国最权威的新闻作品奖项,从1990年设立到2015年共有683件新闻作品获得特等奖和一等奖,其中调查性报道作品共有36件,所占比例为5.2%。再看每一年的情况,在25年中,有6年调查性报道在特等奖和一等奖中空缺,其余年份最多的是2002年,共有4件调查性报道获奖,比例为14.2%。

中国最有代表性的新闻工作者奖励是"长江韬奋奖",由"范长江新闻奖"和"邹韬奋新闻奖"2005年合并而来。两个奖项分别建立于1991年和1993年,一个主要奖励中青年记者;一个主要奖励新闻编辑、评论员、新闻类制片人、校对等新闻工作者。合并后的奖项仍然分为长江系列和韬奋系列,每个系列10人,每年奖励20人。有学者曾经对1991年至2011年获得范长江新闻奖的109人做过统计分析,以代表作品的报道对象及其价值取向做交叉分析发现:赞扬讴歌式报道重大事件和重要人物的代表作品有37件,占总数的34%,而负面揭露式报道重大事件和重要人物的代表作仅1件,占0.9%。[①] 由于调查性报道是一种以负面揭露题材为主的报道方式,因此可以看出调查性报道在范长江新闻奖中的比例并不高。另外在这一奖项的叙事话语中,总是离不开这样一些词汇:光荣、梦想、名额、成功、积极参与争取、仰望、关注、距离、远看等等,来自政治需要的强力推进与来自行业内部的复杂

[①] 吴锋:《范长江新闻奖的回顾与思考——基于109名获奖者信息的统计研究》,《新闻记者》2012年第8期。

状态混在一起。① 这些词汇在调查性报道的词典中很难寻觅，因为调查性报道总是和揭露、曝光、调查、不义、非公、侵害、掩盖、线索、丑闻等词语相伴相随。

在美国的新闻奖项中，调查性报道具有显赫地位，在报道中所占比例较高。以美国普利策新闻奖为例，据统计，普利策新闻奖在1917—1950年间虽然没有设立调查性报道奖，但是在所有4000件获得提名的报道中有609件，也就是14%的报道属于调查性报道。获奖比例则更高，从1917年至1990年的获奖作品中有40%即580件作品属于调查性报道。② 据笔者统计，从1990年—2015年，普利策新闻奖获奖篇目一共374件，调查性报道有95件，调查性报道占25.4%。虽然数量有所下降，但是仍占四分之一强。尤其值得注意的是，在普利策新闻奖中，公众服务奖是分量最重的一个奖项，在这25年中，共有20项调查性报道获得这一奖项，有18年的公众服务奖颁给了调查性报道，在1990年和2014年，调查性报道都在这一奖项中梅开二度。从这些数字可以看出来调查性报道在普利策新闻奖占据不可撼动的霸主地位，是美国新闻报道的王中之王。

美国调查性报道获奖比例较高这一现象也可以通过调查性报道栏目、组织在新闻奖项评选中的骄人成绩体现出来。美国调查性报道中心（CIR）是一个以揭露政府机构丑闻和腐败为宗旨的非营利性调查性报道机构，1977年，由大卫·威尔（David Weir）、邓·诺伊斯（Dan Noyes）等在加利福尼亚成立。据笔者统计研究发现，从2011年至2015年，CIR的很多作品在国内获奖。5年间，共获得了2次普利策新闻奖、10次IRE奖、3次艾美奖、1次皮博迪奖、18次在线新闻奖（Online Journalism Awards）、2次乔治·波尔克新闻奖、22次北加利福尼亚职业

---

① 郑亚楠：《范长江新闻奖的精神寻找》，《新闻大学》2008年第2期总第96期。
② Gerry Lanosga：*The Press, Prizes Power: Investigative Reporting In The United States, 1917 - 1960*, Indiana University, December, 2010, pp. 3 – 16.

第五章　中美调查性报道相关培养和激励机制比较

记者协会奖（Society of Professional Journalism，Northern California）、1次阿尔弗雷德·杜邦·哥伦比亚大学奖、2次罗伯特·肯尼迪新闻奖（Robert F. Kennedy Journalism Award）、1次哥德·史密斯调查性报道奖、2次职业记者协会杰出新闻奖等等。

美国公共广播电视机构（PBS）播放的系列公共电视纪录片节目《前线》（*Frontline*）在美国家喻户晓。截至目前，《前线》赢得了大量新闻奖项，其中艾美奖75次，皮博迪奖18次，另外还有普利策新闻奖、阿尔弗雷德·杜邦·哥伦比亚大学奖、罗伯特·肯尼迪新闻奖等等。《前线》含有大量调查性报道作品，例如2003年它和加拿大广播电视公司（CBC）、《纽约时报》联合经过6个多月调查，揭露了美国管道企业为追逐高额利润不顾工人死活的事实，该报道获得皮博迪奖，而《纽约时报》凭借这一报道荣获普利策新闻奖。

美国哥伦比亚广播公司（CBS）的电视栏目《60分钟》（*60 Minutes*）是美国电视栏目的常青树，从1968年诞生到现在已经走过了近50个年头，播放了大量有影响的调查性报道，它曾经5次成为美国收视率第一的电视节目。这5次"第一"跨越了上个世纪70年代到90年代的30年，是美国转播率最高的黄金时段节目。1999年创下了1412家电视台同时在黄金时段转播其节目的记录。① 截至目前，它已经获得了106次艾美奖，20多次皮博迪奖。是美国获得艾美奖最多的电视节目。

3. 主导机构不同

中国和调查性报道相关的新闻奖项主要由各级新闻记者协会以及专业记者协会等新闻行业组织评选。从性质上区分，它们都属于社会团体。在中国，社会团体是中国政治生活不可或缺的一部分，有非常深厚的政府背景。在最新修订的《社会团体登记管理条例》第六条规定："国务院民政部门和县级以上地方各级人民政府民政部门是本级人民政

---

① 程晓鸿：《"60分钟"的35年神话——专访总制片人丹·休伊特》，《新闻周刊》2003年第24期。

府的社会团体登记管理机关。国务院有关部门和县级以上地方各级人民政府有关部门、国务院或者县级以上地方各级人民政府授权的组织，是有关行业、学科或者业务范围内社会团体的业务主管单位。"该条例还规定"全国性的社会团体，由国务院的登记管理机关负责登记管理；地方性的社会团体，由所在地人民政府的登记管理机关负责登记管理；跨行政区域的社会团体，由所跨行政区域的共同上一级人民政府的登记管理机关负责登记管理。"中国新闻记者协会是中国共产党领导的中国新闻界的全国性社会团体，而各级地方记者协会是各级党委领导下的地方性社会团体、各全国性专业记协是中央主管部门领导的专业性社会团体。因此，中国新闻奖项的组织和评选是由中国共产党和中国政府主导的，它反映的是执政党的新闻观念和宣传意志，尤其它和执政党不同时期的宣传政策和宣传重点衔接紧密。对于调查性报道来说，由于它是舆论监督工作的重要组成部分，它的获奖情况也可以被看成是中国舆论监督的风向标，代表了执政党对舆论监督的宽容度。

美国和调查性报道相关的奖项主要由高等院校和新闻行业组织评选。首先看美国的新闻院校，美国高等学校虽然有私立和公立两大类，但是不论哪一类独立性都很强，是高度自由和自治的学术教学机构。正如约瑟夫·本·大卫（Joseph Ben David）和亚布拉汗·齐劳佐沃（Abraham Zloczower）所言："在规模较大的高教系统中，分权且具有竞争性的高教系统比集权且不具有具有竞争性的高教系统更有益于科学进步。"① 因此即使是公立学校，它和政府的关系也十分松散，联邦政府对于高等教育只是法律和原则方面的管理，实际管理工作由各州政府完成，而州政府也只是在规划高等学校的发展，审批高校课程设置，管理高校财政预算，建立数据、信息统计系统，制定向新学校实施拨款计划

---

① ［美］伯顿·克拉克主编：《高等教育新论——多学科的研究》，王承绪等译，浙江大学出版社 2001 年版，第 121 页。

第五章　中美调查性报道相关培养和激励机制比较

等方面发挥作用①，对高等学校包括社团和研究项目设置等方面在内的内部事务不予干涉。

再看美国的新闻行业组织。作为社团组织一部分的新闻行业组织在美国也具有较强独立性，是一种独立于政府和政党之外的公民自治、自由和自立的新闻团体。美国新闻记者加入新闻类社团的高涨热情和其他美国人一样。据研究，美国约有57%的被调查者至少加入一个社会团体，同样的比例在英国、西德、意大利和墨西哥分别是47%、44%、25%和25%。此外，在所有调查的对象中，美国人中有三分之一承认他们同时加入几个集团，这一比例是英国的2倍，墨西哥的16倍。② 美国的新闻社团比较独立和随意，它和政府之间的关系也非常松散，而且每个成员都可以根据自己的旨趣、爱好、理想选择加入或者退出。例如美国非常有代表性的新闻团体——职业记者协会（SPI）的进入门槛就非常低，无论有没有隶属媒体，在职还是退休，甚至新闻专业的本科生以及研究生只要遵守其职业道德规范并且按时交纳会费，都可以成为其会员。

综合来看，中国的调查性报道新闻奖项是由政府和政党主导的，它的基本评判标准是政府和政党的宣传方针和政策，其目的是"发挥优秀新闻作品示范作用，引导、激励广大新闻工作者坚持和践行马克思主义新闻观，尊重新闻规律，勇于改进创新，更好地为人民服务、为社会主义服务、为全党全国工作大局服务"，③ 强调媒介的耳目喉舌作用。美国的调查性报道新闻奖项由新闻行业自身主导，是美国自由主义新闻传统的集中体现，它的评判依据是新闻专业标准，即客观、公正、真实、全面、及时、公开等等，是新闻职业共同体的自我评判机制筛选后的结果，更加强调新闻的预警、瞭望和监督功能。

---

① 施晓光：《美国高等教育法初探》，《外国教育研究》1992年第4期。
② Gabrie A., Almond, Sidney Verba：*The Civic Culture Revisited*, Boston：Little Brown, 1963, p. 246.
③ 中国记协网，http：//news. xinhuanet. com/zgjx/2014-06-13/c_133404358. htm。

第六章

中美调查性报道的差异归因

在研究了中美调查性报道的调查过程和文本呈现后可以发现，中美两国这一报道方式虽然出现时间相差无几，但是表现出不少个性差异。究其原因，和中美两国新闻观念、媒介体制、调控规制的差别都有密不可分的关系。

第一节 中美新闻传播观念差异对调查性报道的影响

观念是人类关于事情的主客观认识的总和。新闻观念就是人们在新闻传播领域形成的认识总和。"新闻观念，是人们关于新闻传播的看法、思想，是人们关于新闻传播行为、现象、新闻媒介及新闻作品等进行思维活动的结果，是物化的新闻活动及新闻产品在人脑留下的形象。"[①] 观念形塑于客观事物和人类行为，同时它又对客观事物和人类行为起指导和制约作用，新闻观念也是如此，因此探寻调查性报道出现差异的原因可以从新闻观念中找到答案。

---

① 童兵：《比较新闻传播学》，中国人民出版社2002年版，第66—67页。

第六章　中美调查性报道的差异归因

一　传媒性质观念差别对调查性报道的影响

由于历史和现实原因，中美两国在看待新闻传媒的基本性质方面存在巨大认识差异。中国将新闻传媒和记者看成是中国共产党、政府和人民群众的耳目喉舌，肩负着宣传党的路线、方针、政策，推动经济建设和维护社会稳定的重要职责。新闻传媒要恪守党性原则，早在中共党报理论形成时期就强调党报不能闹一字一句的独立性，"报纸是党的喉舌，是这一巨大集体的喉舌。在党报工作的同志，只是整个党组织的一部分。一切要依照党的意志办事，一言一动一字一句都要顾到党的影响。"[1] 中共历届领导都非常重视新闻事业的党性原则，习近平在2013年也指出："坚持党性，核心就是坚持正确政治方向，站稳政治立场，坚定宣传党的理论和路线方针政策，坚定宣传中央重大工作部署，坚定宣传中央关于形势的重大分析判断，坚决同党中央保持高度一致，坚决维护中央权威。所有宣传思想部门和单位，所有宣传思想战线的党员、干部都要旗帜鲜明坚持党性原则。"[2]

美国则将新闻传媒首先看成是一种通过经营能够获得利润的企业，同时认为传媒在民主、自由的保护方面扮演不可替代的重要作用。美国第四届总统詹姆斯·麦迪逊（James Madison）说："一个受欢迎的政府却没有普及的资讯以及获取它的渠道，那只会是一场闹剧或者悲剧的序幕。"学者玛格丽特·沙利文（Marguerite H. Sullivan）认为："人们如果要行使权力，他们必须先要做出明智选择和独立判断。这只会发生在他们拥有真实、可信的信息基础上，这些信息来自自由的传媒，传媒是公众面对政府的看门狗，它向公众告知政府活动和引发争论，并且用最高标准考量公职人员看他们是否能够配得上公众的信任。"[3]

---

[1] 博古：《党与党报》，《解放日报》1942年9月22日。
[2] 习近平：《新年献词》，《人民日报》2015年1月1日第一版。
[3] Marguerite H., Sullivan: *A responsible press office: an insider's guide*, Cite from Jason R. Detrani: *Journalism Theory and Practice*, Apple Academic Press, Inc, 2011, p.9.

新闻事业性质的认识差异导致中美两国对于调查性报道有不同认知。中国将调查性报道看作是中国共产党领导下的舆论监督事业的一部分，记者的调查和写作行为要对党负责，对人民群众负责。而美国则将调查性报道看作是看门狗事业的一部分，要守护其核心价值体系，要保护其资本主义制度。就像阿特休尔（Altschull. J. H）在评论"水门事件"时所说："事实上，新闻界谴责的是总统，而不是总统制。"①

另外，这一差异还导致中美采用不同的调查采访模式。中国调查性报道大多采用记者+政府的调查模式。先由新闻记者发现新闻线索，进行初步调查，然后和政府联动，由政府作为调查主体，发掘出全部事实真相，再由新闻媒体对外公布，像获得中国新闻奖的《东方早报》对"三鹿奶粉事件"的报道，"人民网"记者对"广西南丹矿难事故瞒报事件"的报道皆属此类。而作为商业企业的美国新闻传媒和政府之间的关系是间接和疏离的，他们的新闻行为不用直接向政府负责，因此，调查记者的行动相对独立，调查性报道一般由记者单独完成，产生社会影响后再推动政府改良措施出台。

最后，传媒性质观念差异还使中美调查性报道的目的和追求有些许差异。中国调查记者更多看重报道的社会效益，其目的主要是通过对社会阴暗面的曝光来推进社会改革，保护人民群众的正当权益。而美国新闻传媒高度的商业化使调查记者不但要考虑调查性报道的公共性更要权衡其商业性，因此一些媒体和记者采制调查性报道的目的是为了提高收视率和发行量，扩大个人影响力，有的为了达到目的甚至不惜制造噱头、炮制新闻。

二 传媒功能观念差别对调查性报道的影响

传媒功能就是新闻传媒所起的作用与功效，它和新闻传媒的性质定位有紧密联系。中国传媒的"喉舌"性质赋予它引导、宣传、教育、

---

① [美]阿特休尔：《权力的媒介》，黄煜、裘志康译，华夏出版社1989年版，第154页。

第六章 中美调查性报道的差异归因

服务、广告和娱乐等功能,尤其重视引导和宣传功能。

为了发挥好这两种功能,中国新闻传媒在报道时秉承"正面宣传为主"方针,即"无论是从新闻工作的一般意义上讲,还是从当前各方面的实际情况来讲,或者是从稳定是压倒一切这个大局来讲,关键的问题是新闻报道必须坚持以正面宣传为主的方针……这是社会主义新闻传播事业必须遵循的一条极其重要的指导方针。坚持这个方针,就是要准确、及时地宣传党的路线、方针、政策,实事求是地反映社会现实生活的主流,让人民群众用创造新生活的业绩教育自己,形成鼓舞人们前进的巨大精神力量。"[①] 也就是"(新闻媒体)不管在什么时候、什么情况下,都要在思想上、政治上与党中央保持高度一致,弘扬爱国主义、集体主义、社会主义主旋律,热情歌颂人民群众在改革和建设中的奋斗业绩,鼓舞人民群众为振兴中华而艰苦奋斗。"[②] 主旋律是指那些能够激励人们奋发向上并且能够起到示范带动作用的新闻作品,也就是说:"正面与负面,实际共处于一个矛盾统一体中。就我们的社会现实生活而言,建设成就、先进事物等光明面自然是矛盾的主要方面,工作中的缺点错误、社会上的落后腐败现象等阴暗面则是矛盾的非主要方面。"[③]

正因为如此,在实际的新闻管理工作中,中国鼓励宣扬主旋律的正面选题而适当限制负面选题数量。1981年,中共中央《关于当前报刊新闻广播宣传方针的决定》要求:要正确处理表扬和批评的关系,坚持以表扬为主的方针。1987年中共中央宣传部等三部门联合发出的《关于改进新闻报道若干问题的意见》指出:我们的新闻以正面报道为主;对于工作中的缺点、错误、问题和不良作风、不良社会风气等,也要择其有典型意义者,通过新闻报道,开展健康的批评与自我批评……发稿要注意控制数量,不能过于集中……报道消极面的新闻,在数量上

---

① 中共中央宣传部新闻局编:《李瑞环在全国新闻工作研讨班上的讲话》,《中国共产党新闻工作文献选编(1938—1989)》,人民出版社1990年版,第163页。
② 《江泽民视察人民日报社讲话》,《人民日报》1996年10月21日第一版。
③ 夏鼎铭:《有关"正面宣传为主"的思考》,《新闻大学》1994年夏季号。

要有所控制，不宜过于集中。有的社会新闻，情节特别恶劣容易引起群众恐慌或产生重大不良影响，对内对外都不宜公开报道，可以通过内部刊物反映情况。①在中国共产党第17届中央委员会第六次全体会议通过的《中共中央关于深化文化体制改革推动社会主义文化大发展大繁荣若干重大问题的决定》中再次强调：要坚持马克思主义新闻观，牢牢把握正确导向，坚持团结稳定鼓劲、正面宣传为主，壮大主流舆论，提高舆论引导的及时性、权威性和公信力、影响力。

中国重视新闻传媒的引导和宣传功能以及"正面宣传为主"方针在新闻宣传实践工作中的运用使中国调查性报道表现出了和美国不一样的面貌。中国的调查性报道不全是揭丑或者负面选题，含有一些关注社会问题、矛盾的中性选题，尤其在社会转型时期，这样的题材十分丰富，而关注这样的选题对引导社会舆论、释放群体压力、推动改革进程有非常重要的作用。

反观以美国为代表的西方传媒，哈罗德·拉斯韦尔（Harold Dwight Lasswell）早在20世纪中就认为传媒具有环境监视、社会协调以及社会遗产传承功能。威尔伯·施拉姆（Wilbur Schramm）把传媒功能归结为三类：政治功能、经济功能、一般社会功能，其中政治功能又包括监视、协调以及社会遗产、法律和习俗的承递。西方国家非常强调传媒的雷达预警和看门狗功能。报业大王普利策曾经有一句脍炙人口的名言："倘若一个国家是一条航行在大海上的船，新闻记者就是船头上的瞭望者。他要在一望无际的海面上观察一切，审视海上的不测风云和浅滩暗礁，并且及时发出预警。"创办《邮讯报》的时候，他就要求报纸不支持政府，而是批评它并且反对一切骗局，在接手《纽约世界报》后，普利策更是刊登大量负面题材的新闻，由于他是美国现代报业的先驱和普利策新闻奖的发起人，所以他的思想和办报实践深深影响了普利策新

---

① 《关于改进新闻报道若干问题的意见》，中共中央宣传部新闻局编《中国共产党新闻工作文献选编（1938—1989）》，人民出版社1990年版，第127—128页。

第六章　中美调查性报道的差异归因

闻奖乃至整个美国新闻界的新闻衡量准则。资深新闻记者海伦·托马斯（Helen Thomas）认为："新闻记者，是公众的信息提供者，他们是民主的看门狗。没有知情的民众，就没有民主可言。对当权者提出尖锐的问题，并且督促他们真实、完整、诚实地实践他们对公众的承诺，是记者和编辑的使命……权利导致腐败，丑闻总会发生。回顾美国历史，几乎没有哪个时期没有打上丑闻的烙印。只要随便回顾一下多年来华盛顿发生过的事件，就能得出这样的结论：调查性报道记者应该为他们的贡献而受到整个国家的褒奖"。[①]《美国新闻评论》副总裁瑞姆·瑞得（Rem Rieder）则认为看门狗新闻事业是民主社会的基石，是新闻媒体必须这样做的原因所在。[②]

对预警和看门功能的看重导致美国传媒采取了和中国完全相反的报道方针，即更加看重负面新闻题材的新闻价值，认为"坏新闻才是好新闻"。高尔通（Galtune）和鲁格（Ruge）在回答事件如何成为新闻的问题时，提出了12条标准，其中一条就是："和负面事物有关：坏的新闻通常不会模棱两可，因此有新闻价值。"[③] 戈尔丁（Golding. P）和埃利奥特（Elliott. P）在确定新闻价值标准时专门提出事件的负面性："坏新闻是好新闻……新闻是正常事件流的暂时中断……不是平淡无奇的事情，这样的新闻提供了戏剧性和震惊的价值，吸引到观众。"[④] 在美国，不仅在调查记者中而且在大多记者群体中都弥散着一种"乌鸦文化"或者"警犬文化"，新闻记者不喜欢莺歌燕舞、鸟语花香的素材，更加关注反映社会黑暗现实的负面题材，关怀社会边缘人群，喜欢带有强烈冲突性的事件，挑战具有难度的新闻选题，通过报道这些负面

[①] [美] 海伦·托马斯：《民主的看门狗？——华盛顿新闻界的没落及其如何使公众失望》，夏蓓、蒂娜·舒译，南方日报出版社2009年版，第6—11页。

[②] Rem Rider: *In Praise of Investigative Reporting*, *American Journalism Review*, April/May, 2006.

[③] [美] 乔根森、哈尼奇编著：《当代新闻学核心》，张小娅译，清华大学出版社2014年版，第174页。

[④] Golding, P & Elliott. P., *Making the News*, London：Longman, 1979, p.120.

选题彰显专业能力，获得职业满足感。因此，美国调查性报道选题和中国有很大区别，几乎清一色是负面题材，还有一些是牵涉到政治、军事和外交的比较敏感的选题，例如《纽约时报》对"五角大楼文件"的披露，《华盛顿邮报》对"斯诺登事件"的曝光等等，而这些选题也是普利策新闻奖等新闻奖项的挚爱。

三 舆论监督观念差别对调查性报道的影响

中美调查性报道之间一个明显的差异是美国关于国家公务人员的报道较多，尤其涉及军事、警务、司法机关的报道相对更多，监督层级较高，几乎全部是揭丑题材，而且新闻传媒主要采用对抗式监督，即监督者和被监督对象通过对立和博弈的"零和游戏"，使监督者获得胜利，被监督对象被曝光、揭露，最后失败。而中国调查性报道指向相对多元，关于国家公务人员的曝光和揭露并没有占据绝对主体，而且报道对象行政级别较低，调查性报道主要是一种建设性监督，即舆论监督要和正面宣传相结合，通过舆论监督消除权力运行中的不利因素，帮助政党和国家解决实际问题，帮助人民群众排忧解难，缓和社会矛盾，促进经济和社会建设，取得建设性效果。

出现这一差别的原因主要来自中美之间舆论监督观念的差异。美国虽然没有舆论监督这一词汇，但是它将传媒看作是除了政府、立法、司法之外的平等和独立的第四种权力和力量，它要对另外三种权力尤其是政府进行监督，客观上起到了舆论监督的作用。

美国从建国开始就接受了托马斯·霍布斯（Thomas Hobbes）、约翰·洛克（John Locke）、大卫·休谟（David Hume）等自由主义思想家的观点，将政府看成一种"必要的邪恶"，因为它限制了人们自由。认为权利有一种腐败的天然驱动力，如果不加约束，权力必将走向腐败。霍布斯认为人类在原始状态是比较坏的，人对人就像对待其他野兽一样，为了改变这种坏的状态，就需要建立政府，但是它的权力必须受

第六章 中美调查性报道的差异归因

到限制，不能让它变成巨大的怪物"利维坦"。洛克将人们放弃自由的状态受制于政府权力的统辖和控制归结于要摆脱自然状态下的不稳定和不稳妥，同时他也指出，人们联合成为国家和置身于政府之下的重大的和主要的目的是保护他们的财产，社会或由他们组成的立法机关的权利绝不容许扩张到超出公众福利的需要之外。① 大卫·休谟将政府看的更加不堪，他认为政府靠那些自私、懒惰、妒忌和有统治欲的人组成，是一种危险的存在，必须加以限制。而荷兰哲学家巴鲁赫·德·斯宾诺莎（Baruch de Spinoza）在《政治论》一书中认为政权的腐败是万恶之源："凡是生活和睦、治安良好的国家就是最好的国家。其实，叛乱、战争以及作奸犯科的原因与其说是由于民性邪恶，不如说是由于政权腐败。"②

建国以后，美国继承和实践了这些经典自由主义思想家的思想，使新闻媒介成为监督政府的一种重要和无可替代的载体。最能够代表这种思想的是美国政治家托马斯·杰弗逊（Thomas Jefferson），他有一句名言：如果让我来决定要一个没有报纸的政府，还是要没有政府的报纸，我会毫不犹豫地选择后者。他认为世界上每个政府都有人类的弱点和腐化堕落的胚芽，为了防止政府退化，必须由人民来监督。这种人民监督实际是一种舆论监督。政治只有以民意为基础，才能保证民主事业长盛不衰。要防止政府犯错，就必须通过报纸让人民充分了解公共事务。③ 1798 年，在参议院通过了将煽动性诽谤定为罪行的法案后，詹姆斯·麦迪逊（James Madison）等人进行了积极抗争，他认为公众有自由检查公众人物和公共事务的权利，在《关于〈弗吉尼亚提案〉的报告》中说："宪法造就了这样一种政府形式，拥有绝对主权的，是人民，而非政府……回顾美国历史，媒体借助手中的自由之笔，实践了检查公众

---

① ［英］洛克：《政府论》，叶启芳、瞿菊农译，商务印书馆 1996 年版，第 77—80 页。
② ［荷］斯宾诺莎：《政治论》，冯炳昆译，商务印书馆 1999 年版。
③ 张昆：《中外新闻传播思想史导论》，复旦大学出版社 2006 年版，第 122 页。

人物的个人操守和政策措施的责任。新闻不得被囚禁在普通法的严苛限制中，惟其如此，出版自由才得以成立。"①

在政治和新闻实践中，美国通过相关法规的制定为新闻记者对权利组织和个人的监督培植了肥沃土壤。美国《独立宣言》宣告人们成立政府的原因是为了保障人们获得生命、自由和追求幸福的权利，如果政府变成损害这些权利的组织，那么，人民就有权力改变或者废除它，建立新的政府。1791年批准生效的《宪法第一修正案》第一条规定：国会不得制定法律剥夺人民言论或出版自由。后来又经过"曾格案"、"尼尔诉明尼苏达案"、"《纽约时报》诉沙利文案"等判例，使美国调查记者监督政府的机制更加健全，这些和新闻记者心目中的通过对权力组织和个人的监督可以改变国家公共政策走向的信条结合起来，促使更多新闻记者投身调查事业，将更多视角投向政府公务人员，从而促成了尼克松政府的垮台、五角楼文件的曝光和越南战争的早日结束。

在看到美国舆论监督强大作用的同时也要看到其本质和局限。首先，美国调查记者对公务人员的舆论监督并不是为了动摇美国资本主义制度，而是要通过尖锐的批评起到"减压"和"排气"作用，从而在制度层面维护它。虽然美国调查记者可以对诸多政治人物、政治机构甚至国家的核心机构和最高权威进行批评，但是这种批评并不是没有限度的，如果记者批评触及美国基本制度以及民主、自由、人权等基本理念时，他的行为也会受到严厉约束。

再一个，美国调查记者对国家公务机构和人员的揭露和监督并不都是出于公益。由于美国新闻传媒浓厚的商业色彩，所以一些调查性报道的目的是为了挖掘卖点，提高报纸发行量和电视收视率，还有些个人想通过对社会焦点人物曝光来为自己扬名，这样的例子在美国新闻史中并不鲜见。黄色新闻鼻祖赫斯特（William Randolph Hearst）不仅热衷刊

---

① ［美］安东尼·刘易斯：《言论的边界——美国宪法第一修正案简史》，徐爽译，法律出版社2013年版。

第六章　中美调查性报道的差异归因

登色情、犯罪、战争消息,还宣称代表人民讨伐政府,他曾经得到了一份法院禁止某煤气公司在城市特许经营的禁令,并且把它刊登在《纽约新闻报》(*The New York Journal*)上。他还在报纸上批评和曝光政府滥权行为,在把从全国公民领袖那里讨来的表扬刊登在报纸上的时候,他拟定的标题是:"实干型新闻事业——各行各业的行动家衷心支持《新闻报》代表人民作的斗争"。[①] 赫斯特的讨伐行为当然不像他宣称的那样仅仅为了人民,替弱势群体斗争的姿态不仅提高了《纽约新闻报》的发行量,为他带来了滚滚红利还为他捞取了大量政治资本,使他能够当选议员甚至觊觎纽约市长和美国总统的宝座。黑幕揭发运动后期,在进步主义运动已经使美国脱胎换骨,公众舆论倾向发生根本变化时,一些黑幕揭发者仍旧为了扩大报刊发行量和提高媒体广告收入大量刊登揭露政府的文章,负责《人类生活》黑幕揭发版的阿尔弗烈德·亨利·路易斯抨击道:有些杂志"转向黑幕揭发……纯粹是为了图私利",追求煽情色彩与牟利目的为当时新闻界一大特色。[②] 黑幕揭发运动的衰落就和黑幕揭发者本身的堕落有密切关系。

中国的舆论监督是大众传播媒介社会控制功能的集中体现,是由公众授权新闻媒介进行的督查、管理社会的行为,是保证人民群众民主权力的重要手段。[③] 和美国相同,中国也一贯重视调查性报道发挥的对政府组织和工作人员的舆论监督功能,其思想渊源可以追溯到马克思经典思想家的报刊思想。马克思曾讲:"报刊按其使命来说,是社会的捍卫者,是针对当权者的孜孜不倦的揭露者,是无处不在的耳目,是热情维护自由的人民精神的千唤万应的喉舌。"恩格斯则认为为了保持无产阶级政党的政治方向和坚强战斗力,应该在党内"当然必须拥有一个不

[①] [美]迈克尔·埃默里、埃德温·埃默里、南希·L. 罗伯茨:《美国新闻史——大众传播媒介解释史》第九版,展江译,中国人民大学出版社 2004 年版,第 248 页。

[②] 肖华锋:《舆论监督与社会进步——美国黑幕揭发运动研究》,上海三联书店 2007 年版,第 225 页。

[③] 田大宪:《新闻舆论监督研究》,中国社会科学出版社 2002 年版,第 91 页。

直接从属于执行委员会甚至党代表大会的刊物，也就是说这种刊物在纲领和既定策略的范围内可以自由地反对党所采取某些步骤，并在不违反党的道德的范围内自由批评纲领和政策。"① 毛泽东非常重视报纸的舆论监督作用，鼓励报纸开展批评和自我批评，他认为批评监督是调动群众积极性的重要手段，他说："所谓发挥积极性，必须具体地表现在领导机关、干部和党员的创造能力，负责精神，工作的活跃，敢于和善于提出问题、发表意见、批评缺点，以及对于领导机关和领导干部从爱护观点出发的监督作用。没有这些，所谓积极性就是空的。"② 建国以后，毛泽东认为报纸开展批评工作是社会进步的必要方法，将压制对党和政府的批评视为犯罪行为。

在新闻实践领域，中国从建国初就重视对政府工作人员的舆论监督工作。中共中央第一个关于新闻宣传的文件《关于在报纸刊物上展开批评和自我批评的决定》就指出：吸引人民群众在报纸刊物上公开地批评我们工作中的缺点和错误……如果我们对于我们党的人民政府的及所有经济机关和群众团体的缺点和错误，不能公开地及时地在全党和广大人民中展开批评与自我批评，我们就要被严重的官僚主义所毒害，不能完成新中国的建设任务。由于这样的原因，中共中央特决定：在一切公开的场合，在人民群众中，特别在报纸刊物上展开对于我们工作中一切错误和缺点的批评与自我批评。1988年，李鹏总理在全国七届人大一次会议所做的政府工作报告中强调要发挥新闻媒介的舆论监督作用，支持它们对官僚主义和违法乱纪等腐败现象进行实事求是的公开批评和揭露。2010年，全国宣传部长会议中也强调要把正面宣传为主与加强和改进舆论监督统一起来，进一步加强和改进舆论监督，努力做到准确监督、科学监督、依法监督、建设性监督，切实保障人民群众的知情

---

① 恩格斯：《恩格斯致奥古斯特·倍倍尔》，《马克思恩格斯全集》第38卷，人民出版社1972年版，第517—518页。

② 毛泽东：《中国共产党在民族战争中的地位》，《毛泽东选集》第2卷，人民出版社1991年版，第529页。

第六章 中美调查性报道的差异归因

权、参与权、表达权、监督权。

但和美国"无冕之王"式舆论监督不同的是,中国是一个以党报、党刊和机关台为新闻媒介主体的国家,党报、党刊、机关台是中国共产党事业的一部分,新闻媒体和在新闻媒体工作的人员必须讲党性,新闻工作尤其是舆论监督工作必须在中国共产党的领导下开展,新闻媒体不能闹独立性,这一点在20世纪50年代的"广西宜山农民报"事件中已有规定。

1953年3月,中共广西宜山地委机关报《宜山农民报》响应在报纸刊物上展开批评和自我批评的号召,刊发了一篇题为《把不能见天的事情拉到太阳底下来》的评论,批评宜山地委官僚主义严重,对一名犯有严重错误的县委书记不及时处理。此事在当地引起强烈反响,也有一些群众认为批评有些过火,于是宜山地委宣传部向广西省委宣传部反映了这一情况,广西省委宣传部拿不准相关政策,又向中南局宣传部和中央宣传部请示,请示的电文如下:

党报批评同级党委的问题

中南局宣传部并中央宣传部:

《宜山农民报》写了社论,在揭发一县委书记错误时批评了地委,这样做有的认为不恰当,也有人认为是允许的。因此我们认为在报纸上展开自下而上的批评,如同级党委会有错误,同级党报是不应该直接在报纸上进行批评的,而应该向上级党委或党报编辑部控诉,如同级党委委员个人,或同级党委部门,如组织部、宣传部等是可以在报纸上直接批评的,这样是否恰当,请指示。

广西省委宣传部

一九五三年三月十二日

一周后,中宣部作出相关批示,标题为:《复党报批评同级党委的问题》。信函头为：广西省委宣传部并各中央局、分局并转各省市委宣传部。这说明《宜山农民报》事件所引发的影响已经不再局限于宜山和广西一隅，而成为全国范围的一件大事。相关的批文如下：

中宣部关于党报不得批评同级党委问题
给广西省委宣传部的复示[①]

  关于宜山农民报在报纸上批评宜山地委一事，我们认为广西省委宣传部的意见是正确的。党报是党委会的机关报，党报编辑部无权以报纸与党委会对立。党报编辑部如有不同意见，它可在自己权限内向党委会提出，必要时并可向上级党委、上级党报直至中央提出，但不经请示不能擅自在报纸上批评党委会，或利用报纸来进行自己与党委会的争论，这是一种脱离党委领导的作法，也是一种严重的无组织无纪律的现象。党委会如犯了错误，应由党委会用自己的名义在报纸上进行自我批评。报纸编辑部的责任是：一方面不应在报纸上重复这种错误，另一方面可在自己权限内向党委会直至上级党组织揭发这些错误。报纸编辑部即在上述情况下亦无权以报纸与党委会对立。这是党报在其和党委会的关系中必须遵行的原则。

中央宣传部
一九五三年三月十九日

  "广西宜山农民报"事件在中国新闻宣传工作中明确了一条纪律：同级党报不能批评同级党委。这条纪律对中国舆论监督工作影响深远。首先就批评对象而言，同级党报不能批评同级党委，新闻媒体需要目光向下，将舆论监督对象放在下级部门，这样调查性报道的对象层级自然

[①] 中国社会科学院新闻研究所编：《中国共产党新闻工作文件汇编 中 1950—1956》，新华出版社1980年版，第279页。

第六章　中美调查性报道的差异归因

就降低了；其次，虽然中央宣传部的批复针对党报，但是由于党报的特殊地位和在中国的样板和标杆作用，所以电台、电视台等新闻媒体也沿用了这一纪律，它成为中国媒体通用的一条规则。

中国舆论监督的这一特点一方面使调查性报道的监督层级相对较低，另一方面弱化了其独立性，记者从新闻线索的获得到调查采访的进行，再到调查性文本的传播更加依赖政府组织，同时媒介组织和记者在报道时也更加在意产生的社会影响，不像美国媒介一样只要能够博得眼球、提高媒介关注率就能在法律框架内随心所欲地展开报道。

再一个，中国舆论监督的主体是人民群众，新闻媒体只是人民群众的代言人，是反映人民群众利益的传播载体。人民群众的利益具有多样性，除了要求对国家公务组织和个人依法行政进行监督外，还要求有健康、良好的经济环境和社会环境，因此回应人民群众诉求多样化特点，中国新闻传媒在通过调查性报道行使舆论监督职能时也表现出了题材的多样化表征，不但有关于政府工作人员腐败、渎职行为的曝光，也有很多针对其他领域的揭露和报道。

第二节　中美新闻体制差异对调查性报道的作用

新闻体制指的是新闻事业的所有制性质、国家和社会对新闻事业的管理制约机制等等。作为一种基本的程序和规则，新闻体制对调查性报道具有决定性作用。

一　中美新闻事业所有制性质差异对调查性报道的作用

中美新闻事业虽然都在市场中运行，都要受到传媒市场规律以及整个大市场规律的制约，但是其所有制形式迥然不同。中国传媒是国家所有，是中国社会主义事业的一部分，具体来说有三个表现：新闻传媒要接受党的领导，重要的干部由党和政府任命，工作方针、编辑方针接受党和政府的指导和决定；美国从建国后逐渐建立了以商营媒介为主的媒介体制，传统新闻媒介主要控制在大的私营媒介集团手中，巴格迪坎（Ben H. Bagdikian）在20世纪80年代就说："现代技术和美国经济已经暗中产生了一种新的控制信息的集中权力——全国性的公司和多国公司。到二十世纪八十年代，所有美国的主要传播媒介——报纸、杂志、无线电、广播、电视、图书和电影——大多数已被五十家大公司所控制。"[①] 20世纪90年代，美国奉行新自由主义新闻理论，主张进一步扩大私有化和发展跨国公司，反对政府干预和国有化，美国媒介的商营和垄断色彩更加浓厚。巴格迪坎在2003年发现，美国的媒介垄断更加严重，"五个人现在控制了20年前50个大公司垄断的媒体……他们是时代华纳的理查德·帕森斯、迪斯尼集团的迈克尔·艾斯纳、维亚康姆的萨摩·雷石东、新闻集团的罗伯特·默多克和贝塔朗曼的雷哈德·摩恩。"[②] 除此之外，美国还有一些公营制新闻传媒，即媒体由独立于政府之外的公共新闻机构来运营，新闻活动的宗旨是为了促进传播多元化，实现传媒社会责任，服务于公众利益。

中美传媒的所有制差异对调查性报道的作用是全方位的，它直接影响到新闻传媒的编辑方针，进而决定着调查性报道的选题、采访、主题、视角、话语乃至传播时机。

以新闻主题为例，中国新闻奖获奖作品《"三盲院长"案系列报道》和普利策新闻奖获奖作品《法院的失序》同为关于司法机构存在腐败、渎职等行为的报道，《"三盲院长"案系列报道》是通过记者的调查采访揭露姚晓红犯罪团伙的犯罪事实，查清其背景，起到反映群众呼声、鞭挞丑恶的目的，反映的是一种个体现象。而《法院的失序》是通过对法院官员的调查揭示美国法官通过党派提名产生制度的巨大缺

[①] ［美］本·巴格迪坎：《传播媒介的垄断：一个触目惊心的报告——五十家大公司怎样控制美国的所见所闻》，林珊等译，新华出版社1986年版，第3页。

[②] Ben H., Bagdikian: *The New Media Molopoly*, Boston: Massachusetts, Beacon Press, 2004, p. 27.

第六章　中美调查性报道的差异归因

陷：为政党、政客、利益集团和各种权势人物插手司法事物敞开了大门，其结果是司法独立与公正有名无实，三权分立的政治架构受到严重破坏。[①] 第一个着重个案，凸显正义战胜邪恶的主题；第二个矛头直指美国的法官任命体制，社会改良意味浓厚。

再看传播时机，美国调查性报道传播时机的选择主要考虑新闻的时效性以及传播效应最大化原则，较少考虑政治局势或者社会环境。中国调查性报道的传播则要考虑政治影响和社会气候，尤其要服从政治大局。中央电视台《焦点访谈》经典报道《粮食满仓的真相》反映时任总理朱镕基到安徽芜湖视察粮食收购工作时，当地干部将其他地方的粮食调运到他将要视察的粮库，由于新闻线索非常敏感，再加上当时中国正好有大的政治活动，因此《焦点访谈》栏目组将调查工作推迟了几个月才进行，收到了较好的传播效应。

另外，由于美国主要媒介所有权属于私人，因此他们在制作调查性报道时更多考虑商业利益，尤其避免出现伤害大广告客户利益的调查性报道，这一点在对比中美调查性报道差异时已经表现得非常突出，美国调查性报道中关于工商业企业的比重较低，而中国较高。另外，媒介集团有雄厚的物质基础和超强影响力，因此在处理和政府关系方面，美国新闻媒体更加独立和自主。杰森·狄长里（Jason R. Detrani）认为政府媒体官员不要期望成为记者的朋友。记者是政府行为和计划的中立观察者。在美国，媒体和政府不可能成为搭档，由于不同的功能所以他们是天然的对手，他们应该尊重对方的角色并且意识到在它们中间存在的天然紧张关系。[②] 在美国，媒体被看成是民主的看门狗，"美国公众、媒介、领导阶层有一个基本共识就是新闻组织扮演了看门狗的角色，媒体通过报道政客们的个人和伦理行为来淘汰那

---

① [美]沃尔特·李普曼、詹姆斯·赖思顿：《新闻与正义：西方记者笔下的20世纪的主题》，展江主译评，海南出版社1999年版，第369页。

② Jason R., Detrani: *Journalism Theory and Practice*, Oakville: Apple Academic Press, Inc, 2011, p. 11.

些不适合再在办公室待下去的人。"① 杰森·狄长里也认为"一个自由的媒介应该是公民面对政府的看门狗,将政府行为告知公众并且引发争论,他们对政府公职人员持最高标准并且报道政府是否保持了公民的信任。"② 正是由于美国媒体的商业特性以及对政府所持的中立立场,美国调查记者在采访写作时较少和政府协作,而主要依靠自身和媒体力量完成整个报道。

二 中美新闻管理体制差异对调查性报道的作用

在前文中笔者已经提到,中美两国在题材时空方面存在错位。从空间视角分析,获得中国新闻奖的调查性报道不仅全部是国内题材,而且题材范围由媒体级别和地域决定。美国调查性报道没有明显的地域划分且有很多国际化选题,即报道范围超越了国家限制,将视角投射在世界其他国家。例如2014年路透社对缅甸罗兴亚族在受到暴力迫害逃离缅甸后成为人口贩卖网络牺牲品的报道;2005年《每日新闻》对卢旺达大屠杀的报道;2001年《芝加哥论坛报》对非洲政治冲突和疾病肆虐的报道等等。中美调查性报道之间的这一差异就来自于新闻传媒管理体制的不同。

新中国建立后,为了保证党对新闻宣传事业的领导,中国传媒建立了带有浓郁计划经济色彩的管理体制,这种体制的特点是条块分割、小型分散、等级分明、地区封闭、多头管理。新闻媒体分成中央级、省级、市级和县级媒体,各级媒体各司其职、各负其责,主要报道所在区域的新闻事件,地域之间很少交叉。在管理方面,传统媒体既要接受宣传部门的方向和组织领导;还要接受新闻出版和广播电视管理部门的行业管理。这种体制的优点是有效调动了地方兴办新闻媒体的积极性。拿

---

① Dean Starkman: *The Watchdog That Didn't Bark*, New York: Columbia University Press, 2014, p. 132.

② Jason R., Detrani: *Journalism Theory and Practice*, Oakville: Apple Academic Press, Inc, 2011, p. 11.

第六章 中美调查性报道的差异归因

广播电视来说，在 1983 年召开的全国第十一届全国广播电视会议提出"四级办广播、四级办电视、四级混合覆盖"的政策后，全国广播电台和电视台的数量如雨后春笋一样猛增；再一个，这种体制更有益于组织传播，尤其在单纯由传统媒体营造的相对封闭的语境中，更容易统一思想和认识，达到组织传播的目标。

但同时这种媒体的条块分割也造成了新闻的条块分割，除了中央级媒体可以报道全国范围的新闻事件外，其他媒体主要报道自身所在行政地域的新闻，一般不交叉和越界，这对于记者尤其是调查记者的采访和报道有约束作用。因为记者所在媒体要接受地方领导，有的领导地方保护主义思想严重，这时候采写本地的调查性报道就会受到诸多限制。另外，记者在当地采访面对自己的生活圈和工作圈，很容易受到人情、广告等因素的干扰，所以调查性报道比较难发，而采访其他地域的新闻又缺少政策支持。

从 20 世纪 90 年代开始，中国广东省、北京市的一些媒体开始尝试"跨区域"监督，代表媒体有《南方周末》、《新京报》等等。代表性案例有《南方周末》对湖北体育彩票事件、上海交通大学招生黑幕事件及广东电白高考舞弊事件的调查报道；《新京报》对嘉禾拆迁、河北定州血案以及重庆奉节山区广种鸦片事件的调查报道。以《南方周末》为例，据统计，在 2003 年—2007 年随机抽取的 209 份样本中，新闻舆论监督报道有 124 篇，占 59.3%，其中又有 119 篇，96% 属于跨地区监督，监督的主要区域有北京、四川、湖北、云南等省市[1]。在获得中国新闻奖的调查性报道作品中也有一则题为《甘肃 14 婴儿同患肾病疑因喝"三鹿"奶粉所致》的报道，这篇报道是位处上海的《东方早报》记者简光洲采写，报道的事件发生在甘肃，也是一篇典型的跨区域监督作品。

---

[1] 王毓莉：《中国大陆〈南方周末〉跨地区新闻舆论监督报道之研究》，《新闻学研究》2009 年第 100 期。

以石为错

目前，学界对于以调查性报道为主体的跨区域监督还存在争议，学者孙旭培认为跨区域监督可以冲破地方保护主义禁锢，真正发挥媒体舆论监督的作用；一般不会因为顾及当地的广告、发行市场而受限制，受当地"人情风"的干扰程度也不会很大；地方权力机关对于外地媒体不容易控制。[1] 王毓莉认为跨地区舆论监督报道，存在"典型叙事逻辑"；对监督事件的追踪报道，逐渐完整，但意见向度仍属高同质化；媒体采取避祸策略，在监督事件的"究责面向"，仍有待加强；2005年后的跨地区新闻舆论监督报道，倾向规避风险的安全选题；对于民意的重视，偏重在"爆料角色"上。[2] 刘庆军、马子臣认为一些媒体跨区域监督对带有地方特色的中心工作把握不准，没有调查研究，随意借入，把矛盾次要方面拿来炒作；跨区域监督如果不能了解国情常常会伤害当地群众感情，甚至引起群众反感[3]。

尽管中国学界对跨区域监督还有争议，但是管理层的态度已经十分明朗。2005年3月，中共中央出台《关于进一步加强和改进舆论监督工作的意见》，中宣部紧接着颁布《加强和改进舆论监督工作的实施办法》，对媒体应履行的社会责任做了11个方面的规定，尤其规定地方性媒体、都市类媒体不得跨地区进行监督采访报道，专业类媒体不得跨行业进行监督采访报道。[4] 广电总局随即也印发了《关于切实加强和改进广播电视舆论监督工作要求的通知》，规定要严格把握跨地区舆论监督。各地广播电台、电视台不得跨地区进行舆论监督采访报道。政策出台后，中国跨地区监督数量明显下降，以《南方周末》为例，王毓莉等抽取2005年前后两年的报道进行比对，2005年前的跨区域监督报道统计值73件，2005年后跨区域监督报道统计值为46件，数量下降特征

---

[1] 孙旭培：《"跨地区监督性报道"析》，《新闻三昧》2002年2月。
[2] 王毓莉：《中国大陆〈南方周末〉跨地区新闻舆论监督报道之研究》，《新闻学研究》2009年第100期。
[3] 刘庆军、马子臣：《跨区域监督刍议》，《采写编》2004年10月。
[4] 任贤良：《舆论监督的现状、问题与解决方法思考》，《中国记者》2005年7月。

第六章 中美调查性报道的差异归因

明显。

再一个，中国调查性报道缺乏国际题材和中国国际新闻传播管理体制以及国际话语权把控现状有密切关系。

首先，国际报道难度大，需要有雄厚的物质力量支撑，再加上政策因素，中国国际传播主要由中央级媒体垄断。中央人民广播电台、中央电视台、人民日报、中国日报、新华社、环球时报等是国际报道的主力军，其他媒体大多在发生国际大事时临时组建采访队伍或者从互联网络搜集一些新闻素材，因此中国参与国际新闻采访的媒体和人员偏少，再加上调查性报道需要更大的人力和物力投入，报道综合风险远超其它报道，所以即使中央媒体也不愿意涉足这一领域。

其次，中国国际传播有一个基本原则——国家利益至上，传播行为服务于国家内政外交。在国际传播行为中，中国更加重视对外传播，即通过对外传播介绍国家主张，树立国家形象，增强国家影响。而在对内的国际传播中，由于中国媒介的特殊属性，其设置的议程也要和国家对世界的总体解释相一致，尤其要服务于中国坚持的和平共处五项原则，着眼和平、发展、合作、繁荣，和世界各国共创和谐世界的方向，努力加强和世界各国的友好合作关系的外交框架。因此，在国际报道中，中国除了针对有关国家对中国的批评展开反击外，报道较少涉及对方国家内政，特别是较少对其他国家的阴暗面展开比较系统的调查报道。

第三，尽管中国已经意识并且着手构建技术先进、覆盖广泛、传输便捷的现代化采编和传输体系，提出努力建设具有国际影响力的一流新闻媒体，形成和中国国际地位和社会发展水平相称的国际传播力量，但是和西方尤其美国的国际传播能力还有差距，国际传播的话语权主要由西方媒介掌控，它们设置了国际传播的议程。英国《简氏外事报道》周刊对这一现象做了如下描述：CNN开创了在全球范围内全面报道新闻的先河，并为世界媒体设置了议题。它能够在几秒钟内将美国国务卿的演讲转播到世界各地,而法国和俄罗斯的外交部长却没有享受过此种待遇,这着实让他们感到窘迫和惊恐。① 不能把控国际传播的话语权就意味着要接受霸权国家的解释视角,选择由他们把关过的新闻内容,但是这些国家在传播中往往带着有色眼镜,调查性报道往往指向发展中国家的阴暗面,诸如腐败、环境、战争等等,这些又是中国在国际传播力避的一些选题,这也是中国调查性报道缺少国际题材的另一个原因。

美国调查性报道没有地域限制的主要原因是美国媒体没有行政层级的划分,只有全国性媒体和地方性媒体的区分,而且在新闻业务方面没有泾渭分明的报道区域,地方媒体只要有能力也可以采写国内其他地域乃至全球的调查性报道,"做调查性报道没有地域限制。无论是华盛顿的记者,还是在小城镇、郊区、农村和学校社区工作的记者,他们的调查性报道具有同等意义,并且同样有机会获得各种权威的新闻奖。一些地区性的调查性报道有时也和那些全国性的报道具有同样的普遍性和重要性。"② 这种现象在获奖的调查性报道中不时可以看到,例如1995年因为调查一些国家针对妇女的暴力行为而获得国际报道奖的《达拉斯新闻晨报》(*The Dallas morning news*)就是达拉斯地区的一家地方性日报。2000年因为采写反映非洲艾滋病危机获得国际报道奖的《乡村之声》(*Village Voice*)是一家新闻集团旗下的地方周报。当然,获奖的国际性调查性报道绝大多数还是像《纽约时报》、《华尔街日报》、《芝加哥论坛报》、美联社这样在全国和世界有巨大影响力的媒体。

而美国调查性报道热衷于国际题材则是新闻国际传播体制与美国的文化帝国自我认知相结合的产物。美国的新闻国际传播不是由国家和政府主导的,而是由CNN、CBS、《纽约时报》、《华盛顿邮报》、《时代周刊》等私营传媒来完成。美国也鼓励这些传媒参与新闻国际传播,例

---

① 丁刚:《谁的声音——全球传媒的话语权之争》,《新闻记者》2007年第12期。
② [美]威廉·C. 盖恩斯:《调查性报道》第二版,刘波、翁昌寿译,中国人民大学出版社2005年版,第3页。

如海湾战争中，CNN全程实施"嵌入式直播"就出尽了风头。

在自我认知上，第二次世界大战后，美国确立了世界霸权，尤其在20世纪90年代前苏联解体后，美国这一地位得到空前巩固，美国把自己看作世界秩序的维护者和西方价值观的捍卫者，积极干预全球事务。在新闻传播领域，美国主要通过"跨国资本主义进行显著扩张以及对全球传播机构攫取，这种行为以国家为基础，它自然是为了达到产品销售、企业运营以及操纵舆论的目的，美国的文化帝国主义并没有消亡。"[①] 包括新闻在内的各类文化产品被跨国传播公司行销到全球。以哥伦比亚广播公司为例，哥伦比亚广播公司已经成为世界范围的传播公司，其服务与产品遍及100个国家……其产品由72个海外子公司经销……10%的雇员是外国人……其节目分销到94个国家，包括了印度、希腊、加纳、利比亚等国。[②] 而这些跨国传播企业在国际报道中常常戴着有色眼镜，新闻框架中掺杂较多政治元素，将调查性报道主要指向意识形态不同国家和发展中国家的腐败、犯罪、疾病以及独裁者的暴行等等。正如赫伯特·甘斯（Herbert J. Gans）所说："美国国际新闻对独裁政权相当着迷……但是这些故事关切的主要是独裁者如何悖逆美国所尊崇的政治价值，这一点再次说明，在很大程度上，美国的观念和价值主导了国际新闻的报道。"[③] 这一方面在获得普利策新闻奖的调查性报道中得到了淋漓尽致的体现。

第三节 中美新闻调控规制对调查性报道的制约和保障

新闻调控规制指政府、政党、社会集团和行业组织管理、约束、协

---

① [美] 赫伯特·席勒：《大众传播与美帝国》，刘晓红译，上海译文出版社2013年版，第14页。
② 同上书，第75—76页。
③ [美] 赫伯特·甘斯：《什么在决定新闻——对CBS晚间新闻、NBC夜间新闻、〈新闻周刊〉及〈时代〉周刊的研究》，石琳、李红涛译，北京大学出版社2009年版，第46页。

调新闻传播活动的政策、法律、纪律和道德准则，它通过具体的可操作性条文为调查性报道搭建了一个约束框架。这里主要探讨中美新闻传播法律和纪律差异对调查性报道形成的制约和保障作用。

一 美国新闻法律法规对调查性报道的制约和保障

美国主要通过法律法规对新闻传媒进行调控，"在美国，法院极为重要，因为法院不仅要将美国法律适用于媒体，还要判定政府其他部门对媒体是否越权实施了一些可能违反宪法保护的限制。可以看出，在美国的宪法体制下，是由法院来决定政府对大众传媒施加权力的限度的。"[①]

美国法律从总体看是一个普通法系国家，即国家法律不是以成文法律和法规为主。当前，美国法律体系主要由宪法、成文法、普通法等构成。

在美国法律体系中对调查性报道起最大保护作用的是1789年的美国宪法第一修正案。它为调查记者提供了一种根本保护，即"宪法《第一修正案》的核心就是承认，涉及公共利益和公众关切的思想和观点的自由传播是非常重要的。"[②]

在美国的成文法律中，和调查性报道联系最密切的就是其建立了相对完善的信息公开制度。美国将信息公开看成是国家基础，这体现在美国很多执政者的思想中。詹姆斯·麦迪逊（James Madison）总统说："一个民选政府却没有普及的资讯或者获得这些资讯的渠道，那么这个政府不过是场闹剧或是悲剧的序幕，也或者二者兼是。"亚伯拉罕·林肯（Abraham Lincoln）总统说："让人民了解事实，这个国家将会安全。"[③]

---

① ［美］弗雷德里克·S. 希伯特等：《传媒的四种理论》，戴鑫译，展江校，中国人民大学出版社2008年版，第44页。

② Hustler Magazine, Inc, V. Falwell, 108 S. Ct. 876, 879 (1988). 转引自 ［美］约翰·D. 泽莱兹尼《传播法：自由、限制与现代媒介》，张金玺、赵刚译，清华大学出版社2007年版，第58页。

③ Jason R., Detrani, *Journalism Theory and Practice*, Oakville: Apple Academic Press, Inc, 2011, p.9.

第六章　中美调查性报道的差异归因

林登·贝恩斯·约翰逊（Lyndon Johnson）在1966年《信息自由法》的声明中指出："这项立法的动因，源自我们所深深信奉的一个基本原则，那就是：在国家安全许可范围内，民主只有在人们对信息充分知情时才能发挥出它最大的作用。"[①]

在信息公开制度体系中最醒目的就是《阳光法》和《信息自由法》。1976年的《阳光法》（Sunshine Act）开放了大约50个联邦机构和委员会，要求他们的大多数会议都要公开，这样就可以使公众知悉行政机构行为，并且通过行政机构意识到公众能够通过监督来预防行政的违法行为。美国1966年通过《信息自由法》（Freedom of Information Act），之后又经过4次大的修订和5次小的修订。在执行过程也有十分具体的要求。联邦政府各机关每年2月1日前，要向总检察长提交年度报告，总检察长负责将各机关以电子化途径公布的年度报告集中发布。总检察长每年4月1日前要向国会提交总的年度报告。政府责任办公室对各机关执行《信息自由法》的情况进行审计，并且发布审计报告。从2007年起，联邦政府各机关设置首席信息公开官。美国信息公开制度确立后，每年都有大量信息公开申请提交，例如2012年公众向联邦政府提起的信息公开申请总数为651254件。[②] 美国较为健全的信息公开制度为调查记者采访提供了便利条件，记者在采访中只要涉及到政府机关、个人以及由政府控制、管理的公共企事业单位组织的报道，如果遇到难缠的对手就可以绕开对方通过申请获得公开信息而得到核心事实。

美国涉及调查性报道的普通法（判例法）有很多，"尼尔诉明尼苏达案"明确了报刊出版前不应该受到检查；"《纽约时报》诉沙利文案"确立了"实际恶意"原则，使调查记者拥有报道和评论官员时的宪法特许权利；"格茨判决"规定"实际恶意"原则在诽谤诉讼中是否使用应该根据原告的身份予以判断，将原告分为公共官员（人物）和普通

[①] 后向东：《美国联邦信息公开制度研究》，中国法制出版社2014年版，第192页。
[②] 同上书，第6页。

人物两类,其使用范围和过错等级不同;《纽约时报诉美国案》(New York Times Company v. United States)进一步要求政府在新闻诉讼中应该承担证明事前限制是正当的艰巨责任;《布兰兹伯格诉海斯案》(Branzburg v. Hayes)首先确立新闻记者不能够享有抵制传票的绝对宪法权利,在类似于此案的情形下,新闻记者必须遵守相关传票;其次,它也使得很多初级法院承认,在特定情形下,新闻记者拥有有限宪法特权,他们可以保护未公布的信息以及消息来源的身份秘密。另外,美国的诽谤法也属于普通法范畴,判断诽谤在美国有三个法律依据:1. 诽谤是在传播中发生的,它损害了某人的名誉;2. 有关言词必须在实际上造成名誉损失;3. 社区中至少有一定数量的人认为原告的名誉受到了损害。判定新闻界诽谤,必须符合上述三个条件中的一个。[①] 诽谤法使调查记者在采写报道时应该避免采写有损于他人威信或者尊严的内容。

另外,在保护公民隐私权利的相关法律中也有涉及调查性报道的内容。

二 中国新闻法律法规和宣传纪律对调查性报道的制约和保障

中国没有专门的新闻法,但是并不意味中国没有关于新闻的法律,在组成中国现行新闻法制的基本框架中,很多都有和调查性报道密切相关的条文。

为了预防调查性报道有可能引起的机密泄露,《保守国家秘密法》第20条规定:"报刊、书籍、地图、图文资料、声像制品的出版和发行以及广播节目、电视节目、电影的制作和播放,应当遵守有关保密规定,不得泄露国家秘密。"《科学技术保密规定》第20条规定:"利用广播、电影、电视以及公开发行的报刊、书籍、图文资料和声像制品进行宣传或者发表论文,不得涉及国家科学技术秘密。"在2000年颁布的《计算机信息系统国际联网保密管理规定》也确立:"凡以提供网上信

[①] 张诗蒂主编,邓智津等撰写:《新闻法新探》,四川大学出版社2008年版,第93—95页。

第六章　中美调查性报道的差异归因

息服务为目的而采集的信息,除在其它新闻媒体上已公开发表的,组织者在上网发布前,应当征得提供信息单位的同意;凡对网上信息进行扩充或更新,应当认真执行信息保密审核制度。"

在民事侵权中,和调查性报道相关度最高的是侵害名誉权和隐私权。关于侵害名誉权,在1993年《最高人民法院关于审理名誉权案件若干问题的解答》第8条做了详细解释:"因撰写、发表批评文章引起的名誉权纠纷,人民法院应根据不同情况处理。文章反映的问题基本真实,没有侮辱他人人格的内容的,不应认定为侵害他人名誉权。文章反映的问题虽基本属实,但有侮辱他人人格的内容,使他人名誉受到侵害的,应认定为侵害他人名誉权。文章的基本内容失实,使他人名誉受到损害的,应认定为侵害他人名誉权。"这一条款实际上规定了新闻和其他传播内容侵害名誉权的两种方式:新闻或其他作品严重失实或者基本内容失实,损害了他人名誉,就是诽谤;新闻或其他作品有侮辱他人人格的内容,损害了他人名誉,这就是侮辱。[1]

隐私就是公民和公共事务无关且又不愿意被其他人或者组织了解或者干扰的事项。隐私权是指公民享有的私人信息不被非法获悉、公开,私人生活不被非法侵扰,个人私事不被非法打扰和干涉的一种人格权利。在我国的《宪法》、《民法》、《刑法》、《民事诉讼法》、《刑事诉讼法》、《未成年人保护法》等法律中对这一权利都有明确规定。根据我国法律规定,以下行为可以被判定为侵犯公民隐私权:1. 未经公民许可,公开其姓名、肖像、住址和电话号码;2. 非法侵入、搜查他人住宅,或以其他方式破坏他人居住安宁;3. 非法跟踪他人,监视他人住所,安装窃听设备,私拍他人私生活镜头,窥探他人室内情况;4. 非法刺探他人财产状况或未经本人允许公布其财产状况;5. 私拆他人信件,偷看他人日记,刺探他人私人文件内容,以及将他们公开;6. 调查、刺探他人社会关系并非法公诸于众;7. 干扰他人夫妻性生活或对

---

[1] 陈绚:《新闻传播伦理与法规教程》,中国传媒大学出版社2007年版,第217页。

其进行调查、公布；8. 将他人婚外性生活向社会公布；9. 泄露公民的个人材料或公诸于众或扩大公开范围；10. 收集公民不愿向社会公开的纯属个人的情况。① 因此，调查记者在调查过程应该避免进入调查对象的隐私范畴。

和调查性报道联系最紧密的就是为保障公众知情权而建立的信息公开制度。中国信息公开制度建立较晚，2007年国务院通过了《中华人民共和国政府信息公开条例》，它标志着中国信息公开走上法制化轨道。展江认为："条例对媒体而言益处显而易见。过去，媒体报道政府活动相对比较困难，采访政府部门往往会被其以各种理由拒绝。而《条例》规定，政府信息需要及时公开，这就便于媒体跟进报道。"但是也要看到中国信息公开工作还处于初级阶段，一是公开的范围相对较窄，美国是除了9类信息以外②，其他信息全部可以对外公布，中国是在《条例》第9至12条列举了可以公开的信息，除此以外，公民、法人或者其他组织还可以根据自身生产、生活、科研等特殊需要申请获取信息，公开范围相对较窄；二是公开原则较为概略和含混，国际上通行的若干原则，如公开原则、权利原则、利益平衡原则和救济原则在《条例》中体现得较少，并未明确政府信息自由使用原则。特别是《条例》没有坚持被公认为政府信息公开制度的灵魂与核心的公开原则——以公开为原则，不公开为例外。③ 第三，政府本身具有较大裁量权。《条例》中在公开范围上使用列举法而摒弃排除法隐含着政府在

---

① 张新宝主编：《侵权法评论》，人民法院出版社2005年版，第61页。
② 九类信息是：1. 基于国防和外交政策，行政机关颁布特别命令加以保密的；2. 仅涉及机关内部的人事规则和措施；3. 法律特别规定免予公开的；4. 贸易秘密，以及从第三方获取的商业或金融秘密信息；5. 机关在诉讼活动中依法无须向诉讼相对方提供的机关内部或者与其他机关之间的备忘录或者信件。6. 一旦公开会对个人隐私造成明显侵犯的个人档案、医疗档案或者其他档案。7. 行政执法过程中制作的调查材料。但是，法律规定可以向特定人公开的不在此列；8. 金融监管机构在履行监管职责过程中，制作、授权制作或者由其他人向其提供的关于金融机构的检查情况报告、运营情况报告或者基本情况报告；9. 有关矿井的地质和地球物理信息及数据，包括地图。
③ 李忠业、江中略、丁羽：《中美政府信息公开制度比较研究》，《云南行政学院学报》2011年第5期。

第六章　中美调查性报道的差异归因

信息公开中的主体地位，政府决定哪些信息可以公开，哪些信息不能公开，具有解释权和裁量权。另外，《条例》反映出在政府信息公开问题上，政府仍然处于主动地位。外部力量如新闻媒体、非政府组织、公民等的监督作用没有充分体现。[①] 中国信息公开制度存在的上述这些问题给调查记者获取信息带来不便，由于核心事实往往是被掩盖的不愿意被公众获知的信息，所以如果保护措施缺失，就可能造成核心事实缺失，或者调查记者只能曲径通幽，通过外围事实推论出核心事实，但权威性和说服力势必大打折扣。这些问题在 2016 年中共中央办公厅、国务院办公厅印发的《关于全面推进政务公开工作的意见》已经有很大改进，以公开为常态、不公开为例外的原则已经得到确立。

除了法律法规，中国新闻传媒还必须遵守新闻宣传纪律。新闻宣传纪律是指党和政府及其宣传主管部门为维护国家、社会和人民群众的共同利益，并保证新闻宣传工作正常进行，取得预期效果而制定的要求新闻机构及其从业人员遵守的行为规章、条文。是从事新闻传播活动的团体和个人应当共同遵守的行为准则。[②] 中国共产党和政府在各个历史时期制定了数量众多的新闻宣传纪律，像《关于宣传工作中请示与报告制度的决定》、《关于加强宣传工作中纪律性的指示》、《关于克服新闻工作系统中无政府无纪律现象、坚持请示报告制度的指示》、《关于当前报刊新闻广播宣传方针的决定》等等。新闻宣传纪律和法律法规一样是调查记者新闻业务行为的框架和规矩。

在分析了中美两国关于调查性报道的调控规制后可以发现，中国对调查性报道的保障和制约既依靠法律法规同时依靠新闻宣传纪律，纪律和法律法规一样具有强制性，它要求调查记者必须遵守，因此管理范围相对更加全面。再一个，纪律还具有灵活性，方便政党和政府根据不同

[①] 王喜和：《中美政府信息公开制度比较评析——基于〈中华人民共和国政府信息公开条例〉》，《山西档案》2009 年第 1 期。

[②] 郑保卫：《新闻法制学概论》，清华大学出版社 2009 年版，第 116 页。

时期的不同特点更加迅速地对新闻事业进行管理。当然，政党和政府在制定和使用新闻宣传纪律的时候要避免随意性的缺点，尤其不能通过新闻宣传纪律不合理地限制调查性报道工作。

再一个，在关于调查性报道的法律方面，中国法律规范性内容偏多，美国激励保护性内容更丰，这也会导致调查性报道在数量、质量、敏感度等方面出现差异。

第七章

他山之石　可以为错

　　回眸历史，调查性报道无论在中国还是美国都已历经百余年，虽几经沉浮，但是都绵绵不绝、余音袅袅，有时候还成为一个时代新闻业发出的最强音。对比中美两国调查性新闻事业，首先可以看到它是人类文明的共同结晶：调查性报道对事实真相的不懈追求宛如中国古代史官的耿正狷介、秉笔直叙，它尊奉的客观理想又是美国新闻专业主义的题中之义；调查性报道对公益的捍卫在马克思经典思想家的新闻文献中已经熠熠生辉，它信守的相对独立又在美国宪法第一修正案中初现端倪。其次也要看到，中美两国毕竟历史、国情、语境、制度等方面存在巨大差异，作为社会子系统的调查新闻业不可能毫无二致，因此中美两国调查性新闻事业既要有各自的独特品质，又可以在业务等方面取长补短、共谋进步。另外，进入21世纪后，人类传播迎来历史性变革，传统媒介在以网络为首的新媒介冲击下风雨飘摇，诞生并成长于报纸媒体的调查性报道何去何从，是随着传统媒体一起步入末路，还是借助新媒体凤凰涅槃、浴火重生，值得中美新闻人深思。

第一节 中国调查性新闻事业要有独立个性

对待美国调查性报道，中国应该遵循扬弃原则，拥有自信的态度，既看到自己的稚嫩，同时也要看到由于媒介环境、传播规制、新闻理念存在诸多差异，中国调查性报道必然有独特一面，不可能和美国完全一样，特别是要摒弃它单纯揭丑、制造噱头、过分依赖工商业资本等缺陷。

首先，美国调查性报道基本都是揭丑题材。盖恩斯认为调查性报道的对象是政府腐败和损害消费者的行为以及企业或者机构不公正对待公众的行为。①《牛津英语词典》将扒粪报道（调查性报道）概括为常常怀着堕落的兴趣报道那些道德沦丧或者丑闻的报道。《韦氏新国际辞典》也将调查性报道的对象限制为习惯性的腐败。② 泰德·怀特认为调查性报道是对个人、组织或者政府意图掩盖的恶行进行的调查和报道。③ 在新闻实践中，调查性报道关于政府官员、司法警务以及军事部门的调查性报道居多，监督对象层次高、话题敏感。这一方面固然说明西方调查记者敢于触碰困难选题，但是另一方面也暴露出一些西方记者为了个人和媒介组织的利益有意挖掘卖点、制造噱头，有的甚至炮制丑闻，侵害国家和公众权益。黑幕揭发运动之初，新闻记者满怀浪漫和崇高的激情，贝克在回忆录中说："我们'揭发丑闻'不仅仅是因为我们愤恨我们的世界，而且也是因为我们热爱它的缘故。我们并不悲观失望，我们并不玩世不恭，并不怀恨抱怨。"④ 这时的黑幕揭发者有着中

---

① [美] 威廉·C. 盖恩斯：《调查性报道》第二版，刘波、翁昌寿译，中国人民大学出版社2005年版，第2页。
② Jessica Mitford, *Poison Penmanship the Gentle Art of Muckraking*, New York：*The New York Review of Books*, 2010, p. 10.
③ Ted White：*Broadcast News Writing, Reporting, and Producing*, Fourth Edition, Burlington, Elsevier Inc, 2005, p. 336.
④ [美] 阿特休尔：《权力的媒介》，黄煜、裘志康译，华夏出版社1989年版，第94—95页。

第七章　他山之石　可以为错

国古代侠客的一种浪漫情怀,"事了拂衣去,深藏身与名",他们的行径得到公众广泛拥护。在黑幕揭发运动后期,调查记者的行为已经悄悄发生嬗变,从公众利益的捍卫者变成了一己之利的谋取者,他们的曝光更多是为了提高报刊发行量,使自己名气更大,从而得到更多薪水和稿费,此时的揭丑有些已经蜕变成赤裸裸的"黄色新闻"。负责《人类生活》黑幕揭发版的阿尔弗列德·亨利·路易斯下断语道:有些杂志"转向黑幕揭发……纯粹是为了图私利"。[1] 当公众识破了"正义和无私"外衣下丑恶的实质后,他们开始唾弃黑幕揭发,曾经轰轰烈烈的黑幕揭发运动走下神坛,最后销声匿迹。进入 21 世纪后,美国新闻界丑闻不断,其中不乏调查记者。2004 年,《今日美国》记者杰克·凯利(Jack Kelly)被曝造假,经调查发现共有 8 篇新闻内容属于编造,还有 24 处内容和材料涉嫌剽窃,其中一则调查性报道记录 1999 年凯利在南斯拉夫采访时为了说明士兵在村庄进行了种族大清洗引用一名当地女人权活跃分子的日记,但后来被证人否认。不光在美国,英国的一些记者也用调查性报道作为噱头吸引受众目光,《世界新闻报》被默多克收购后在黄色新闻道路上渐行渐远。它曾经以 2 万多英镑购买妓女克莉斯汀·基勒和国防大臣约翰·普罗富莫的绯闻,曾经曝光国防部次长安东尼·兰布顿在和两名妓女发生性关系时被其中一名妓女的丈夫通过房间里的窥视孔偷拍的丑闻,最后《世界新闻报》更是在窃听丑闻中灰飞烟灭。

中国的媒介生态和体制决定了中国调查性报道不能采取和西方国家完全一样的模式。中国传媒是党、政府和人民群众的耳目喉舌,接受中国共产党和政府的领导,中国传媒和政府之间是包含和控制关系,政府对传媒可以实施刚性的领导和约束。而以美国为代表的西方国家的传媒系统和政府是一种既对立又合作的关系,传媒虽不能脱离政府完全独立

---

[1] 转引自肖华锋《舆论监督与社会进步——美国黑幕揭发运动研究》,上海三联书店 2007 年版,第 225 页。

存在，但有很大的自主性。因此，中国传媒采制调查性报道的行为是在党和政府的领导下展开，那种单纯对抗性的"揭丑"报道并不适合中国现有媒介生态，中国的媒介体制以及媒介政策决定了中国调查性报道不仅要有揭露性题材，还要有分析和调查社会难点、热点问题的非揭露性题材，中国进行的不是对抗式舆论监督，而是建设性的舆论监督。

其次，美国媒体在进行调查式监督时看似公正、自由、客观、独立，但是也会受到种种制约，尤其在面对为它输送巨大经济利益的金主时，它常常畏首畏尾、怯懦不前，这一点在梳理调查性报道脉络以及对调查性差异归因时可以看得十分清楚。在美国调查性报道出现之初，调查记者矛头主要指向政府部门和垄断企业，塔贝尔、贝克、辛克莱的报道都是关于无良企业和垄断组织的，但是在新闻媒体的经济命脉逐渐被大企业控制以后，"尽管人们对调查性新闻的兴趣日渐增加，但政治和经济的现实情况又使得电视只能充当胆小如鼠、不敢冒险的角色。也有些时候，当广播电视业主行使大权将发财图利抛诸脑后，甘冒风险时，他们的行为便有悖于其经济利益……这种过河拆桥、以德报怨的情况十分少见"。[1] 约瑟夫·波恩特和玛丽琳·格力伍德在研究了1980年和1995年的调查性报道后发现，在两年的调查性报道中，调查记者对政府和公共事务的关注远超私营企业，在89则调查性报道中有72则，约81%的调查性报道关注政府官员、机构和公共组织；只有13则报道，约14.6%关注私营企业。但是研究也发现，从1980年到1995年，关于政府和公共事务的调查性报道减少了，在1980年的69条调查性报道中有57条约86%关注政府和公共事务，在1995年的20条调查性报道中有12条约79%关注政府和公共事务。[2] 从这些数字可以看出，美国调查性新闻事业虽然较少受到来自政府的直接和显性约束，但是来自资本

---

[1] [美]阿特休尔：《权力的媒介》，黄煜、裘志康译，华夏出版社1989年版，第164页。
[2] Joseph Bernt and Marilyn Greenwald *Enterprise and Investigative Reporting in Three Metropolitan Papers: 1980 and 1995 Compared*, AEJMC Conference Papers, Thu, 19, Dec, 1996.

第七章　他山之石　可以为错

的间接和隐形约束却相对较多，一些记者和传媒在政府面前表现得像个无畏斗士，但是在大广告主面前却温顺得像头小羊。

中国调查记者不能像西方国家那样选择性注意、差别化报道，而应该一视同仁，只要新闻题材具有调查的空间、文本的张力、真相的遮蔽，尤其是对那些侵犯党、政府和人民权益的行为，无论政府部门，还是事业组织，以及企业单位、个人都可以进行调查和报道。

第二节　中国调查性新闻事业相对不成熟

分析和对比中美两国调查性新闻事业，可以明显看出虽然中国调查性报道在19世纪中后期已经出现，但是和美国相比还不成熟，需要着力改进。

一　重视程度有待提高

调查性报道在中国的地位有待提高。首先从调查性报道操作理念看，美国非常重视负面新闻报道，尤其看重调查性报道，将调查性报道看作是看门狗新闻事业的核心组成部分。素有"美国新闻界第一夫人"之称的白宫记者团团长海伦·托马斯说："只要随便回顾一下多年来华盛顿发生过的事件，就能得出这样的结论：调查性报道记者应该为他们的贡献受到整个国家的褒奖……政府官员们经常会为了贪婪、腐化、追逐权力而钻法律的空子。幸亏有一个勇敢的新闻界，能够揭发出他们那些不可告人的目的。"[①] 童静蓉认为"在西方话语中，调查性新闻事业被看做是'最有力的新闻'，它打破普通的新闻报道模式，揭示新的信息并且曝光被掩盖的内幕，控诉坏人和不法组织并使公众关注隐藏的新闻，从而引发变化使社会更加美好。调查性报道对于民主非常关键，它

[①] [美]海伦·托马斯：《民主的看门狗？——华盛顿新闻界的没落及其如何使公众失望》，夏蓓、蒂娜·舒译，南方日报出版社2009年版，第11页。

不仅通过监督政府体系和强权者体现制衡的逻辑,而且通过培养消息灵通的公民,使他们更有效地参与政治。"① 调查性报道在美国的显赫地位来自媒介定位,美国一贯将政府看成是带有原罪的产物和必要的邪恶,而控制原罪和邪恶的一个重要手段就是舆论监督,通过舆论监督终止罪恶和改进制度,实现净化社会、维护民主、保证人权的目标。因此,美国媒介一贯将批评政府看成天经地义,尤其在媒介的经济命脉被工商业主掌握以后,美国媒介关于政府的调查性报道更多了。

在中国的新闻报道理念中,调查性报道的地位不尴不尬。一方面随着中国民主化和媒介商业化进程的加快和深入,媒介的舆论监督功能凸显,新闻记者越来越具备社会责任和公众启蒙意识,调查性报道作为舆论监督的一种重要形式受到青睐;另一方面,中国强调"正面宣传为主,负面报道为辅",媒介的这种天然属性与它和政治的紧密联系使记者在进行调查性报道时小心翼翼,更有一些部门和地方政府借机歪曲正面报道为主方针,抗拒舆论监督,打压调查性报道。再者,调查性报道篇幅长、分量重、影响大,同时这种报道需要大量时间、人员和经费投入,有一定风险,所以一些媒体认为调查性报道高投入、低回报,甚至还会惹是生非,就有意弱化其存在,裁撤相关栏目和记者,加剧了调查性报道窘迫的处境。

需要看到,美国确实存在专门通过挖政府秘闻,揭名人隐私,甚至编造耸人听闻噱头而出名的调查记者,他们甚至导致调查性报道和黄色新闻有了剪不断,理还乱的关系,但是更应该看到还有一些调查性报道通过社会阴暗面的曝光推动了社会进步,尤其在美国重要的社会转型期更发挥了减压阀和警报器的作用。

正如习近平同志所言:"坚持正确的舆论导向,不是只有表扬,没有批评、揭露,有的时候,正能量也来自于批评、揭露。"一个国家不

---

① Jing rong Tong: *Investigative Journalism in China: Journalism, Power, and Society*, New York: The Continuum International Publishing Group, 2011, p. 11.

第七章 他山之石 可以为错

可能全部清澈见底，肯定会有污泥浊水，如果视而不见或者无从发现，这些污泥浊水就可能泛滥成灾。调查性报道就是发现它们的一双眼睛，可以帮助国家和社会政清人和。因此，需要摒弃对调查性报道的错误认识，看到它在舆论监督过程中发挥的巨大功效，尤其目前中国正处在社会加速转型期，改革进入不进则退的攻坚阶段，矛盾尖锐、问题复杂，更需要调查记者发挥预警、减压和监督功能，通过抑制负面因素实现正向发展。

从实践层次分析，中国调查性报道数量偏少、获奖比例较低。在中国，调查性报道数量不多，"尽管与20世纪80年代相比，中国的舆论环境已经大为宽松，媒体舆论监督的力度大为增加，但相对于人民对于正义和公正的呼唤还差得很远。舆论监督呼声很高的中央电视台《焦点访谈》，其揭露性的报道还占不到节目的10%，以关注'正在发生的历史'和'新闻背后的新闻'著称的《新闻调查》，真正的调查性报道作品也占很小的比例。"[①] 2007年，《新闻调查》共播出50期节目，题材为正面的有23期，所占比例为46%；题材为中性的有14期，占28%；负面题材最少，只有11期，所占比例22%，带有揭露性质的调查性报道更是凤毛麟角。笔者又从《新闻调查》2012年至2015年中随机抽样了5月份上线的共16期节目，发现调查性报道只有2期，所占比例仅为12.5%。

再看报纸，中国报纸调查性报道分布不均衡，调查性报道主要刊登在商业化特征比较明显的都市类报纸和晚报上，党报相对较少。很多都市类报纸和晚报成立了调查性报道团队，例如南方都市报的"深度调查组"、《京华时报》的"深度部"、《北京青年报》的"深度报道组"、《新京报》的"深度调查部"、《华商报》的"深度评论部"等等。都市类报纸和晚报刊登的调查性报道数量较多，以《南方周末》为例，王毓莉曾经对2003年至2007年四年的《南方周末》头版头条新闻进行

---

① 张威：《比较新闻学——方法与考证》（修订版），清华大学出版社2013年版，第291页。

内容分析后发现，在抽取的209篇报道中，以新闻舆论监督为主题的报道有124篇，占59.3%，报道议题涉及司法、滥用行政特权、社会问题、官僚主义等等方面。①与之相对应，中国报纸的半壁江山——各级党报刊登的调查性报道很少。以人民日报为例，笔者各在2013、2014、2015年的报刊中采用随机抽样方式抽取了2013年11月、2014年5月和2015年7月三个月的报刊，对其头版新闻进行内容分析后发现：三个月中，《人民日报》头版共刊登各类新闻639篇，调查性报道7篇，所占比例为1.1%，在这7篇报道中除2014年5月14日刊登的《发票变形 暗藏公款消费》属于揭露性调查性报道以外，其他都是关于社会问题的调查。而且有4篇来自《人民日报》从2014年初开设的固定栏目"微调查"，尽管有观点认为："党报一版一向以时政报道为主，调查性深度报道不多，在一版开设'微调查'这样的栏目，固定刊出调查性报道，更为鲜见。这是《人民日报》创新深度报道的新成果，是顶天立地理念的新体现。"②但是仔细分析就会发现，虽然这些报道都冠以"调查"二字，但是有一些报道即使运用广义的调查性报道概念也很难将其囊括，例如2015年的《县区纪委如何强起来》、《户外工人多了个家》等等，报道在主题、调查、篇幅等方面和标准的调查性报道都有不小差距。

中国调查性报道受重视程度不够还有一个突出表现就是此类报道获奖比例较低，尤其在政府和政党主导的新闻奖项评选中获奖比率更低。

中国新闻奖是中国最权威的新闻作品奖项，从1990年设立到2015年共有683件新闻作品获得特等奖和一等奖，其中调查性报道作品共有36件，所占比例仅为5.2%。再看每一年的情况，在25年中，有6年调查性报道在特等奖和一等奖中空缺，其余年份最多的是2002年，共

---

① 王毓莉：《中国大陆〈南方周末〉跨地区新闻舆论监督报道之研究》，台北《新闻学研究》2009年第100期。

② 王刚：《"微调查"：与时俱进打造特色优势》，《新闻战线》2014年第9期。

第七章　他山之石　可以为错

有4件调查性报道获奖，比例为14.2%。

中国最有代表性的新闻工作者奖励是"长江韬奋奖"，由"范长江新闻奖"和"邹韬奋新闻奖"在2005年合并而来。两个奖项分别建立于1991年和1993年，一个主要奖励中青年记者；一个主要奖励新闻编辑、评论员、新闻类制片人、校对等新闻工作者，合并后的奖项仍然分为长江系列和韬奋系列，每个系列10人，每年奖励20人。有学者曾经对1991年至2011年获得范长江新闻奖的109人做过统计分析，以代表作品的报道对象及其价值取向做交叉分析发现：赞扬讴歌式报道重大事件和重要人物的代表作品有37件，占总数的34%，而负面揭露式报道重要人物的代表作仅1件，占0.9%。① 由于调查性报道是一种以负面揭露题材为主的报道方式，因此可以看出调查性报道在范长江新闻奖中的比例并不高。另外在这一奖项的叙事话语中，总是离不开这样一些词汇：光荣、梦想、名额、成功、积极参与争取、仰望、关注、距离、远看等等，来自政治需要的强力推进与来自行业内部的混杂状态混在一起。② 这些词汇在调查性报道的词典中很难寻觅，因为调查性报道总是和揭露、曝光、调查、不义、非公、侵害、掩盖、线索、丑闻等词语相伴相随。

在美国的新闻奖项中，调查性报道具有显赫地位，在报道中所占比例较高。以美国普利策新闻奖为例，据统计，普利策新闻奖在1917—1950年间虽然没有设立调查性报道奖，但是在所有4000件获得提名的报道中有609件，也就是14%的报道属于调查性报道，获奖比例则更高，从1917年至1990年的获奖作品中有40%即580件作品属于调查性报道。③ 据笔者统计，从1990年—2015年，普利策新闻奖获奖篇目一

---

① 吴锋：《范长江新闻奖的回顾与思考——基于109名获奖者信息的统计研究》，《新闻记者》2012年第8期。

② 郑亚楠：《范长江新闻奖的精神寻找》，《新闻大学》2008年第2期总第96期。

③ Gerry Lanosga：*The Press*, *Prizes Power*: *Investigative Reporting In The United States*, 1917 - 1960, Indiana University, December, 2010, pp. 3 - 16.

共374件，调查性报道有95件，调查性报道占25.4%。虽然数量有所下降，但是仍占四分之一强。尤其值得注意的是，在普利策新闻奖中，公众服务奖是分量最重的一个奖项，在这25年中，共有20项调查性报道获得这一奖项，有18年的公众服务奖颁给了调查性报道，在1990年和2014年，调查性报道都在这一奖项中梅开二度。从这些数字可以看出来调查性报道在普利策新闻奖占据不可撼动的霸主地位，是美国新闻报道的王中之王。

二 人才相对不足

虽然传播科技日新月异，传播载体眼花缭乱，但是内容为王仍然是市场遵循的圭臬，而内容的决定因素是人，因此新闻事业要想发展一定得有人才支撑。2010年—2011年，张志安、沈菲对中国调查记者做过一次普查。2008年安德鲁·德·卡普兰（Andrew D. Kaplan）也对美国调查记者记者状况做了研究。对比两个研究的相关数据可以发现，中国调查记者队伍状况堪忧：

一是调查记者人数少。中国调查记者[①]即使用最宽松的定义标准不过数百人，他们确定的普查样本为334位，其中有28位由于不再从事或者偶尔从事调查报道后来被定位"非调查记者"；党报/机关报的调查记者人数只有11人。安德鲁·德·卡普兰抽取的样本为281人，通过数量的置信区间推算，美国印刷媒体从事调查性报道的人数为2500人，不包括电子媒介和网络媒介。从这组数据可以看到，美国调查记者人数远超中国，仅服务于报业的调查记者就是中国的8倍。

二是中国调查记者相对年轻。中国调查记者35及35岁以下的占76%，36—50岁的占21%，50岁以上的不到3%；美国调查记者年龄

---

① 张志安和沈菲给调查记者定义为：一半以上工作时间从事调查性报道，主要以社会、时政、财经等领域的负面题材为主，多关乎公共权力滥用，有被遮蔽的真相要记者进行突破调查，特稿记者、对话记者等不算在内。

第七章　他山之石　可以为错

在 35 岁及以上的占 70%，在 18—24 岁之间的年轻记者占 6%，25—34 岁占 23.6%，35—44 岁占 28.1%，45—54 岁占 31.1%，55—64 岁占 10.1%，65 岁及以上占 1.1%。数据显示中国调查记者大部分是青年记者，而美国则正好相反，中老年记者占据绝大部分。年轻记者朝气蓬勃，有仗剑天涯的豪气和热情，但是他们的缺点是缺乏经验、阅历和耐心，在触及复杂的调查性报道选题时比较稚嫩。

三是中国调查记者相关工作经历较短。在从事调查性报道职业时间方面，中国受访记者平均从事调查性报道时间约为 5 年左右，50% 以上的调查记者"从事新闻工作时间"为 6—10 年，30% 不到的调查记者从业 1—5 年，15% 的调查记者从事了 11—15 年的新闻工作。美国有将近一半（44.1%）的调查记者有 10 年以上从事调查性报道的工作经验，具体来说，有 4 年或者 4 年以下相关经历的占大约 1/3（32.4%），23.5% 的有 5—9 年工作经历，25.6% 的有 10—19 年工作经历，还有 18.5% 的人有 20 年工作经历。从数据可以看出，中国记者从事调查性报道的平均时间短，有 10 年以上相关经历的不到 20%，而美国则有 44.1%。调查性报道是最复杂的报道方式之一，它需要记者有广博的知识素养尤其是相关的法律和法规知识；有高尚的品格修养尤其是不畏艰险、勇担道义、清正廉洁的操守；有高超的业务能力尤其是娴熟的调查取证技巧；有积极和全面的心理品质尤其是刚毅、果敢、抗压的心理品格，这些和记者的职业经历都密切相关，很多需要记者通过长期调查采访逐渐积累和培养，因此中国需要一大批有丰富相关工作经验的调查记者。

最令人担忧的是中国调查记者不仅人数较少，而且在新媒体冲击、媒介规制调整、传统媒体经营欠佳的状态下流失严重，不少记者正在转行或者正在准备转行。调查显示中国调查记者中有 40% "不打算继续"从事这一报道，30% 不确定，愿意从事 1 至 5 年调查性报道的只有 13% 左右。与之相对应，美国调查记者中有 91% 计划在未来十年继续从事调查性报道，7.6%的态度是不确定，只有1.1%的记者打算放弃这一工作。①

从以上数据可以看到，在数十万中国记者队伍中，调查记者寥若晨星，缺少经验丰富的中坚力量，流失非常严重。同时中国高等院校缺少相应的专业和课程，行业组织的相关培训聊胜于无。任何一项事业都离不开人才支撑，尤其带有强烈人文色彩的调查性新闻事业更是这样，要想振兴这一事业，需要从学校以及社会的培养机制入手，做好人才培养和储备工作。社会和媒体对调查性新闻事业要有更大包容度，看到其对社会和媒介的中长期效应，尤其它可以降低改革成本，缓慢释放改革和转型带来的巨大压力，使社会在动态平衡中保持稳定和发展。

三　调查技术需要提升

调查性报道首先是一门采访艺术，需要大量科学和缜密的调查才能揭露新闻事件真相。如果没有高超的调查技术，调查记者就无法完成高难度选题，调查质量也会大打折扣。

美国调查记者在调查方面积累、总结了丰富的经验和技术，有一些值得中国记者借鉴。

一是建构调查模式和路径。美国学者和调查记者通过研究和实践摸索出非常系统和成熟的调查模式和路径。例如德里克·福布斯（Derek Forbes）建构的8步调查法：第1步：初步确定调查报道的主题和焦点；第2步：写下你的调查假设和路径；第3步：考虑潜在价值；第4步：调查哪些证据能够应对相应指控；第5步：采取何种调查方法，做好相关法律准备；第6步：分析证据；第7步：刊播相关报道会遇到什

---

① 以上调查数据引用自张志安、沈菲《中国调查记者行业生态报告》，《现代传播》2011年第10期和 Andtrew D., Kaplan: *Investigating the Investigators: Examining the Attitudes, Perceptions, and Experiences of Investigative Journalists in the Internet Age*, Doctor of Philosophy, University of Maryland, 2008, pp. 67 – 69。

第七章 他山之石 可以为错

么障碍;第 8 步:揭露。① 保罗·威廉姆斯(Paul N. Williams)则创建了 11 步调查法:第 1 步:构思,可以通过一次性情报、向日常信源打听、阅读、利用突发新闻、从其他故事的角度追查、对外界直接观察等方法完成;第 2 步:可行性研究,主要分析存在哪些障碍?一名记者能完成所有的调查吗?是否存在对新闻机构不利的一面?调查能否被保密等;第 3 步:决定调查是继续还是终止;第 4 步:打基础;第 5 步:制定计划;第 6 步:原典研究;第 7 步:再次评估;第 8 步:弥补疏漏;第 9 步:最终评估;第 10 步:写作和修改;第 11 步:发表和后续报道。②

针对不同采访对象,美国记者和学者还会进行细分,研究符合其特点和个性的采访路径。IRE 将调查性报道的对象分为 16 类,每一类都有不同的调查重点和路线以及相应的数据库。例如关于保险机构,IRE 认为应该调查销售者、财务、保险经纪人、健康和残疾保险、人寿保险、车保、房产保险和其他财产保险、商业和职业保险、管理者、政府保险以及其他保险资源。报道这一行业的网站主要有"美国代理商与经纪人"、"美国人寿险委员会"、"反保险欺诈联盟"、"防欺诈网"等十余个。盖恩斯也将调查性报道对象进行分类,在对 83000 个独立的政府实体展开调查时主要目标是找寻政府不当行为,可以调查选举、收入、政府职位设置和招聘情况、权利使用情况/法规、交易和买卖、服务、道德等问题。

建构调查模式和路径是一项非常重要的工作,它可以给调查记者提供寻找新闻线索的渠道,帮助记者选择采访对象,勾勒调查路线图,了解可以到哪里寻找自己需要的资料,尤其使记者避免遗漏重要调查线

---

① Derek Forbes: *A Watchdog's Guide to investigative reporting- A simple introduction to principles and practice in investigative reporting*, Dunkeld, Published by Konrad Adenauer Stiftung Media Programme, 2005, pp. 15 - 19.

② [美]布兰特·休斯顿、莱恩·布卢兹斯、史蒂夫·温伯格:《调查记者手册》,张威、许海滨主译,南方日报出版社 2005 年版,第 10—14 页。

索，还可以帮助调查记者通过全面证据的搜集应对未知的新闻诉讼。中国一些媒体在这方面也做过一些有益的尝试，但相对来说还比较宽泛和稚拙。

二是建构调查性报道需要的数据库和资料库。在一般的新闻采访中，更多采用访问和观察这两种采访方法，但是在调查性报道中，资料搜集至关重要。它既是新闻记者搜集线索、做好采前准备必须的工作，又可以帮助记者在采访中打开突破口，寻找相关证据。事实证明，很多调查性报道的成功就在于找到了关键材料。

美国新闻组织和调查记者普遍重视寻找和建设相应的数据库和资料库。IRE专门建设有数据图书馆，里面有船舶事故数据库、大学积分卡数据库、死亡率分析报告系统、联邦调查局统一犯罪报告、联邦竞选捐款数据库、全国桥梁信息库、全国水坝信息库、商业贷款信息库、灾难贷款信息库、综合环境反应信息库、商品安全信息库等等，这些资料为调查记者采访提供了巨大便利。哥伦比亚广播公司KOMU电视台通过全国桥梁信息库查阅资料发现中部密苏里大桥桥梁状况正在恶化，威胁过往司机安全，而政府在5年之内没有修缮这一桥梁的计划。在一个关于青年人交通事故的调查性报道中，调查记者通过死亡率分析报告系统发现：有一半以上事故是超速导致的，超过2/3的人死于没有戴安全带，超过一半的事故是单人驾驶，超过3/4的事故是清醒司机驾驶的，数据在这些报道中起了关键作用。

从电脑广泛应用开始，美国几乎所有的公共和私人档案除了以文件或者卡片等文字形式保存外，都按照某种联系和规律输入电脑，建立数据库，并且保存有电子版本。[①] 特别是美国的信息公开制度为调查记者采访提供了巨大便利，他们可以调取政府部门资料为调查所用，美国联邦调查局（FBI）就可以为记者提供以下资料服务：统一犯罪报告、身

[①] ［美］威廉·C. 盖恩斯：《调查性报道》第二版，刘波、翁昌寿译，中国人民大学出版社2005年版，第112页。

第七章 他山之石 可以为错

份历史查验、国家犯罪背景快速检查系统、指纹和其他生理信息数据库、全国犯罪信息中心、国家间数据交换等等，记者只要在法律允许的条件下就可以获得这些服务。

目前，中国的信息公开工作也有了巨大进步，2008年，《中华人民共和国政府信息公开条例》颁布实施。2016年，中共中央办公厅、国务院办公厅又印发《关于全面推进政务公开工作的意见》，《意见》指出，公开透明是法治政府的基本特征。全面推进政务公开，要坚持以公开为常态、不公开为例外，推进行政决策公开、执行公开、管理公开、服务公开和结果公开。《意见》强调要强化政府门户网站信息公开第一平台作用，整合信息资源，加强协调联动，将政府网站打造成更加全面的信息公开平台。因此，中国调查记者可以学习美国记者运用数据库资源完成调查性报道的经验，充分利用中国日益完善的信息公开制度，使中国的调查新闻事业更加卓有成效地开展。

三是尽可能通过正常采访获得所需材料。尽管美国隐性采访出现很早，当年普利策就曾经派遣记者隐藏身份调查官员参与赌场交易的新闻。伊丽莎白·科克伦卧底疯人院调查女病人受虐待的丑闻。厄普顿·辛克莱暗访美国肉类企业黑幕，但是从20世纪70年代开始，隐性采访逐渐在美国调查性报道中被看做新闻欺骗的一种方式，在新闻实践中较少运用。

1977年，《芝加哥太阳时报》为了揭露官员受贿，专门派记者经营一家名为"海市蜃楼"的酒吧，并且让摄影记者暗中拍摄。在半年多时间中，酒吧迎来送往了很多前来检查的政府官员，尽管酒吧在消防、建筑、卫生等方面存在诸多问题，但是丝毫没有影响酒吧经营，因为前来检查的官员都接收了100—1000美元不等的贿金。事后，《芝加哥太阳时报》用四个星期报道这一新闻，有几十个官员受到起诉，报纸认为这是他们几十年中最成功的采访和报道，但是在普利策评奖委员会中却遭遇了不同声音。当时普利策奖顾问委员会的成员尤金·帕特森说：

"如果报纸以编辑的身份要求政府坦白、公开，而自己又隐瞒真相或掩饰动机，新闻界作为一个整体就会在可信性方面付出代价。"[①] 最后，普利策评奖委员会并没有将新闻奖授予《芝加哥太阳时报》，1982 年又剔除了另外一条隐性调查性报道。

约瑟夫·波恩特（Joseph Bernt）和玛丽琳·格力伍德（Marilyn Greenwald）曾经对 1980 和 1995 年《芝加哥论坛报》、《费城问询报》和《圣路易斯邮报》3 月、4 月、11 月 546 个版面中的调查性报道分析研究后发现：记者最常用的采访方法是访问，在 1980 年的 69 则调查性报道中有 63 则使用了访问，在 1995 年的 20 则调查性报道中有 18 则运用了访问；第二种方法是使用公开的资料，1980 年有 50 则报道，1995 年有 20 则调查性报道使用了这一方法；运用不明消息来源是第三种采访方法，1980 年有 21 则，1995 年有 4 则使用了这一调查方法。在这些报道中，使用隐性采访的很少，在 1980 年和 1995 年分别有 2 则报道使用这一采访方式，所占比例分别为 2.9% 和 10%。[②]

中国调查记者使用隐性采访方法相对较多，在新快报《深度阳光》编辑委员会选编的新快报调查性新闻 10 大案例中有 5 个案例都运用了隐性采访的方法，分别是：《电白高考舞弊大案调查》、《全国成人高考跨省替考案》、《无量酒楼黑幕大起底》、《"迷药"罪案调查》、《麦当劳肯德基用工调查》。在《新京报》编著的《新调查——新京报调查报道精选》一书中精选了 20 个调查性报道案例，其中有 4 个采用了隐性采访，分别是：《李有生铁警枪下丧命迷局》、《密云盗矿》、《大造林真相》、《国光瓷业褪去生物医药神话光环》。另外中央电视台《焦点访谈》、《新闻调查》、《每周质量报告》和中央人民广

[①] 刘明洋：《美国报纸解读：从新闻运作到产业扩张》，泰山出版社 2007 年版，第 236 页。
[②] Joseph Bernt and Marilyn Greenwald: Enterprise and Investigative Reporting in Three Metropolitan Papers: 1980 and 1995 Compared, AEJMC Conference Papers, Thu, 19, Dec, 1996.

第七章　他山之石　可以为错

播电台的《新闻纵横》都有不少运用隐性采访的报道。中央电视台研究室曾经完成一项内容为"从《焦点访谈》类专题报道看舆论监督作用"的课题，课题组通过内容分析发现，《焦点访谈》采用隐性采访的比例为5.1%，这个数字虽然较低，但是考虑《焦点访谈》栏目中调查性报道比率并不高，因此可以推断出隐形采访占调查性报道的比例较高。

虽然隐性采访具备种种优点：可以帮助调查记者进行原生态采访，不破坏新闻现场的原始信息，帮助调查记者更好地掌握证据，尤其在一些比较困难的采访中有得天独厚的优势，但是毕竟它是一种在法律和道德方面都存在风险的采访方法，过多使用还会导致调查记者产生惰性，凡事动不动就隐形一番，暗访一番，长此下去就会影响调查记者的正常采访，削弱其访问、观察、搜集资料这些重要而基础的采访能力，影响到调查记者的整体采访水平。

四　调查记者要形成合力

中美两国调查性新闻事业还存在一个差别：中国调查记者形单影只，采访时单打独斗，英雄孤寂；而美国调查记者通过行业组织互相协作、形成合力，提高了调查记者的工作效率和社会地位。

记者的行业组织对于促进和保护记者工作有非常重要的意义。美国调查性报道行业组织非常发达，它在提供培训、采写报道、编发书刊、技术指导、资金支持、记者协作、规范制定等方面对调查性新闻事业发挥巨大作用，使调查记者群体成为一种有共同理想、操守、理念和调查方法并且有紧密联系的职业共同体。

中国需要建立专门的调查性报道行业协会，联系各媒体的调查记者，为他们提供信息资源，尤其需要建立相应的调查信息数据库，方便调查记者采访时调阅。加强调查记者之间的协作关系，在报道一些宏大新闻选题时，可以协调多地、多家媒体、多个调查记者共同参与和完成。尤其应该建立调查性报道激励制度,发起和组织调查性报道奖项评选,对优秀调查性报道作品给予适当奖励,评选优秀调查记者,推广他们的新闻采写经验。还要呼吁和建构调查记者权益保护体系,在因为调查采访出现法律纠纷或者其他伤害调查记者权益的行为发生时,给予调查记者相应的法律援助和保护。

总之,就是通过调查性报道组织的建立,改变过去调查记者单枪匹马同黑恶势力和不端现象斗争的状况,使其形成合力,更好地发挥舆论监督的强大社会净化作用。

第三节　网络时代的中美调查性新闻事业

人类传播在经历了口语传播、手抄文字传播、印刷文字传播、电子传播之后在 20 世纪末进入了一个全新传播阶段:网络传播。网络传播以其全球性、交互性、兼容性、超文本链接等传播优势迅速攻城略地,成为最引人瞩目的传播媒介。而随着移动互联技术的普及,大众传播媒介正在进行一场前所未有的洗牌,纸质媒介岌岌可危、电视媒介每况愈下、广播媒介稳中有升、移动互联媒介异军突起,媒介之间在激烈竞争的同时也进行着深度重组和融合。无论中国还是美国的调查性新闻事业在面对这些传媒巨变时都需要顺势而为,在新闻的采、写、编、播等各个领域引进新技术、建构新模式、开拓新领域,借助新兴媒介实现最佳传播效果。

一　网络丰富了调查记者的采访手段

网络技术的普及首先改变了传统的调查手段。早在 20 世纪,美国调查记者就开始尝试通过计算机辅助调查报道。诺拉·保罗(Nora Paul)认为计算机新闻学主要包括四方面内容:计算机辅助报道(Computer-Assisted Reporting)、计算机辅助调研(Computer-Assisted Re-

第七章 他山之石 可以为错

search)、计算机辅助参考（Computer-Assisted Reference）、计算机辅助聚谈（Computer-Assisted Rendezvous），它们又可以缩写为 CARs。[①] 调查记者可以通过计算机查阅各种以数字形式出现的报告、数据库、已有报道、文献等等信息资源，可以通过计算机相关工具分析大量数据，揭示问题实质和趋势，并且还可以通过 Internet 的各种社区寻找和求证各种信息，了解公众意向，并且向专家求助。IRE 也要求调查记者们"必须选择最好的软件来引用最需要的信息，记者和编辑们需要与网上数据资源保持同步，以此来扩大和更新局域资源库，并有计划地下载信息"。[②] 中国调查记者对网络的运用也毫不逊色，在 21 世纪初，《南方都市报》对孙志刚之死的调查，人民网对南丹矿难的调查等有影响的报道都是记者从网络中获得新闻线索，一些媒体还通过邮箱、BBS 等网络工具搜集新闻线索和调查资料。

时至今日，网络更深刻地影响着调查记者的采访行为。调查记者通过邮箱、BBS、微博、微信、贴吧、谷歌（Google）、微信、MSN、推特（Twitter）、脸书（Face book）等网络社交网站、搜索引擎以及通讯工具获得新闻线索已经成为常态。调查记者更加愿意通过搜索引擎、公共数据库、专业数据库等展开调查，有的媒体甚至调查记者个人为了方便调查建立了自己的小型数据库，像美国的 IRE、调查性报道中心（Center for Investigative Reporting）、公众诚信中心（The Center for Public Integrity）、加利福尼亚观察（California Watch）都设立有这样的数据库。"加利福尼亚观察"的数据中心有涉及公民安全、福利、资金、环境等诸方面的数据信息，让调查记者在采访时能够迅速查阅到相关信息。另外，调查记者还大量利用网络工具进行数据分析和处理。例如 Techni-

---

① Nora Paul, *Computer Assisted Research-A Guide to Tapping Online Information*, Third Edition, The Poynter Institute for Media Studies, p.1. 转引自王波编著《计算机辅助新闻学概论》，新华出版社 2000 年版，第 2—3 页。

② ［美］布兰特·休斯顿、莱恩·布卢兹斯、史蒂夫·温伯格：《调查记者手册》，张威、许海滨主编，南方日报出版社 2005 年版，第 61 页。

cally Philly 聚合了一批"技术控"专门推出科技领域报道,并在科技图表制作方面独树一帜,Five Thirty Eight 则标榜聚集了数据挖掘的"天才",他们用数据可视化技术来做调查报道。①

二 网络改变了调查性报道主体

在网络时代,调查性报道的操作者已经发生变化。在传统媒体统治时期,调查性报道的采访主体是传统媒体中的调查记者,尤其以报纸记者为主;调查性报道的传播主体是报刊、广播和电视。随着网络媒介侵蚀了传统媒体的固有领地,摄录设备越来越平民化以及传统媒体在特殊领域的缺位,调查性报道的采访和传播主体也在悄悄发生改变。

调查性采访已经不是调查记者的专属权利,凡是参与到事件进程或者能够了解相关信息的网民,都可以成为调查性报道的调查主体,而且出现了不隶属于任何一个媒介组织,专门从事调查性报道采访的公民调查记者,调查性报道进入"公民调查"时代。在"华南虎"事件、"虐猫"事件、"躲猫猫"事件、"表叔"事件、"邓玉娇"事件、"房叔"等事件中,无不是普通网民尤其是公民调查记者提供了最关键的调查线索。例如中国著名独立调查记者朱瑞峰创办人民监督网,主要揭露政界和商界的腐败内幕,有 10 多名部级、厅局级高官、近百名处级、科级腐败官员被党纪处分、免职、撤职或送进监狱。② 他揭露的山西疫苗事件、雷政富不雅视频事件震惊全国。公民调查记者已经成为一支重要的调查力量。当然,公民调查记者也有其固有缺陷:新闻采编技能不专业,人肉搜索为主的调查方式不但损害新闻真实性还极易引发新闻诉讼,公民调查记者自身素质良莠不齐,有的缺少基本媒介素养和新闻伦理,情绪和功利因素不容忽视等等。这些都需要社会和专业调查组织、

---

① 余婷:《公众参与背景下美国调查性报道的新特征》,《新闻采编》2015 年 8 月。
② 连玉明:《中国大舆情(2013—2014)》,当代出版社 2014 年版,第 148 页。

第七章 他山之石 可以为错

记者积极引导。

除了采访主体,调查性报道的播出主体也随着科技的迁演而改变。调查性报道萌芽于传统纸媒,在电子媒介尤其是电视出现后,虽然声画俱全、视听兼备的传播特性使电视调查性报道的真实性和形象性得到强化,但是调查性报道篇幅长、分量重、耗时多的特性又受制于电子媒介的传输特点,因此电子媒介中的调查性报道并没有对报纸形成致命冲击,相反却成了纸质媒体与之抗衡的重要力量。在网络出现后,传统媒介的暂时平衡被打破,网络以其巨大的兼容性吞噬着传统媒介。对于调查记者来说,网络就像他们手中擎着的一把双刃剑。一方面,诞生于传统媒体的调查性报道伴随传统媒体衰落而式微,"在美国,随着传统媒体全面不景气,曾经辉煌一时的调查性报道已呈黯然退潮的态势。调查性报道采编人员从 2003 年的 5391 人减少到 2009 年的 3695 人,缩水 30%,是十年来最低点。2010 年,提交普利策新闻奖调查性报道奖项的作品数量减少了 40%……《华盛顿邮报》2008 年裁剪的 100 名采编人员里面就有调查性报道团队中的数十人,这些人都曾经参与揭露克林顿性丑闻和州议员 Jack Abramoff 腐败案。《坦帕论坛报》2008 年将 300 人的编辑部缩水至 180 人,其中也含有大量调查记者。"[①]

另一方面,网络同时催生了新的调查性报道媒体和形式,例如非盈利调查新闻网站、聚合博客网站、众筹新闻等等。

非盈利调查新闻网站是和传统商业媒介相对应的主要服务于公众利益的网络媒体,其资金主要来自基金会或者富人捐赠,其中最具代表性的是美国创立于 2007 年的 ProPublica。它自我认同为一家无党派、全新的、非盈利新闻网站,目前有新闻记者 40 余名。ProPublica 主要致力于调查性报道,正如其创始人(Paul Steiger)保罗·斯泰格所说:"我们将紧紧盯住商业和政府这两个最大的权力中心的重要功能。但当工会、

---

① 余婷:《美国报纸调查性报道衰微原因探析》,《新闻实践》2011 年第 1 期。

大学、医院、基金会以及媒体等机构表现出剥削或者压迫那些弱于他们的人，或者掌握了他们滥用公众信任的证据时，我们也会关注它们。"①截至目前，ProPublica 已经两获普利策新闻奖：2010 年和《纽约时报》一起获得调查性报道奖，是首获普利策新闻奖的网络传媒；2011 年，它又运用数字工具曝光华尔街可能导致金融灾难的操纵行为，该调查性报道获得当年的国内报道奖。

聚合博客网站目前也是调查性报道的生力军，领军媒体是美国的《赫芬顿邮报》(The Huffington Post)。虽然自称为报纸，但它是一家地道的网络媒体。2005 年，由阿莲娜·赫芬顿（Arianna Huffington）创办，有 3 个国际版，68 个栏目，每月数十亿的网页浏览量。阿莲娜·赫芬顿早就意识到："在我们生存的多重危机时代，调查性报道已成为最重要的新闻特质"。② 她还和其他组织一起设立"调查新闻基金"，支持调查记者和优秀自由撰稿人采写调查性报道。2012 年，它调查采写的关于美国受伤士兵身体和情感面临挑战的报道获得当年普利策国内报道奖。

另外，面对调查性报道巨大的资金投入，利润空间逐渐被压缩的传统媒体很多不愿意过多涉入。从 2006 年开始，一种全新的众筹调查性新闻开始出现。众筹调查性新闻就是个人或者机构向公众募集资金，然后实现调查性报道的计划和设想，它有效解决了调查性报道资金投入大、成本高的问题。在美国比较有影响的众筹新闻网站有 Spot. Us（2011 年被美国公共媒体收购）、Kickstarter、Emphas. is 等，中国则有"众筹网"、"点名时间"、"追梦网"等等。

总体来看，在网络背景下，调查性报道已经从传统新闻贵族变成一介平民。面对网涨报消、媒介融合的新闻大潮，无论中国还是美国调查

---

① 苏永华、张乐克：《媒介融合与新商业模式——新媒体环境下美国报业考察报告》，中国和平出版社 2012 年版，第 237 页。

② Matt Pascarella: Arianna Huffington, The Progressive, November Issue of 2012. 转引自辜晓进《将新媒体与传统媒体的优势强强嫁接——赫芬顿邮报的成功之道》，《新闻实践》2013 年第 5 期。

第七章 他山之石 可以为错

新闻事业都在顺应这一历史大势，一方面秉承调查性报道内在品质；另一方面改革调查性报道文体，培养具备多种采写技能的调查记者，充分利用多种网络传播载体，广泛调动社会资源，使历经百年的调查性报道能够借助媒体变革重新焕发青春。

参考文献

一 中文专著

[1] 张洁、吴征：《调查〈新闻调查〉》，文化艺术出版社 2006 年版。

[2] 甘惜分主编：《新闻学大辞典》，河南人民出版社 1993 年版。

[3] 童兵：《比较新闻传播学》，中国人民大学出版社 2002 年版。

[4] 张威：《比较新闻学方法与考证》，南方日报出版社 2003 年版。

[5] 刘明华：《西方新闻与写作》，中国人民大学出版社 1993 年版。

[6] 林晗：《新闻报道新教程——视角、范式与案例分析》，复旦大学出版社 2005 年版。

[7] 芮必峰、姜红：《新闻报道方式论》，安徽大学出版社 2001 年版。

[8] （唐）刘知几：《史通》，时代文艺出版社 2008 年版。

[9] 郑保卫主编：《马克思主义新闻经典论著导读》，中国人民大学出版社 2007 年版。

[10] 中央人民广播电台编著：《〈新闻纵横〉之调查》，南海出版公司 2004 年版。

[11] 杜骏飞、胡翼青：《深度报道原理》，新华出版社 2001 年版。

[12] 吴廷俊：《中国新闻传播史稿》，华中理工大学出版社 1999 年版。

[13] 方汉奇：《中国新闻传播史》，中国人民大学出版社 2002 年版。

[14] 黄瑚：《中国新闻事业发展史》，复旦大学出版社 2001 年版。

[15] 散木：《乱世飘萍——邵飘萍和他的时代》，南方日报出版社 2006 年版。

[16] 郭汾阳：《铁肩辣手——邵飘萍传》，浙江人民出版社 2006 年版。

[17] 新京报编：《新调查——新京报调查报道精选》，南方日报出版社 2006 年版。

[18] 刘建明：《新闻学前沿》，清华大学出版社 2005 年版。

[19] 范长江：《通讯与文集》，新华出版社 1981 年版。

[20] 陈绚：《新闻道德与法规——对媒介行为规范的思考》，中国大百科全书出版社 2005 年版。

[21] 孙玉胜：《十年：从改变电视的语态开始》，生活·读书·新知三联书店 2003 年版

[22] 张志安：《报道如何深入——关于深度报道的精英访谈及经典案例》，南方日报出版社 2006 年版。

[23] 周克冰：《中外经典采访个案解读》，北京广播学院出版社 2003 年版。

[24] 新闻工作手册编委会编：《新闻工作手册》，新华出版社 1985 年版。

[25] 骆汉城等：《偷拍实录》，南方日报出版社 2000 年版。

[26] 顾理平：《隐性采访论》，新华出版社 2004 年版。

[27] 彭加发：《新闻客观性原理》，台北三民书局 1994 年版。

[28] 新快报《深度阳光》编辑委员会编著：《深度阳光——新快报调查性新闻十大案例》，中国传媒大学出版社 2008 年版。

[29] 张国良主编：《20 世纪传播学经典文本》，复旦大学出版社 2003 年版。

[30] 赵振宇：《新闻传播策划导论》，华中科技大学出版社 2003 年版。

[31] 李良荣：《西方新闻事业概论》，复旦大学出版社 1997 年版。

[32] 吴乐珺、唐泽：《解构深度——中外电视调查性报道研究》，湖南

人民出版社 2007 年版。

[33] 姚里军：《中西新闻写作比较》，中国广播电视出版社 2002 年版。

[34] 陈作平：《新闻报道新思路——新闻报道认识论原理及运用》，中国广播电视大学出版社 2000 年版。

[35] 曾华国：《中国式调查报道》，南方日报出版社 2006 年版。

[36] 樊崇义主编：《证据学》，中国人民公安大学出版社 2001 年版。

[37] 陈浩然：《证据学原理》，华东理工大学出版社 2002 年版。

[38] 刘海涛、郑金雄、沈荣：《中国新闻官司二十年》，中国广播电视出版社 2007 年版。

[39] 欧阳明：《深度报道写作原理》，武汉大学出版社 2004 年版。

[40] 梁建增、关海鹰主编，孙金岭副主编：《见证〈焦点访谈〉》，北京出版社出版集团文津出版社 2004 年版。

[41] 梁建增：《〈焦点访谈〉红皮书》，文化艺术出版社 2002 年版。

[42] 张新宝主编：《侵权法评论》，人民法院出版社 2005 年版。

[43] 余仁山、杜骏飞：《解密〈新闻调查〉——电视调查性报道的策划与运作》，福建人民出版社 2008 年版。

[44] 新华通讯社、东方卫视联合制作：《深度 105》，文汇出版社 2005 年版。

[45] 周振华：《文件学概论》，甘肃人民出版社 2002 年版。

[46] 中央电视台新闻评论部编：《〈焦点访谈〉档案 2003》，文化艺术出版社 2003 年版。

[47] 骆汉城等：《行走在火上——隐性采访的法律思考》，中国经济出版社 2005 年版。

[48] 田榕林主编：《新闻广角》，北京广播学院出版社 2001 年版。

[49] 松本君平等著，余家宏等编注：《新闻文存》，中国新闻出版社 1987 年版。

[50] 袁正明、梁建增主编：《用事实说话》，上海人民出版社 2000 年版。

参考文献

[51] 石野：《卧底记者——我的正义之旅》，方正出版社 2005 年版。

[52] 王利明、杨立新：《人格权与新闻侵权》，中国方正出版社 1995 年版。

[53] 蓝鸿文主编，郑保卫副主编：《新闻伦理学简明教程》，中国人民大学出版社 2001 年版。

[54] 程道才：《西方新闻写作概论》，新华出版社 2004 年版。

[55] 孙发友：《新闻报道写作通论》，人民出版社 2005 年版。

[56] 尹德刚、周胜：《当代新闻写作》，复旦大学出版社 1997 年版。

[57] 张羽：《当代新闻写作学》，西北大学出版社 2000 年版。

[58] 王先霈、胡亚敏：《文学批评原理》，华中师范大学出版社 1999 年版。

[59] 刘其中：《诤语良言——与青年记者谈新闻写作》，新华出版社 2003 年版。

[60] 谭君强：《叙事理论与审美文化》，中国社会科学出版社 2002 年版。

[61] 胡亚敏：《叙事学》，华中师范大学出版社 1994 年版。

[62] 中国社会科学院语言研究所辞典编辑室编：《现代汉语词典》，2002 年增补本，商务印书馆 2002 年版。

[63] 戚鸣：《实用新闻采访》，新华出版社 2004 年版。

[64] 刘万永：《调查性报道》，人民日报出版社 2015 年版。

[65] 邱沛篁等主编：《新闻传播手册》，四川人民出版社 1998 年版。

[66] 展江：《新闻舆论监督与全球政治文明》，社会科学出版社 2007 年版。

[67] 沈国麟：《镜头中的国会山——美国国会与大众传媒》，复旦大学出版社 2005 年版。

[68] 欧阳宏生：《电视批评：理论·方法·实践》，四川大学出版社 2007 年版。

[69] 陈沛芹：《美国新闻业务导论：演进脉络与报道方式》，安徽大学

出版社 2010 年版。

[70] 叶子、赵淑萍：《电视采访：探寻事实真相》，北京师范大学出版社 2009 年版。

[71] 赵华：《国外媒体记者谈新闻调查性报道》，中国广播影视出版社 2009 年版。

[72] 曾华国：《中国式调查报道》，南方日报出版社 2006 年版。

[73] 张志安：《记者如何专业：深度报道精英的职业意识与报道策略》，南方日报出版社 2007 年版。

[74] 马陵：《共和与自由：美国近代新闻史研究》，复旦大学出版社 2007 年版。

[75] 钱满素：《美国文明读本：缔造美利坚的 40 篇经典文献》，中央编译出版社 2014 年版。

[76] 刘绪贻、杨生茂：《美国通史 第 3 卷 美国内战与镀金时代》，人民出版社 1990 年版。

[77] 张健：《自由的逻辑：进步时代美国新闻业的转型》，复旦大学出版社 2011 年版。

[78] 黄安年：《美国经济社会史论》，山西人民教育出版社 1993 年版。

[79] 陆建德：《二十世纪外国散文经典》，北京师范大学出版社 2004 年版。

[80] 刘绪贻、杨生茂：《美国通史 第 4 卷 崛起和扩张的时代（1898—1929）》，人民出版社 2008 年版。

[81] 黄安年：《美国的崛起》，中国社会科学出版社 1992 年版。

[82] 陆学艺：《当代中国社会建设》，社会科学出版社 2013 年版。

[83] 肖华锋：《舆论监督与社会进步——美国黑幕揭发运动研究》，上海三联书店 2007 年版。

[84] 李颜伟：《美国改革的故事》，北京大学出版社 2009 年版。

[85] 展江：《中国社会转型的守望者：新世纪新闻舆论监督的语境与

实践》，中国海关出版社 2002 年版。

[86] 王银桩、赵淑萍：《美国广播电视简史》，北京广播学院新闻系 1985 年版。

[87] 刘绪贻等：《战后美国史 1945—1986》，人民出版社 1989 年版。

[88] 后向东等：《美国联邦信息公开制度研究》，法制出版社 2014 年版。

[89] 魏永征等：《西方传媒的法律、管理和自律》，中国人民大学出版社 2003 年版。

[90] 蔡帼芬：《国际传播与媒体研究》，北京广播学院出版社 2002 年版。

[91] 任中林：《中国广告实务大全》，科学技术文献出版社 1992 年版。

[92] 龚铁鹰：《国际时事评述论集（2009—2012）》，世界知识出版社 2013 年版。

[93] 王跃春：《新京报：传媒研究（2013.06）》第 1 卷，安徽人民出版社 2013 年版。

[94] 苏永华、张乐克：《媒介融合与新商业模式：新媒体环境下美国报业考察报告》，中国和平出版社 2012 年版。

[95] 高钢：《新闻写作精要》，首都经济贸易大学出版社 2005 年版。

[96] 刘勰：《文心雕龙·指瑕》，凤凰出版社 2011 年版。

[97] 李彬、王君超：《媒介二十讲》，清华大学出版社 2004 年版。

[98] 李元授、白丁：《新闻语言学》，新华出版社 2001 年版。

[99] 樊凡：《中西新闻比较论》，武汉出版社 1994 年版。

[100] 张惠仁：《新闻写作学》，四川人民出版社 1986 年版。

[101] 姚里军：《中西新闻写作比较》，中国广播电视出版社 2002 年版。

[102] 中共中央宣传部新闻局：《李瑞环在全国新闻工作研讨班上的讲话，中国共产党新闻工作文献选编（1938—1989）》，人民出版社 1990 年版。

[103] 彭菊花：《新闻学原理》，中国传媒大学出版社 2014 年版。

[104] 何纯：《新闻叙事学》，岳麓书社 2006 年版。

[105] 高小康:《人与故事:文学文化批判》,东方出版社1993年版。

[106] 方毅华:《新闻叙事导论》,中国广播电视出版社2014年版。

[107] 董小英:《叙述学》,社会科学文献出版社2001年版。

[108] 董小英:《再登巴比伦塔》,生活·读书·新知三联书店1994年版。

[109] 曾庆香:《新闻叙事学》,中国广播电视出版社2005年版。

[110] 朱立元:《美学大辞典》(修订本),上海辞书出版社2014年版。

[111] 田园:《偶像叙事学》,北京理工大学出版社2014年版。

[112] 王蕾:《外国优秀新闻作品评析》,中国广播电视出版社2000年版。

[113] 宋惠昌:《哲学问题二十讲》,中共中央党校出版社2014年版。

[114] 邵培仁:《传播学》,高等教育出版社2000年版。

[115] 康全礼:《我国大学本科教育理念与教学改革研究》,中国海洋大学出版社2012年版。

[116] 蔡先金等:《大学学分制的理论与实践》,中国海洋大学出版社2006年版。

[117] 白红义:《以新闻为业:当代中国调查记者的职业意识研究》,上海交通大学出版社2013年版。

[118] 齐爱军:《社会转型期中国主流媒体发展路径分析》,山东人民出版社2013年版。

[119] 刘明洋:《美国报纸解读:从新闻运作到产业扩张》,泰山出版社2007年版。

[120] 皇甫中主编:《把权力关进制度的笼子里——与领导干部谈权利监督与制约》,红旗出版社2013年版。

[121] 外国哲学编委会:《外国哲学》第四辑,商务印书馆1983年版。

[122] 吴乐珺、唐泽:《解构深度:中外电视调查性报道研究》,湖南人民出版社2007年版。

二 外文译著

[1] [美]沃尔特·李普曼等:《新闻与正义——普利策新闻奖作品集

三》，展江译，海南出版社1999年版。

[2] ［美］布兰特·休斯顿、莱恩·布卢兹斯、史蒂夫·温伯格：《调查记者手册——文件、数据及技巧指南》，张威、许海滨译，南方日报出版社2005年版。

[3] ［美］威廉·C. 盖恩斯：《调查性报道》，刘波、翁昌寿译，中国人民大学出版社2005年版。

[4] ［美］迈克尔·埃默里、埃德温·埃默里、南希·L. 罗伯茨：《美国新闻史——大众媒介传播解释史》第九版，展江译，中国人民大学出版社2004年版。

[5] 新闻自由委员会：《一个自由而负责的媒体》，展江、王征、王涛译，中国人民大学出版社2004年版。

[6] ［美］弗雷德里克·S. 希伯特等：《传媒的四种理论》，戴鑫译，展江校，中国人民大学出版社2008年版。

[7] ［英］约翰·密尔：《论自由》，程崇华译，商务印书馆1959年版。

[8] ［美］唐·休伊特：《60分钟——黄金档电视栏目的50年历程》，马诗远、林洲英译，清华大学出版社2004年版。

[9] ［美］杰克·海敦：《怎样当好新闻记者》，伍任译，新华出版社1980年版。

[10] ［俄］别林斯基：《别林斯基选集》，辛未艾译，上海译文出版社1979年版。

[11] ［英］汤姆森基金会编著：《新闻写作基础知识》，新华出版社1986年版。

[12] ［美］布鲁克斯等：《新闻写作教程》，褚高德译，新华出版社1986年版。

[13] ［德］马克斯·韦伯：《学术与政治》，钱永祥等译，广西师范大学出版社2010年版。

[14] ［美］爱德华·W. 耐普曼：《美国要案审判：有史以来最重大法

庭论战实录》（上），于卉芹、李忠军译，新华出版社 2009 年版。

[15] [美] 大卫·斯隆：《美国传媒史》，刘琛等译，上海人民出版社 2008 年版。

[16] [美] 詹姆斯·莫瑞斯：《普利策传——一代新闻大亨的传奇人生》，粟志敏译，浙江人民出版社 2015 年版。

[17] [美] 帕特南：《独自打保龄——美国社区的衰落与复兴》，刘波译，北京大学出版社 2011 年版。

[18] [美] 林肯·斯蒂芬斯：《新闻与揭丑——美国黑幕揭发报道先驱林肯·斯蒂芬斯自述》，展江、万胜主译，海南出版社 2000 年版。

[19] [美] 海伦·托马斯：《民主的看门狗？——华盛顿新闻界的没落及其如何使公众失望》，夏蓓、蒂娜·舒译，南方日报出版社 2009 年版。

[20] [美] 罗伯特·L. 西里亚特、迈克尔·C. 基思：《美国广播电视史》，秦珊、邱一江译，清华大学出版社 2012 年版。

[21] [美] 约翰·D. 泽莱兹尼：《传播法：自由、限制与现代媒介》，张金玺、赵刚译，清华大学出版社 2007 年版。

[22] [美] 阿特休尔：《权力的媒介》，黄煜、裘志康译，华夏出版社 1989 年版。

[23] [美] 丹尼尔·波兹曼：《娱乐至死》，章艳译，中信出版社 2016 年版。

[24] [美] 本·巴格迪坎：《传播媒介的垄断：一个触目惊心的报告——五十家大公司怎样控制美国的所见所闻》，林珊等译，新华出版社 1986 年版。

[25] [法] 罗兰·巴特：《叙事作品结构分析导论》，张寅德译，见张寅德编选《叙述学研究》，中国社会科学出版社 1989 年版。

[26] [法] 杰拉德·热奈特：《论叙事文话语——方法论》，杨志棠译，见张寅德编选《叙述学研究》，中国社会科学出版社 1989 年版。

[27]［美］伯顿·克拉克:《高等教育新论——多学科的研究》,王承绪等译,浙江大学出版社 2001 年版。

[28]［德］黑格尔:《小逻辑》,贺麟译,商务印书馆 1980 年版。

[29]［德］艾克曼:《歌德谈话录》,洪天富译,译林出版社 2002 年版。

三　中文论文

[1] 程晓鸿:《"60 分钟"的 35 年神话——专访总制片人丹·休伊特》,《新闻周刊》2003 年第 24 期。

[2] 张志安、沈菲:《中国调查记者行业生态报告》,《现代传播》2011 年第 10 期。

[3] 张威:《调查性报道:对西方和中国的透视》,《国际新闻界》1992 年第 2 期。

[4] 张威:《拷问慈善机构:中美调查性报道趋同性研究》,《新闻记者》2005 年第 3 期。

[5] 张威:《IRE、调查性报道与中国观照》,《新闻与传播研究》2005 年第 3 期。

[6] 段勃:《论中西调查性报道题材的分野》,《新闻界》2008 年第 5 期。

[7] 李媛:《从〈新闻调查〉和〈60 分钟〉比较中美电视调查性报道之异同》,《东南传播》2009 年第 6 期。

[8] 张志安、王克勤:《以调查性报道推动社会进步——深度报道精英访谈之十》,《青年记者》2008 年第 16 期。

[9] 周致:《客观报道·解释性报道·调查性报道——谈西方资产阶级新闻报道手法与原则》,《现代传播》1983 年第 5 期。

[10] 孙世恺:《谈调查性报道》等 5 篇系列文章,《新闻与写作》1996 年 5、6、7、8、9 月刊

[11] 张征、冯静:《〈明镜〉周刊与调查性报道》,《国际新闻界》2005 年第 3 期。

[12] 王俊荣：《网络时代调查性报道的困境与发展》，《当代传播》2015年第5期。

[13] 陈昊：《"现场"≠"调查"——对国际新闻CNN式调查性报道的反思》，《海外传媒》2010年第4期。

[14] 林乐心、张志安：《博客应用与调查性报道的生产变革》，《新闻实践》2010年第5期。

[15] 王梦琳：《从"新闻调查"栏目看电视调查性报道的采访理念》，《今传媒》2010年第8期。

[16] 张筱筠：《刍议调查性报道伦理"向善性"保障》，《新闻界》2009年第4期。

[17] 余坪、余婷：《转型环境中的美国调查报道》，《新闻记者》2015年第5期。

[18] 柴静：《话语权的另一半——调查性报道中的平衡原则》，《电视研究》2005年第10期。

[19] 朱强、雨晨：《调查性报道在国外》，《招商周刊》2014年第25期。

[20] 展江：《舆论监督在中国》，《青年记者》2009年第31期。

[21] 罗幸：《中国调查性报道初探——浅析中央电视台〈新闻调查〉栏目》，《学术论坛》2009年第6期。

[22] 于英红：《西摩·赫什 新闻界的"恐怖分子"》，《南方人物周刊》2007年第7期。

[23] 展江：《新世纪的舆论监督》，《青年记者》2007年第11期。

[24] 张志安、沈菲：《调查记者的择业动机及影响因素研究》，《新闻大学》2012年第4期。

[25] 明安香：《美国的调查性报道评介》，《社会科学战线》1982年第4期。

[26] 程道才：《西方调查性报道的特点及采写要求》，《当代传播》2006年第2期。

[27] 西摩·赫什：《美国顶尖调查报道记者》，《招商周刊》2004 年第 21 期。

[28] 杨孝文：《西摩·赫什：让五角大楼不得安宁的人》，《环球军事》2007 年第 6 期。

[29] 傅海：《西方新闻理论视域中的调查性报道》，《中外交流》2005 年第 5 期。

[30] 张志安：《微博的兴起和调查性报道的变革》，《新闻实践》2013 年第 3 期。

[31] 李希光：《调查性报道与写作》，《新闻与写作》2013 年第 9 期。

[32] 丁柏铨：《调查性报道的若干理性思考》，《当代传播》2013 年第 4 期。

[33] 邬焕庆、周宁：《调查性报道"四要四不要"》，《中国记者》2009 年第 7 期。

[34] 杨悦：《从〈新闻调查〉透析中国电视调查性报道》，《新闻传播》2008 年第 7 期。

[35] 车英、李薇：《从调查性报道与新闻自由的关系探析〈赫顿报告〉的实质》，《武汉大学学报》2006 年第 3 期。

[36] 昌慧东：《以调查性报道增强党报生命力》，《中国记者》2010 年第 6 期。

[37] 李绿洲：《香港媒体调查性报道：与社会同行》，《青年记者》2010 年第 22 期。

[38] 徐培枝：《调查性报道的叙事》，《新闻爱好者》2009 年第 20 期。

[39] 《美国报纸调查性报道衰微》，《青年记者》2011 年第 9 期。

[40] 黄钦：《调查性报道的伦理学价值》，《新闻窗》2010 年第 4 期。

[41] 郜书锴：《探析西方报纸调查性报道复兴的原因》，《东南传播》2008 年第 9 期。

[42] 张筱筠、刘莹：《调查性报道缘何易成"伦理矛盾体"》，《新闻大

学》2009年第13期。

[43] 金路：《浅谈如何做好调查性报道》，《新闻知识》2008年第6期。

[44] 毛晖圆：《再现一个三十年的秘密——从一篇普利策奖获奖作品看调查性报道技巧》，《新闻记者》2005年第12期。

[45] 邢彦辉、马灵花：《中美调查性报道的生态比较》，《新闻窗》2009年第5期。

[46] 王红、马飞：《中西方调查性报道的概念比较》，《新闻世界》2010年第5期。

[47] 谭雪：《浅谈广播调查性报道的采访技巧》，《新闻传播》2010年第3期。

[48] 李振合：《调查性报道中的负面新闻探析》，《新闻窗》2010年第2期。

[49] 张筱筠：《平衡适度：调查性报道的伦理尺度》，《青年记者》2009年第21期。

[50] 吴国光、孙显军：《民生新闻调查性报道的实战策略》，《中国记者》2009年第4期。

[51] 王子欣：《调查性报道浅论——以〈60分钟〉和〈新闻调查〉为例》，《才智》2009年第24期。

[52] 陈堂发：《批评性报道的法律意识与司法环境——编辑记者、法官认知状况调查》，《国际新闻界》2009年第3期。

[53] 俞运宏、商建辉：《浅析〈财经〉杂志调查性报道生产的成功因素》，《今传媒》2014年第1期。

[54] 庄曦、方晓红：《改革开放以来我国调查性报道的发展探析》，《新闻知识》2008年第9期。

[55] 李泠：《中西调查性报道的差异》，《新闻前哨》2011年第7期。

[56] 白红义：《奋不顾身的"哀愁"——当代中国调查记者的职业生涯研究》，《新闻记者》2012年第12期。

参考文献

[57] 康丽:《非揭露性题材的电视调查性报道策略——以央视〈新闻调查〉为例》,《青年记者》2010年第18期。

[58] 陈强:《反遮蔽技巧在调查性报道中的运用》,《新闻实践》2010年第8期。

[59] 陈隽:《电视调查性报道中冲突的设置手法——以〈新闻调查〉为研究个案》,《声屏世界》2009年第11期。

[60] 刘俊:《电视调查性报道对中国电视尊严的重塑》,《新闻爱好者》2009年第22期。

[61] 葛翔、敖绍平:《电视新闻调查性报道的叙事学解读——CCTV〈新闻调查〉个案研究》,《现代视听》2008年第6期。

[62] 王永亮、刘忠魁:《美国的新闻监督体制及其启示》,《新闻与传播评论》2002年第0期。

[63] 刘庆军、马子臣:《跨区域舆论监督自议》,《采写编》2004年第5期。

[64] 吴廷俊:《理念·制度·传统——论美国"揭黑运动"的历史经验》,《新闻大学》2010年第4期。

[65] 余婷:《美国报纸调查性报道衰微原因探析》,《新闻实践》2011年第1期。

[66] 李良荣:《娱乐化、本土化——美国新闻传媒的两大潮流》,《新闻记者》2000年第10期。

[67] 秦志希、岳璐:《制度变迁视野中的美国新闻娱乐化现象初探》,《武汉大学学报》2004年第4期。

[68] 朱家麟:《关注计算机辅助新闻学》,《中国记者》2002年第6期。

[69] 杨新敏:《"用事实说话"还是"用事实说话"——〈焦点访谈〉节目定位的再思考》,《现代传播》2003年第4期。

[70] 顾潜:《中西方新闻文体:异同与创新》,《新闻大学》1998年第3期。

[71] 王喜和:《中美政府信息公开制度比较评析——基于〈中华人民共和国政府信息公开条例〉》,《山西档案》2009年第1期。

[72] 蔡雯、周欣枫:《新闻教育的"密苏里方法"——美国密苏里新闻学院办学模式探析》,《现代传播》2006年第2期。

[73] 吴锋:《范长江新闻奖的回顾与思考——基于109名获奖者信息的统计研究》,《新闻记者》2012年第8期。

[74] 郑亚楠:《范长江新闻奖的精神寻找》,《新闻大学》2008年第2期。

[75] 施晓光:《美国高等教育法初探》,《外国教育研究》1992年第4期。

[76] 王毓莉:《中国大陆〈南方周末〉跨地区新闻舆论监督报道之研究》,台北《新闻学研究》2009年第100期。

[77] 王刚:《"微调查":与时俱进打造特色优势》,《新闻战线》2014年第9期。

[78] 王梦琳:《论电视调查性报道中的记者采访——以〈新闻调查〉为例》,《青年记者》2010年第15期。

[79] 余婷:《公众参与背景下美国调查报道的新特征》,《新闻采编》2015年第4期。

四 中文硕博论文

[1] 张好玫:《第四等级:一个关于英国报刊观念的历史——从记者席到报刊业集体认同的探析》,博士学位论文,复旦大学,2010年。

[2] 白红义:《当代中国调查记者的职业意识研究(1995—2010)》,博士学位论文,复旦大学,2011年。

[3] 江峰:《美国新闻自由的历史之维与宪政考察》,博士学位论文,中国政法大学,2007年。

[4] 杨凯:《美国新闻专业主义发展研究》,博士学位论文,暨南大学,2013年。

[5] 谢静:《建构权威·协商规范——美国新闻媒介批评解读》,博士

学位论文，复旦大学，2003年。

［6］陈沛芹：《论美国新闻报道方式的演变》，博士学位论文，复旦大学，2008年。

五　中文论文集

［1］陈明珠：《美国大众媒介与政治的互动关系》，《国际传播与媒体研究》。

［2］展江：《俄罗斯调查性报道管窥（1991—2006）》，《新闻学论集》。

六　中文新闻作品

［1］习近平：《坚持正确方向创新方法手段　提高新闻舆论传播力引导力》，《新华网》2016年2月。

［2］《审杨氏案略》，《申报》1875年1月28日。

［3］李红鹰：《杨先生痛说给孩子看病遭遇——看个"咳嗽"要掏1065元》，《武汉晚报》2002年8月10日。转引自中国新闻奖评选委员会办公室编《中国新闻奖作品选》，新华出版社2004年版。

［4］《三盲院长案即将审判　一名同案被告人昨天死亡》，《法制日报》2000年1月4日。

［5］赵刚：《美国调查性报道的理念与操作》，《中华新闻报》2002年3月5日。

［6］郑盛丰、罗昌爱、庞革平：《广西南丹矿区发生重大灌水事故》，《人民日报》2001年8月4日。

［7］刘畅、柴继军：《山西繁峙矿难系列报道》，《中国青年报》2002年6月28日。

［8］博古：《党与党报》，《解放日报》1942年9月22日。

［9］杨宏斌、胡成：《"造林"还是"造字"》，湖北电台、中央电台，2002年12月9日播出。

［10］熊小立、黎大东：《长江上游仍在砍树》，《新华社攀枝花》1998

年 8 月 19 日电。

[11]《论余杭案》,《申报》1874 年 12 月 10 日。

[12]《论复审余杭案》,《申报》1874 年 8 月 14 日。

七 外文书籍

[1] James L., Aucoin: *The Evolution of American Investigative Journalism*, Columbia: University Of Missouri Press, 2005.

[2] John Pilger: *Tell Me No Lies, Investigative Journalism And Its Triumphs*, London: Vintage, 2005.

[3] Hugo de Burgh: *Investigative Journalism*, Milton Park, Abingdon, Oxon: Routledge, 2008.

[4] Leonard Ray Teel: *The Public Press*, 1900 – 1945, Westport: Praeger Publishers, 2006.

[5] James Brian Mcpherson: *Journalism At The End Of The American Century*, Westport: Praeger Publishers, 2006.

[6] John Maxwell Hamilton: *Journalism's Roving Eye: A History of American Foreign Reporting*, Baton Rouge: Lonisiana State University Press, 2009.

[7] Anthony R., Fellow: *American Media History*, Second Edition, Fullerton: California State University, 2010.

[8] Derek Forbes: *A Watchdog's Guide To Investigative Reporting A Simple Introduction To Principles And Practice In Investigative Reporting*, Dunkeld: Konrad Adenauer Stiftung Media Programme, 2005.

[9] Anya Schiffrin: *Global Muckraking 100 Years Of Investigative Journalism From Around The World*, New York: The New Press, 2014.

[10] Dean Starkman: *The Watchdog That Didn't Bark: The Financial Crisis And The Disappearance Of Investigative Journalism*, New York: Colum-

bia University Press, 2014.

[11] David Anderson and Peter Benjiaminson: *Investigative Reporting*, Bloomington: Indianan University Press, 1975.

[12] Gerry Lanosga: *The Press, Prizes And Power: Investigative Reporting In The United States*, 1917-1960, Ann Arbor: Proquest, 2011.

[13] Greg Palast: *The Best Democracy Money Can Buy*, London: Pluto Press, 2002.

[14] Hugo de Burgh: *Investigative Jouralism-Context and Practice*, London: Routledge, 2000.

[15] Jingrong Tong: *Investigative Journalism In China: Journalism, Power, And Society*, New York: The Continuum International Publishing Group, 2011.

[16] Manfred Redelfs: *Investigative Reporting In Den USA*, Opladen: Westdeutscher Verlag, 1996.

[17] Jamels Brian Mcpherson: *Journalism At the End of The American Century, 1965-Present*, London: Library of Congress Cataloging-in- Publication Data, 2006.

[18] Mark Lee Hunter: *The Global Investigative Journalism Casebook UNESCO Series On Journalism Education*, France: the United Nations Educational, Scientific And Cultural Organization, 2012.

[19] Michael Schmicke: *Best Evidence*, The United States Of American: Writers Club Press, 2002.

[20] Sam Lebovic: *Free Speech And Unfree News*, London: Harvard University Press, 2016.

[21] Peter Hühn, John Pier Wolf Schmid, Jörg Schönert: *Handbook Of Narratology*, Germany: Deutsche National Bibliothek, 2009.

[22] Monika Fludernik: *An Introduction To Naratology*, Abingdon: Rout-

ledge, 2009.

[23] Carole Rich: *Writing And Reporting News: A Coaching Method*, Boston: Wadsworth, 2007.

[24] Anna McKane: *News Writing*, London: Sage Publications, 2006.

[25] Ben H., Bagdikian: *The New Media Monoply*, Boston: Beacon Press, 2004.

[26] Jessica Mitford: *Posion Penmanship The Gentle Art Of Muckraking*, New York: The New York Review Of Books, 2007.

[27] Mieke Bal: *Narratology Introduction To the Theory of Narrative*, London: University Of Toronto Press, 2009.

[28] Jingrong Tong: *Investigative Journalism, Environmental Problems And Modernisation In China*, UK: Palgrave Macmillan, 2015.

[29] Jason R., Detrani: *Journalism Theory And Practice*, Oakville: Apple Academic Press, 2011.

[30] Sturt Allan: *Online News Jouralism And The Internet*, England: Open University Press, 2006.

[31] Teun A., Van Dijk: *News As Discourse*, Hove And London: Lawrence Erlbaum Associates, 1988.

[32] David R., Davies: *The Postwar Decline Of American Newspapers, 1945 – 1965 The History Of American Journalism*, London: Greenwood Publishing Group, 2006.

[33] Mark Lee Hunter: *The Global Casebook An Anthology For Teachers And Sudents Of Investigative Journalism*, 2011.

[34] Eugenia Siapera, Andreas Veglis: *The Handbook Of Global Online Journalism*, UK: Wiley-Blackwell, 2012.

[35] Jason R., *Journalism Theory And Practice*, Canada, Detrani: Apple Academic Press, 2011.

[36] The Members Of The Society Of Professional Journalists' Digital Media Committee: *The SPJ Digital Media Handbook*, 2011.

[37] C. Edwin Baker: *Human Liberty And Freedom Of Speech*, New York: Oxford University Press, 1989.

[38] Deborah Schiffrin, Deborah Tannen, Heidi E. Hamilton: *The Handbook Of Discourse Analysis*, Massachusetts: Blackwell, 2001.

[39] Ted White: *Broadcast News Writing, Reporting, And Producing*, The United States Of America: Focal Press, 2005.

[40] Vin Maskell, Gina Perry: *Write To Publish-Writing Feature Articles For Magazines, Newspapers, And Corporate And Community Publications*, Australia: Allen & Unwin, 1999.

[41] Stephen Quinn, Stephen Lamble: *Online News Gathering-Research And Reporting For Journalism*, The United States Of America: Focal Press, 2008.

[42] Stanley J. Baran, Dennis K., Davis: *Mass Communication Theory-Foundations, Ferment, And Future*, Boston: Wadsworth, 2010.

[43] John Stuart Mill: *Newspaper Writings*, Canada: University Of Toronto Press, 1986.

[44] Christian Fuchs, Marisol Sandoval: *Critique, Social Media And The Information Society*, New York: Routledge, 2014.

[45] Christian Fuchs: *Foundations Of Critical Media And Information Studies*, Abingdon: Roudedge, 2011.

[46] Nick Couldry: *Media, Society, World-Social Theory And Digital Media Practice*, UK: Polity Press, 2012.

[47] Lincoln Steffens: *The Shame Of The Cities*, New York, 1960.

[48] Issac F., Marcosson: *David Graham Phillips And His Times*, New York: Dodd, Mead And Company, 1932.

[49] Lincoln Steffens: *Letter To Theodore Roosevelt Of March* 6, 1907 *In Letters Of Lincoln Steffens*, New York: Harcourt Brace and Co, 1938.

[50] Richard Hofstadter: *The Age Of Reform*, New York: Alfred A. Knopf, 1955.

[51] J. Douglas Bates: The Pulitzer Prize: *The Inside Story of America's Most Prestigious Award*, New York: Carol Publishing Group, 1991.

八 外文论文

[1] Alan Knight: *Online Investigative Journalism, Ejournalist: A Refereed Media Journal*, 2001.

[2] Mark Feldstein: *A Muckraking Model: Investigative Reporting Cycles In American History*, *The Harvard International Journal Of Press/Politics*, March, 2006.

[3] Harry H. Stein: *American Muckrakers And Muckraking: The 50-year Scholarship*, *Journalism Quarterly*.

[4] James L. Aucoin: *Journalistic Moral Engagement: Narrative Strategies In American Muckraking*, *Journalism*, August, 2007.

[5] Charles J. Hanley, Martha Mendoza: *The Bridge At No Gun Ri: Investigative Reporting, Hidden History And Pulitzer Prize*, *Harvard International Journal Of Press/Politics*, 2000.

[6] Hugo De Burgh: *Kings Without Crowns? The Re-emergence Of Investigative Journalism In China*, *Media Culture & Society*, 2003.

[7] Stephen Stock: *Serious Investigative Journalism In The Age Of Cutbacks And Belt Tightening*, Routledge, 2009.

[8] Sarah Schaffer: *Mucking And Fundraising*, *American Journalism Review*, 2002.

[9] David Weaver, LeAnne Daniels: *Public Opinion On Investigative Repor-*

ting In The 1980s, *Journalism Quarterly*, 1992.

[10] Dean Starkman: *The Watchdog That Didn't Bark: The Financial Crisis And The Disappearance Of Investigative Journalism*, *Journalism & Mass Communication Quarterly*, 2014.

[11] Dan Berkowitz: *Professional Views, Community News: Investigative Reporting In Small US Dailies*, *Journalism*, 2007.

[12] Chris Frost: *Investigative Reporting: A Study In Technique*; *Investigative Journalism: Context And Practice*, *Journalism*, 2001.

[13] Carolyn Gard: *John Peter Zenger And The Defense Of The Press*, *Cobblestone And Calliope*.

[14] Mark Feldstein: *A Muckraking Model: Investigative Reporting Cycles In American History*, *The Harvard International Journal Of Press/Politics*, 2006.

[15] Tim Minogue: *The Death Of Muckraking*, *British Journalism Review*, 2015.

[16] Judson A., Grenier: *Muckraking And The Muckrakers: An Historical Definition*, *Journalism & Mass Communication Quarterly*, 1960.

[17] Sherry Ricchiardi: *The Best Investigative Reporter You've Never Heard Of*, *American Journalism Review*, 2000.

[18] Jennifer Grant: *Internal Reporting By Investigative Journalists In China And Its Influence On Government Policy*, *International Communication Gazette*, 1988.

[19] Rem Rieder: *In Praise Of Investigative Reporting*, *American Journalism Review*, 2006.

[20] Alan Knight: *Online Investigative Journalism*, *The International Anti censorship Organisation Article XIX*, 2000.

[21] James L., Aucoin: *Journalistic Moral Engagement: Narrative strate-*

gies In American Muckraking, Journalism, 2007.

[22] James S. Ettema, Theodore L. , Glasser: An International Ymposium On Investigative Journalism Introduction, Journalism, 2007.

[24] Craig Flournoy: Doing Learning: Investigative Reporting And Service Learning, Journalism & Mass Communication Educator, 2007.

[25] Jean K. , Chalaby: Scandal And The Rise Of Investigative Reporting In France, American Behavioral Scientist, 2004.

[26] Mark Hunter: Ethical Conflict And Investigative Reporting: Le Monde And The Contaminated Blood Affair, The Harvard International Journal of Press/Politics, 1997.

[27] R. V. Sampson: Lincoln Steffens: An Interpretation, Political Research Quarterly, 1955.

[28] James S. Ettema, Theodore L. , Glasser: An International Symposium On Investigative Journalism: Introduction, Journalism, 2007.

[29] Harry H. , Stein: American Muckrakers And Muckraking: The 50-Year Scholarship, Journalism Quarterly.

[30] Philip F. , Lawler: Investigating Investigative Reporting, Journal Of Communication, 1988.

[31] Gard, Carolyn: John Peter Zenger And The Defense Of The Press, Cobblestone, 1999.

[32] Judson A. , Grenier: Muckraking And The Muckrakers: An Historical Definition, Journalism & Mass Communication Quarterly, 1960.

[33] Steve Weinberg: Ida Tarbell Patron Saint, Columbia Journalism Review, May/June, 2001.

[34] Steve Weinberg: Role Models-Bob Woodward, Columbia Journalism Review, May/June, 2001.

[35] It's A Dangerous Job-26 Journalists Were Murdered In 1996, Columbia

Journalism Review, May/June, 1997.

[36] Lee Romney: *Two Convicted Of murder In Shooting Of Oakland Journalist*, Los Angeles Times, June, 2011.

九 外文硕博论文

[1] Gerry Lanosga: *The Press, Prizes Power: Investigative Reporting In The United States*, 1917-1960, Indiana University, December 2010.

[2] Joseph Bernt, Marilyn Greenwald: *Enterprise And Investigative Reporting In Three Metropolitan Papers: 1980 And 1995 Compared*, Central Michigan University, 1996.

[3] Michael Beaudet: *Airing Out The Local TV News Industry's Own Dirty Laundry: Why Are Some Investigative Reports Censored Or Killed?* Northeastern University Boston, Massachusetts, 2008.

[4] Andreas H., Jucker: *News Interviews: A Pragmalinguistic Analysis*, The University Of Zürich, 1986.

[5] CHO Li-Fung: *The Emergence, Influence, And Limitations Of Watchdog Journalism In Post-1992 China: A Case Study Of Southern Weekend*, The University Of Hong Kong, 2007.

[6] Zhao XiLiu: *Journalism Culture In Kunming: Market Competition, Political Constraint, And New Technology In A Chinese Metropolis*, The University Of Iowa, 2012.

[7] Andrew D., Kaplan: *Investigative The Investigators: Examining The Attitudes, Perceptions, And Experiences Of Investigative Journalists In The Internet Age*, Philip Merrill College Of Journalism, 2008.

[8] Amber Kiwan: *Investigative Reporting And The Meat Industry*, California Polytechnic State University, 2011.

十 外文新闻作品

［1］ Sang-Hun Choe, Charles J., Hanley, Martha Mendoza: *War's Hidden Chapter: Ex-Gls Tell Of Killing Korean Refugees*, Associated Press Writers, September, 28, 1999.

［2］ Nigel Jaquiss: *The 30-Year Secret: A Crime, A Cover-Up And The Way It Shaped Oregon*, Willamette Week, May, 11, 2004.

［3］ Glenn Greenwald, Ewen MacAskill, Laura Poitras: *The 29-year-old Source Behind The Biggest Intelligence Leak In The NSA's History Explains His Motives, His Uncertain Future And Why He Never Intended On Hiding In The Shadows*, The Guardian US, June. 8, 2013.

［4］ Brian Donovan, Stephanie Saul: *For Some Li Cops…Lucrative Disability*, Newsday, Long Island, NY, June, 25, 1994.

［5］ Matt Apuzzo, Adam Goldman: *With CIA Help, NYPD Moves Covertly In Muslim Areas*, Associated Press, Aug, 24, 201.